KB196299

처음 공부하는
석유·가스 산업

매일경제신문사

산유국이 되려면 꼭 알아야 할 최소한의 경제지식

처음 공부하는
석유·가스 산업

오성익 지음

PETROLEUM   INDUSTRY

매일경제신문사

추천의 글

٠

"트럼프 2기에서는 파이프라인 확대와 시추 규제 완화를 통해 천연가스생산은 대폭 늘이고, 셰일혁명은 새로운 단계로 도약할 것이다. 미국이 에너지 독립을 넘어 에너지 패권(Energy Dominance)을 추구하게 되면서, 세계 에너지 시장이 재편되고 우리 일상도 영향권에 들어갈 것이다. 이러한 때에 자원개발에 정통하고, 정부정책결정과 OECD(경제협력개발기구), IEA(국제에너지기구)와의 교류 경험을 가진 오성익 박사의 석유·가스 산업 해설서 출간은 시의적절한 것이라 생각한다. 관련 분야 종사자, 투자자만이 아니라 많은 사람들의 일독을 권한다."

박희준, 에너지 이노베이션 파트너스(EIP) 대표

"석유·가스 산업은 한국 경제를 떠받치는 핵심이다. 최근에는 동해유전개발 문제가 제기되어 국민들의 큰 관심을 끌었다. 그런데도 이렇다 할 대중적 소개서가 없었다. 오랫동안 이 문제를 전공하고 실무에서 일해온 저자가 석유·가스 산업에 관한 모든 것을 총망라한 저서를 내놓았다. 석유·가스의 소유권 문제, 7광구 관련 문제들, 석유개발 계약 방식, 세계 최대 석유기업 30개의 리뷰, 유전개발의 순서와 기술 장비, 동해심해가스전 시추선 웨스트 카펠라호, 트럼프 2기 미국 에너지 정책에 이르기까지, 거의 모든 중요 이슈들을 사진, 도표, 그림 등을 덧붙이면서 쉽게 설명했다. 관련 분야 업계, 정부, 학계, 일반 독자들에게 필독을 권한다."

윤영관, 아산정책연구원 이사장(전 외교통상부 장관)

"정부가 '동해에 최대 140억 배럴의 석유가스가 매장되어 있을 것으로 예상'한 발표가 사실이 될 가능성이 있다. 앞으로 진행될 대왕고래 프로젝트가 성공한다면 그야말로 새로운 한국 경제의 빅뱅이 열리는 것이다. 이 책은 석유개발의 기본부터 메이저와 국영석유기업들의 전략, 트럼프 2기 행정부의 에너지 정책 방향까지 담고 있어, 관련 이해관계자뿐만 아니라 경제에 관심 있는 사람들이 모두 읽어야 할 필수 교양서이다."

이상휘, 제22대 국회의원(과학기술정보방송통신위원회, 포항시 남구·울릉군)

"누가 내게 '당신은 사람을 어떤 시선으로 보십니까'라고 묻는다면, 나는 '그가 개인의 이익에 터잡아 세상을 보는지, 국민의 편에 서서 세상을 보는지를 살펴봅니다'라고 답할 수 있다. 이 책을 읽다 보면, 오성익 박사는 국민의 편에 서서 지난하고 논쟁적인 문제를 탐구하고 정리했다고 느낄 수 있다. 저자는 7광구와 동해심해가스전을 포함해, 우리 국민들이 궁금해하는 것에 대해 답하고 있다. 그는 지속가능한 발전을 위한 우리의 신념이 지금 어떤 지형에 처해 있는지 섬세한 언어로 신호하고 있다. 국민에게 저렴한 에너지를 공급해야 한다고 믿는 이들에게, 글로벌 사우스와 지속가능한 발전을 위한 논의를 고민하는 이들에게, 자원외교를 통해 대한민국이 스스로 일어서 결정할 수 있는 최소한의 기반을 만들어야 한다고 믿는 미래의 리더들에게 이 책을 자신있게 권한다. 우리는 배워야 한다. 배움을 통해 미래로 나아가야 한다. 오 박사의 배움과 나눔이 우리 대한민국의 운명을 강하게 할 것으로 믿는다."

곽상언, 제22대 국회의원(산업통상자원중소벤처기업위원회, 서울시 종로구)

바다에서 생기는 가장 좋은 일

제주도에서 해녀의 아들로 자란 나는 본능적으로 '바다를 품은 소년'의 가슴을 갖고 살아왔던 것 같다. 지금은 돌아가신 국제해양법재판소 박춘호 재판관님과 가끔 커피를 마시며 대화를 했다. 그 시절의 나는 대한민국 대륙붕 지도를 보면서 산유국 대한민국의 꿈에 가슴이 뛰었다. 재판관님이 해양법 분야에서 유명해진 계기가 된 〈하버드 인터내셔널 로 저널(Harvard International Law Journal)〉의 논문이 'Oil under Troubled Waters(험한 바다 아래 석유)'였는데, 팝송을 좋아하셨던 재판관님은 사이먼 앤 가펑클의 'Bridge over Troubled Water(험한 바다의 다리)'에서 제목을 착안하셨다고 했다.

동해에서 석유개발을 시작하겠다는 '대왕고래 프로젝트'에 대한 뉴스가 나왔을 때, 대중들의 반응은 극단적인 의심과 지나친 낙관의 양극화였다. 말 그대로 'Oil under Troubled Waters'였다. 사람들에게 '지식'이라는 '밸러스트(ballast, 평형수)'가 있다면 이렇게까지 출렁이며 흔들리지 않을 것이라는 생각이 들었다. 언론과 미디어에는 에너지 안보의 중요성 정도만 반복해서 언급될 뿐이고, 석유개발에 대한 정확한 지식과 정보는 쉽게 찾아볼 수 없었다. 우리나라에서 처음으로 대형 석유개발이라는 사업을 시작하는 이 시점에 누군가는 이 산업을 정의하거나 소개할 필요가 있어 보였다. 국가적인 규모의 대형 사업이기에 효율적으로 접근하고 실패는 적게 하기를 바라기 때문이다. 한국과 일본의 해외자원 개발 이슈로 박사 논문을 썼던 나는 7광구 이슈를 미국의 외교 전문지에 써본 적이 있다. 그동안 나름대로 '산유국의 꿈'을 품고 해외 사례도 꾸준히 연구해왔기에 전문 자료도 제법 갖고 있다. 그렇다면 나부터 먼저 내가 알고 있는 것들을 많은 사람들과 공유해야겠다는 생각이 들었다. 그렇게 시작된 이 책이 미약하나마 'Bridge over Troubled Water'가 되었으면 좋겠다.

신재생 에너지와 석유자원개발의 균형 있는 발전을 위해

"삶은 정말 아름다운 모험이에요. 모든 일에는 이유가 있고, 모든 순간이 소중해요."

명작 《빨강 머리 앤》의 한 구절이다. 한국에서 해양유전을 개발하는 일이야말로 엄청난 모험일지 모른다. 사람에 따라 '모험'이라는 단어에서 위험을 느낄 수도 있고, 기회를 엿볼 수도 있다. 한 가지 확실한 점이 있다면, 모험은 그 과정에서 얻을 수 있는 모든 것이 소중한 경험과 자산이 된다는 것이다.

책을 쓰는 일도 모험이다. 사실 두려움이 있었지만 용기를 냈다. 딴짓과 오지랖이라는 차가운 비판의 말을 듣게 되더라도, 우리나라에 도움이 될 것이라는 믿음으로 썼다. 이 세상에 필요한 일을 하고 있다는 아내의 격려에 힘이 났다. 기후변화 대응이나 이를 위한 신재생 에너지 관련 책들과 함께 석유가스 산업에 대한 책이 있다면, 사람들이 에너지 분야에 대한 균형 잡힌 시각을 갖는 데 도움이 될 것이라 생각했다. 그리고 국토교통부와 해양수산부에서 근무하고 OECD 지역정책위원회 분과부의장을 하면서 OECD, IEA(국제에너지기구)의 관계자들과 가졌던 교류와 유학 시절 국제정치학을 전공하며 얻었던 에너지 안보 관련 지식들은 다학제적 접근과 국제적 시각을 필요로 하는 석유·가스 산업을 설명할 수 있다는 자신감을 주었다.

책을 쓰는 일은 힘들지만 즐거운 일이었다. 졸음을 참으며 밤을 샜고, 통근의 짬을 활용하고 주말도 반납하면서 적어 나가는 것이 고달프긴 했지만 그 고달픔도 즐거웠다. 저녁 약속을 좀 자제하게 되자, 어떤 선배는 요즘 소식이 뜸하다고 먼저 전화를 해왔기에 미안함을 전하기도 했다. 유명 소설가만큼 많이 쓰는 것도 아닌데, 자판을 두드리다 보니 손가락 관절이 아프기도 했다. 하지만 글을 쓸수록 책을 쓰고 있다는 자부심은 나 스스로에게 에너지를 더해주었다. 지인의 말처럼, 글쓰기가 힐링이 되기도 했다. 나이가 오십이 되었지만, 책을 쓰며 가슴 뛰는 내 모습은 "길모퉁이를 돌면 무엇이 있을지 알 수 없지만, 전 가장 좋은 게 있다고 믿을래요!"라고 말하는 빨강 머리 앤의 모습과 닮았는지 모르겠다.

대왕고래 프로젝트의 성공을 꿈꾸며

이 책은 석유·가스 산업과 해양시추를 중심으로 정리한 해설서로, 총 4부로 구성되어 있다. 1부는 2024년 6월 동해에 대량의 석유·가스가 부존할 가능성이 있다는 정부 발표를 들었을 때 '성공 가능성은 어느 정도 될까', '매장량은 얼마나 많을까' 등 국민들이 가졌을 궁금증을 중심으로 정리했다. 2부에서는 석유 이슈를 국가 간 경쟁을 중심으로 보는 지정학의 관점에서 간과되어 온, 하지만 실제적인 주도자인 글로벌 석유기업 슈퍼메이저와 국영석유기업, 석유개발 서비스기업에 대해 설명한다. 국영기업은 중동뿐만 아니라, 한중일 동북아시아의 회사도 포함한다. 3부에서는 한국으로서는 대왕고래 프로젝트와 7광구 등 해양시추가 당면한 이슈인 점을 고려해 해양석유개발을 중심으로 내용을 담았다. 4부에서는 동해에서 탐사시추를 할 시추선 웨스트 카펠라호의 건조에서 활동내역까지 내용을 상세히 소개하고, 대왕고래 프로젝트가 성공하면 수혜를 입을 수 있는 기업을 꼽아보았다. 책 말미에는 당선되자마자 세계를 흔든 미국 트럼프 대통령 당선자의 에너지 정책 방향을 공약 등을 근거로 예측해 부록으로 담았다. 또한 독자들의 이해를 돕기 위해 이 책에 등장하는 석유·가스 산업의 관련 용어들에 대한 설명과 단위 표기를 별도로 실었다.

이 책을 읽으면, 지정학과 석유가스 산업을 함께 조망할 수 있도록 하였다. 에너지 문제가 우리의 일상과 얼마나 밀접한지, 우리나라와 어떻게 연계되어 있는지 알 수 있도록 핵심 내용을 담고자 노력했다.

에너지 정책을 만들거나 연구하는 관계자들뿐만 아니라 새로운 비즈니스를 구상하는 기업인이나 유망 사업을 찾고 있는 투자자들에게도 필요한 가이드가 되도록 구성했다. 또한 이 책을 통해 독자들이 대왕고래 프로젝트와 7광구 등의 기사와 정보의 의미를 이해하는 데 도움이 되었으면 한다. 더불어 한국이 처한 지정학적 상황의 축소판인 석유·가스 산업을 이해함으로써 우리가 마주치게 될 도전들을 직시하고 풀어나가는 지혜를 얻었으면 하는 바람을 가져본다.

목차

1부 석유개발 전 알아야 할 여섯 가지

1부

석유개발 전
알아야 할
여섯 가지

1

석유자원은 누구의 소유인가

우리나라에서 난 석유는 국가의 것이다. 내 땅에서 난 석유인데, 내 것이 아니라는 것은 도대체 어떤 이유일까? 그 이유는 국가에 따라 지하에 있는 석유자원의 소유권을 달리 보는 것에 있다.

주체에 따른 소유권 개념

소유권의 주체를 개인 중심이냐, 국가 중심이냐 또는 복합적으로 고려하느냐에 따라 소유권의 개념이 조금씩 달라진다. 종합적으로 고려하면 총 세 종류로 나뉘어 볼 수 있는데, 미국의 경우처럼 개인 소유의 토지에서 나온 석유가스는 토지주의 소유로 보는 것이다. 반면 헌법이나 법률로서 석유가스의 소유권을 국가나 국민 전체에 속한다고 규정해두는 곳도 있다. 중동과 남미, 특히 봉건제의 전통이 남아 있는 영국, 노르웨이 등의 나라가 여기에 해당한다. 이외에도 석유가스를 관리하는 권리를 정부에 두고, 탐사와 생산의 조건을 정해두는 나라들도 있다.

개인 소유로 보는 미국

미국에서는 개인 소유 토지에서 채굴된 석유가스에 대해 토지주의 소유권을 인정한다. 따라서 석유가스의 탐사개발권을 얻기 위해서는 해당 토지주가 누구인지를 먼저 찾고, 그를 상대로 협상해 탐사개발권에 해당하는 리스권(lease)을 확보해야 한다. 한국에서 전셋집을 찾을 때 공인중개사 사무실을 활용하듯, 미국에서 석유가스가 나올 가능성이 있는 지역의 시추권을 획득하는 일을 하는 것이 광권 중개인(petroleum landman)이다.[1] 당사자 간 합의에 의해 채굴된 석유가스는 석유개발기업이 갖게 되고, 통상 매출의 일정 부분을 땅 주인에게 지급한다. 국가 경제적으로 석유가스가 아무리 중요하더라도, 법이나 행정명령에 의해 탐사개발권을 처분하도록 강제하거나 수용의 대상으로 할 수 없는 것이 원칙이다.[2]

국가 소유로 보는 나라들

헌법이나 법률에서 석유가스의 소유권이 국가 또는 국민 전체에게 존재한다고 명시적으로 규정한 국가들이 있다. 중동, 남미, 봉건제의 전통이 있는 영국, 노르웨이, 스페인 등이 여기에 속한다. 이들

나라에서는 석유에 대해 '국가의 자산(Property of the State)', '왕의 재산 (Crown Property)', '국유재산(State Assets)', '국가의 소유(Belong to the State)' 등 의 표현을 사용한다. 탐사개발권의 절차가 법령에 상세하게 규정되 며, 탐사개발권을 가진 국가(국가기관)는 대개 국영석유회사를 설립해 구체적인 업무를 맡긴다.

국가의 재량을 선세한 나라들[3)]

석유가스가 탐사될 때까지는 누구의 소유도 아니며, 정부는 관리 자로서의 지위에 근거해 탐사와 생산에 대한 조건을 정할 수 있다. 정 부는 탐사개발권을 재량에 의해 석유개발회사에 부여하는데, 공정성 을 중시하기 때문에 규정에 따라 진행되고, 채굴된 석유가스의 소유 권과 이전에 대해 정부가 정한다. 한국과 일본 및 다수 산업국가에서 적용되는 방식이다.

나라별로 다른 소유권 개념

소유권을 어느 정도 인정해주느냐는 세계적으로 나라마다 수많은 사례가 있지만, 대표적으로 7개국의 예를 들어 보겠다. 대표적으로 토지의 소유주가 석유가스의 소유주가 되는 미국에서는 석유가스를 탐사개발하기 위한 리스권을 땅 주인에게 얻어내야 할 필요가 있다. 하지만 연방정부 소유거나 주정부 소유의 토지라면 그곳에서 리스권을 확보해야 한다. 영국 같은 유럽에서는 에너지 담당 장관이 육상과 해양의 석유가스개발을 관리한다. 일본에서는 영해, 대륙붕 등 특정 구역에 대해서는 국제적 분쟁을 막기 위해 정부가 통제권을 가지고 있다.

미국

미국에서는 국가가 아닌 토지를 소유한 개인이 석유가스를 소유한다. 그렇기 때문에 석유가스의 탐사개발권을 얻기 위해 해당 토지에 들어가 석유가스를 탐사개발하고 생산, 판매할 수 있는 리스권을 땅 주인으로부터 얻어야 한다. 단, 연방정부 소유의 토지에서 석유가스를 개발하려고 할 경우에는 연방정부로부터, 주정부 소유의 토지에서 개발코자 할 경우에는 주정부로부터 리스권을 확보해야 한다.

해양석유가스에 대해서는 해저토지법(Submerged Lands Act), 대륙붕 토지법(Outer Continental Shelf Lands Act)을 종합해서 볼 때, 육지에서 3마일(약 5.4㎞)까지의 해저석유가스는 주정부에서 통제관리하고, 3마일 범위 밖의 해저석유가스는 연방정부가 통제한다.

영국 등 유럽 국가

1998년 석유법(Petroleum Act)에 의하면, 영국 국왕은 육상 또는 영해(육상으로부터 12해리)에 존재하는 석유가스에 대해 주권을 행사할 수 있고 특허료를 받으며 탐사개발권을 부여할 수 있고, 1964년 대륙붕법(Continental Shelf Act)에 따른 구역까지 탐사개발권의 부여 권한을 규정하고 있다. 이에 따라, 영국 에너지 안보 및 넷제로부 장관(Secretary of State of Department for Energy Security & Net Zero)이 영해와 영해 이원의 해양석유가스 탐사개발을 실질적으로 통제하고 있다.[4]

터키는 헌법 168조에서 국가에게 지하자원의 소유권이 있음을 명시하고 있다.[5] 스페인은 헌법 132조 2항과 탄화수소법 2조 1항을 통해 스페인 왕국의 주권 하에 있는 국가의 영토, 영해 및 해저 하층토에 존재하는 탄화수소는 국가 공공 재산으로 간주한다고 규정하고 있다.[6]

캐나다

캐나다의 석유가스는 1867년 연방헌법 제109조에 따라 소유권이 원칙적으로 주정부에게 있다. 그리고 주정부의 관할에 속하지 않는 3개 지역과 캐나다 연안의 해양은 연방정부의 소유로 본다. 특이한 점은, 19세기 후반 캐나다 서부개척을 촉진하기 위해 캐나다 퍼시픽 철도(Canadian Pacific Railway, CP)에게 권리를 이전한 2,200만 에이커의 초원과 서부로 이주한 개인에게 소유권을 부여한 토지는 해당 법인과 개인에게 자원에 대한 소유권이 있다.

호주

호주는 연방정부와 주정부 간의 합의에 의해 주정부가 원칙적으로 주(州) 관할의 육상영토에 있는 석유가스에 대한 권리를 갖는다. 해양유전의 경우, 1979년 연방정부와 주정부 간의 합의로 주정부가 연안의 광물탐사와 해저 재산권에 대한 법률 제정권을 갖게 되었다. 또한 3해리 너머의 배타적경제수역(EEZ) 구역에서는 연방정부가 석유가스에 대한 통제권을 갖고 있고, 2006년 해양석유법을 제정해 규율하고 있다. 다만 joint authority(권한 행사는 연방정부가 주정부와 함께 하는 형태) 또는 designated authority(주정부에 위임하는 형태)로 나뉘고, 일상적인 집행은 주정부에 의해 이루어진다.

이라크

이라크는 2005년 헌법 제111조에서 '석유가스는 이라크인 전체의 소유이다'라고 규정하고 있다.[7] 다만 이라크 북부에 있는 쿠르드 지역 석유자산의 소유와 이용에 대한 내용을 담을 석유법에 대해 이라크 연방정부와 쿠르드 지방정부 간에 합의가 잘 이루어지지 못하고 있다.

일본

일본에서는 광물은 국가의 자원이라고 전제하고 출원한 사람(법인)에게 국가가 광업권을 부여하는 것으로 하고 있다. 일본은 한국과 달리 광업법에서 해저광물까지 다루고 있다.[8]

다만 새로운 광업법에서 육상광구의 허가는 지자체에 위임하나, 영해, 대륙붕 등 '특정 구역'에서는 해저자원개발은 중앙정부가 직접 담당하는데, 이는 해저자원개발이 국책사업인 점, 주변국과의 일부 해양경계가 아직 획정되지 않았기 때문에 광구가 국제적 분쟁으로 이

어질 수 있다는 점을 고려한 것이다.[9)]

한국

헌법과 법률은 석유, 천연가스에 대해 소유권 귀속에 대해 규정하고 있지 않다. 한국의 헌법 120조는 '광물 기타 중요한 지하자원·수산자원·수력과 경제상 이용할 수 있는 자연력은 법률이 정하는 바에 의해 일정한 기간 그 채취·개발 또는 이용을 특허할 수 있다'고 규정해 소유권에 대해 언급이 없다. 광업법과 해저광물자원법에서도 석유와 천연가스의 광업권을 정부만이 가질 수 있다고 할 뿐, 그 소유권에 대해서는 언급이 없다.[10)] 이에 대해, 광물에 대한 소유권은 토지 소유권에 귀속되어 있기 때문에 광물이 존재하는 대지의 소유권자에게 귀속시키되, 그 개발을 위해서는 국가의 특허를 부여받아야 한다는 해석도 가능하기 때문에, 석유가스의 소유권 문제를 외국처럼 헌법이나 개별법에서 국유라고 명시할 필요가 있다고 주장하는 학자도 있다.[11)] 한국은 국영석유회사인 한국석유공사에 석유광권의 운영을 위임하고 있지 않다.

2

해양경계를 넘어선
석유와 가스는 누구의 소유인가

앞서 살펴본 석유가스의 소유권은 영토, 영해라는 명확한 기준을 가지는 것을 전제로 했다. 그렇다면 영해 너머의 대륙붕의 해저석유가스는 어떨까?[12] 이는 석유개발에서 점차 해양석유채굴의 비중이 늘어가면서 중요한 이슈가 되고 있다. 해양경계가 분명하면 다행이지만, 그렇지 않은 경우도 많다. 1974년 한·일 대륙붕 공동개발협정의 사례처럼, '양국이 우호 관계 증진을 위해 실천적 해결책'으로 경계획정은 잠시 미루고, 공동개발구역(JDZ)을 설정해 공동으로 개발하기도 한다.[13] 석유자원이 풍부한 페르시아만 연안국들은 사우디아라비아-쿠웨이트 간 중립지대, 사우디아라비아-바레인-쿠웨이트-아부다비 사례 등에서 보듯, 공평한 석유자원 분배가 이루어진다는 전제하에 공동개발을 관행적으로 해왔다.[14] 다음에서 한국해양수산개발원(KMI)에서 제시한 공동개발 모델을 소개한다.[15]

공동개발 모델 I

복수 국가 중에 어느 한 국가가 나머지 국가를 대표해 공동구역에서의 개발을 관리하고, 다른 국가들은 개발을 담당한 국가에서 비용을 공제한 후 자원 개발에서 발생한 수익을 공유한다. 이 방식은 국가들이 최소한의 노력으로 공동개발을 하면서도 공식진행에 대한 부담을 피하기 위해 쓰는 모델이다. 그래서 합의가 쉬운 편이었으나, 한 나라의 주권적 권리가 다른 나라에 의해 행사될 수도 있다는 점 때문에 요즘에는 채택되지 않고 있다.

카타르-아부다비

카타르–아부다비 양국이 공유한 해상 광구는 아부다비 해양개발회사(Abu Dhabi Marine Areas Co., ADMA)가 개발을 관리했고, 비용은 아부다비가 혼자 부담하되 수익을 카타르와 아부다비가 동등하게 가져갔다. 카타르와 아부다비는 동등한 소유권을 가졌고, 서로 모든 사안에 대해 협의할 것을 합의했지만, 카타르의 권리와 관할권에 대해 명시적으로 규정하지는 않았다.

공동개발 모델 II

이 모델은 공동개발을 진행하기로 한 양 당사국이 공동개발구역에서 지명한 회사들 간에 합작 투자를 하도록 한다.

사우디아라비아-쿠웨이트

사우디아라비아와 쿠웨이트간의 해양경계는 1922년 알-위그르 협정(Uqair Protocol)을 통해 두 나라 사이의 중립지대(neutral zone)를 공동 주권구역(area of joint sovereignty)으로 규정했다. 당초 중간지대는 양국을 자유롭게 오가는 베두인족의 권리를 존중하기 위해 만들어진 것이다. 양국은 해당 중립지대에 매장되어 있는 석유가스에 대해 같은 비율로 지분을 보유했다. 양측의 조광권자였던 석유기업 게티(Getty Co.)와 아민오일(American Independent Oil Company, Aminoil)은 공동운영을 위한 협정을 체결하고, 중립지대의 운영을 통합하게 되었다.[16]

한일 대륙붕 공동개발협정

1974년에 체결된 한일 대륙붕 공동개발협정의 협력방식은 한국과 일본이 조광권자를 개별적으로 각국 국내법에 따라 선정하고, 선정된 양 조광권자들이 공동개발을 하는 형태이다. 한국이 선정한 회사가 운영자로 있는 소구역에서는 한국의 법이 적용되는 반면, 일본이 선정한 회사가 운영자인 소구역에는 일본의 법이 적용된다. 탐사개발활동과 관련된 수익과 비용은 동등하게 반반으로 배분토록 하고 있다. 협정에서는 기업은 조광권을 부여한 국가의 세법을 따르도록 하고, 상대국은 이에 대한 조세권을 행사하지 못하도록 규정해 이중과세를 차단했다. 한일 양국은 단순한 협의체로서 공동위원회를 두고 있고,

협정에 중국과 같은 3국의 주장에 대한 공동대응조항은 담지 않았다. 한일 양국 간 협의와 교섭을 우선함을 규정하고, 분쟁해결수단으로서 양국에 구속력 있는 결정을 내릴 수 있는, 제3자적 분쟁해결절차인 중재를 채택하고 있다.

한일 대륙붕공동개발협정 개요

한일 대륙붕공동개발협정은 유엔 아시아태평양경제사회위원회 (UN ESCAP)이 1969년 발표한 에머리 리포트에서 "대만과 일본 사이의 대륙붕이 세계에서 석유가 가장 많이 매장된 곳 중 하나일 가능성이 높다"고 분석한 것에 기원한다. 각국의 대륙붕 경계를 선언하는 '소리 없는 석유전쟁'이 인근 국가 간에 벌어지다가, 한국과 일본, 대만 간 3국 공동 개발이 추진된다. 하지만 중화인민공화국의 항의로 중단되고, 한국과 일본이 양국 간 공동 개발로 추진하자고 해 협상이 진행된다.[17] 한국은 육지영토의 자연연장원칙을 주장했고 일본은 등거리선 원칙을 주장해 입장차를 좁히지 못하다가, 주장이 겹치는 해역을 같이 개발하자는 데에 합의한다. 1973년 10월에 발발한 제4차 중동전쟁 (욤키퍼 전쟁)에 기인한 제1차 오일쇼크로 경제가 어려워진 1974년 1월 30일에 공동개발협정이 서명되고 1978년 6월 22일에 비준서가 교환되어 발효되었다.[18]

1982년 UN해양법의 제정과 국제사법재판소(ICJ) 판결의 변화로 대륙붕 경계획정의 주요 원칙이 육상영토의 자연연장원칙에서 중간선 원칙으로 이동해가면서 일본이 소극적이 되었다. 에머리 리포트와

월슨센터 보고서에서 언급한 긍정적 예측과 달리 1980년대와 90년대의 탐사시추에서 3차례의 가스징후 외에 이렇다 할 성과가 나타나지 않았다.[19] 2010년 이후 일본의 무대응과 비협조로 아무런 진척이 없

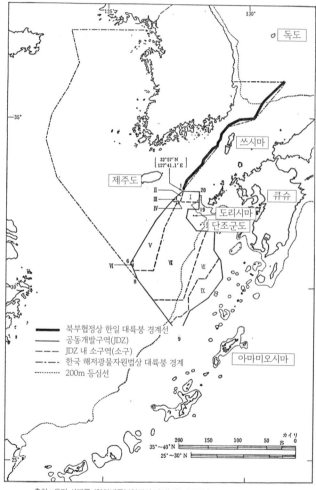

북부협정상 한일 대륙붕 경계선
공동개발구역(JDZ)
JDZ 내 소구역(소구)
한국 해저광물자원법상 대륙붕 경계
200m 등심선

독도
쓰시마
제주도
큐슈
도리시마
단조군도
아마미오시마

출처 : 오다 시게루, '한일대륙붕협정의 체결' 〈쥬리스트〉(ジュリスト) 제559호 (1974.5.1.)

었고 협정 종료통보(3년 후 종료할 것이라고 통보하는 것)를 할 수 있는 시점인 2025년 6월 22일이 다가오는 상황이다. 이시바 시게루가 일본의 신임총리로 선출된 2024년 9월 27일, 도쿄에서 39년 만에 양측의 외교, 에너지부처 국장급이 만나 협정에 따른 공동위원회를 개최해 협정이행에 관한 사항 등을 광범위하게 논의했다는 뉴스가 전해졌다.[20]

이 협정의 대상이 되고 있는 공동개발구역(JDZ)은 한일 양국이 자국의 대륙붕이라고 주장하는 구역 중 중첩하는 부분으로서, 20개의 좌표를 연결하는 직선으로 표시했다.

JDZ의 동측 선, 규슈에서 아마미오시마(奄美大島)에 면하는 선(좌표 9에서 좌표 20을 거쳐 좌표 1로 돌아오는 선)은 한국이 1970년 5월에 설정한 7광구 경계선과 같다. 남서측 선(좌표 8에서 좌표 9)도 7광구 남서측의 남쪽 일부와 일치한다. 이것은 한국과 중국대륙을 분할하는 중간선으로 인식되고 있다. 한편 좌표 1에서 좌표 6에 이르는 선은 한국과 일본의 중간선이다.[21]

공동개발 모델 III

가장 제도화된 형태의 공동개발협정으로, 개별 국가의 주권과 자치권이 제한되고 공동기구가 중심이 되는 형태이다. 이 모델은 당사국 간 협정으로 구성되는데, 관계국이 공동개발구역의 개발을 관리하는, 포괄적인 권한을 가진 공동 기구를 설립해 자율성을 갖고 개발업무를 담당하도록 한다.

호주-동티모르 그레이터 선라이즈 공동개발

2016년부터 동티모르와 호주는 유엔해양법협약상 조정 절차에 들어갔고, 조정의 결과에 담긴 양국 간 해양의 경계와 대형유전인 그레이터 선라이즈(Greater Sunrise) 해양유전의 공동이용과 관련한 특별 체제 내용을 담는 조약에 이르게 되었다. 이 케이스는 양국 해안 간의 거리가 400해리 미만이고, 한 국가(호주)로부터 대륙붕의 자연적 연장이 유래해 다른 국가(동티모르) 바로 앞까지 가고 있는 점 때문에 한국과 일본 사이의 대륙붕 공동개발사례와 유사성을 갖는다고 본다. 조약의 최종 결과는 중간선을 원칙으로 해 경계를 확정하면서도 그레이터 선라이즈 유전의 자원공동이용체제(Greater Sunrise Special Regime)를 수반했다.

양국은 이를 위해 공동개발을 규제, 관리하는 거버넌스 위원회(동티모르 임명 2인과 호주 임명 1인으로 구성)에 보고할 공동기구(Designated Authority)를 설립한다. 공동기구는 동티모르 정부의 석유 부분에서 지정한 동티모르의 법정기관이 담당한다. 생산물분배계약(PSC) 체제로 관리되며, 분쟁조정위원회는 양국이 각각 지정한 1인과 공동으로 지정한 1인, 총 3인으로 구성한다. 공동개발체제는 상업적으로 고갈(commercial depletion)이 판단되는 시점(2064년으로 예상)까지 유지한다.[22] 이익 분배는 동티모르 연결 파이프라인을 통해 개발할 경우에는 '70 : 30(동티모르 : 호주)'로 하고, 호주 연결 파이프라인을 통해 개발할 경우에는 '80 : 20'으로 분배키로 했다.[23]

한국 대륙붕 체제의 역사 :
트루먼 선언, 평화선 그리고 7광구

트루먼 선언(Truman Proclamation)은 1945년 9월 28일 미국의 트루먼 대통령이 발표한 대통령 선언 2667호(대륙붕의 지하 및 해저의 천연자원에 관한 미국의 정책)과 2668호 (공해 수역에서의 연안어업에 관한 미국의 정책), 이 두 가지를 통칭하는 것이다. 2667호의 경우, 대륙붕에 대한 관할권 확대를 통해 면적 75만 스퀘어마일, 수심 100패덤(약 180m) 까지의 미국 인접수역의 해저 광물자원과 석유자원에 대한 관리통제권을 주장했다.

트루먼 선언은 일방적 선언이었고, 영해를 제외하고는 공유(共有)로 여겨졌던 당시로서는 급진적으로 느껴졌다. 하지만 후대에는 그 의미가 인정되어 전 세계 대륙붕 경계 설정에 있어 '육지영토의 자연연장설'을 주된 원리로 정착시킨 1969년 국제사법재판소의 '북해대륙붕사건(North Continental Shelf Cases)'에서 트루먼 선언을 '대륙붕 문제에서 특별한 지위'에 있고, '대륙붕 분야 실정법(positive law)의 출발점'이며, '대륙붕 이론의 기원'이라고 평가할 정도였다.

트루먼 선언의 연장선상에서, 이승만 대통령은 1952년 1월 18일에 '대한민국 접속해양의 주권에 대한 대통령의 선언(Proclamation of the President of the Republic of Korea)', 일명 '평화선'을 선포했다. 1952년 발효될 것으로 보이는 샌프란시스코 대일강화조약(1951년 9월 8일 체결, 1952년 4월 28일 발효)에 따라 미군정 하에서 일본선단의 한국해역 침범과 남획으로부터 한국 어민의 이익을 지켜주었던 맥아더 라인이 철폐될 상황에서 일본은 새로운 어업규제 마련을 위한 어업협상을 회피했다. 일본은 국가로서 지위가 회복된 후에 협상하는 것이 유리하다고 본 것이었다. 마냥 기다릴 수만 없었던 한국 정부는 이에 대한 대책을 준비하고 있었는데, 1951년 9월 28일에 이미 국무회의에서 의결되어 발표 예정이었던 대책은 어업보호수역의 내용만을 담고 있었다. 여기에 대륙붕(당시 표현은 해붕)의 천연자원까지 내용의 범위를 확대해 그 다음해 1952년 1월에 선포한 것이 '평화선'이다. 내용과 발표형식이 트루먼 선언의 영향으로 보인다.

이때 평화선 선포에 분개하고 해양법을 공부하게 된 일본의 청년이 있었는데, 그는 일본의 세계적 해양법학자이자 나중에 국제사법재판소(ICJ) 재판관까지 지낸 오다 시게루(小田滋)다. 그는 1969년의 ICJ 북해대륙붕사건에서 승소한 서독 측 변호인단에 참여해 논리개발에 큰 역할을 했는데, 아이러니하게도 한국 정부는 동 판결의 서독 측 논리(육지영토의 자연연장설)에 근거해 1970년에 한일 중간선을 넘어간 해역에 7광구(일본 큐슈 앞, 오키나와 해구 바로 앞까지)를 선포했다.

INSIGHT

7광구 7문 7답

7광구의 국내 논의가 잘 이루어지지 않는 이유는 관련 지식과 정보과 제대로 공유되고 있지 못하고, 최근 동해 대왕고래가스전으로 이슈가 잠식되고 있기 때문이다. 이에 우리의 대륙붕 7광구와 관련해 많이 묻는 질문 7개를 정리해보았다.

Q1) 7광구에 석유가스가 있는가? 있다면 얼마나 있는지?

A1) 7광구에서는 그간 유의미한 탐사가 제대로 이루어지지 않았고, 인근에서 중국이 석유가스를 생산하고 있다는 점에서 존재 가능성을 추측할 뿐이다. 각종 리서치 회사의 추정치도 한정된 자료에 근거하고 있어 과소 추정하거나 과대 추정하는 것으로 보인다. 다만 2005년 셀리그 해리슨은 윌슨센터 리포트에 따르면, 중국 측 관계자가 동중국해에서 일본에 가까운 동측, 즉 7광구 인근이 가장 유망하다고 보고 있는 점은 눈여겨볼 부분이다.[24]

Q2) 일본은 경제성이 없다고 했다는데, 여기에 대한 답변은?

A2) 일본이 경제성이 없다고 하는데, 구체적인 설명이 없어 일방적 주장으로 봐야 한다. 2000년대 초, 한일 공동으로 3D 탄성파조사를 수행했는데, 일본은 경제성이 없다는 이유로 2004년에 공동 연구 철회를 선언했다. 경제성이 없다면 협정을 개정 또는

종료에 대해 협의할 수 있다는 협정 31조 4항이 있음에도 공동연구만 철회한 채, 일체의 설명이 없다. 1993년의 경우 9월 11일에 유가가 최저치인 15달러 78센트가 되자, 그해 9월 17일 열린 양국회담에서 경제성 있는 개발이 어렵지만, 계속 노력해보자고 한 바 있다.[25] 일본이 공동연구 종료를 선언한 2004년은 이와 달랐다. 2003년에 27달러였던 두바이유 평균 가격이 2004년에는 34달러로 올라간 때였다.

경제성 판단에 대한 한국과 일본의 차이를 가져올 요소 중 하나는 일본은 JDZ에서 개발한 가스를 오키나와 해구(폭 100㎞, 최대 수심 2200m)를 지나는 해저 매립식 파이프라인을 통해 일본으로 수송할 경우의 비용을 포함해 계산한다는 점일 것이다. 이는 유사한 지형구조에 있는 호주 - 동티모르 간의 파이프라인을 지형이 복잡한 동티모르 쪽으로 건설할 경우 더 많은 이윤을 호주에 분배하는 것을 봐도 해저지형이 주는 비용상의 차이를 짐작할 수 있다. 2024년 11월 초의 유가가 두바이유 기준 배럴당 73달러이고, 파이프라인을 매설할 해저지형이 문제라면, 생산된 석유가스를 상대적으로 평탄한 대륙붕이 있는 한국 쪽 파이프라인으로 보내면 될 것이다.

Q3) 협정이 종료해도 해당 수역을 당연히 일본이 가져가는 것은 아니라고 하는데?

A3) 한국과 일본이 아무것도 하지 않으면 그렇다는 의미다. 하지만 UN해양법은 상호 간 거리가 400해리 미만의 국가들이 협의를 통해 해양경계를 정하도록 하고 있다. 일본 측의 입장을 보여주는 학자로 카네하로 아츠코 박사(캐논 글로벌전략연구소 연구부장)가 있는데, 2018년 9월의 '한일 대륙붕 공동개발협정에 관한 국제심포지움'에서 협정은 유엔해양법협약에서 언급한 잠정 약정에 해당하기 때문에 결국 한국과 일본도 해양경계획정을 통해서 문제를 해결해야 된다고 설명했다. 이때 일본 측이 중간선원칙을 경계획정의 원칙으로 주장할 것임을 시사했고, 대안적 방안으로 해양경계획정 이후에 새롭게 대륙붕 공동개발협정을 체결하는 것을 고려해 볼 수 있을 것이라고 언급했다.[26]

상황에 따라서는 일본은 분쟁을 유도해 한국을 국제재판으로 끌어들이려고 할 수도 있다. 예를 들어 최근 일본 정부는 자국 영해 너머 배타적 경제수역(EEZ)에 부유식 해상 풍력발전기를 설치할 수 있도록 허용했는데, 만약 7광구 해역의 중간선라인에 풍력발전기를 설치해 분쟁화를 시도할 수도 있다. 대담하게 시추선을 보내 탐사시추를 할 가능성이 있다는 것이다. 그럴 경우, 한국 측이 아무 항의를 안 하면 묵인이 되고, 항의를 하게 되면 분쟁화 가능성이 있어 참으로 복잡해질 수 있다.

일본이 그럴 리가 없다고 보는 시각도 있다. 하지만 2006년경 일본은 독도 이슈를 해양분쟁화해 국제해양법재판소로 우리를 끌고 들어가려 했다는 것을 알아야 한다. 이것은 국제사법재판소로 가져가는 것은 양국 간 합의가 있어야 해서 갈 수 없음에 따라, 국제해양법재판소의 강제관할조항을 활용하려고 했던 것이다. 다행히도, 당시 한국 외교부에서 2006년 5월에 국제해양법재판소 강제관할권 배제 선언을 해 위기를 모면할 수 있었다.[27] 하지만 앞으로도 이와 유사한 시도가 없으리라는 보장은 없다.

그래서 한국과 일본이 끝까지 가는 싸움으로 가지 않고 인도 - 태평양의 평화와 안정을 위한 협력을 해나가기 위해서는 협정 파기로 극단적 대립의 씨앗을 뿌리기보다, 공동개발협정 연장을 통해 협력의 새로운 시대를 모색해가는 것이 타당할 것이다.

Q4) 일본이 상대적으로 유리한 상황에서 협정을 연장할 가능성이 있을까?

A4) 상황이 어렵지만, 방법은 있다. UN국제해양법협약의 발효와 국제사법재판소 등의 판례에서, 해양경계의 기준은 육상영토의 자연연장설보다는 등거리설이 더 지지되고 있는 상황이다. 리비아 - 몰타 ICJ 판결, 호주 - 동티모르 상설중재판례가 있다. 자기 담당 분야의 국익을 먼저 따질 의무를 가진, 일본의 외무성이나 경제산업성(에너지자원청)의 국장급 실무진이 협정연장에 대해 말할 상황이 아닐 것이다.

이러한 위태로운 상황에 대해, 일본 정부나 여당이 협정의 종료에 대해 어떠한 공식적 언급이나 움직임도 없다는 점을 들어 일본이 협정을 연장하는 것이 디폴트(시작점)이라고 보는 견해도 있다. 한일관계가 이전 정부와 달리 좋아졌고, 한일수교 60주년이 되는 2025년 6월에 설마 협정종료(3년 후인 2028년 6월에 예정대로 종료하겠다는 의사)를 통보할 리가 없다고 보는 것이다.

하지만, 디폴트는 예정대로 2028년 협정을 종료하는 것일 가능성이 높다. 7광구에 대한 일본의 무반응의 역사(코로나를 핑계로 줌 회의도 거부), 비공식적으로 연장에 대해 별생각이 없음을 카네하라 아츠코 교수 등을 통해 흘리고 있는 점, 게다가 2024년 9월의 공동위원회에서 진전된 내용이 없었던 것은 이러한 판단이 틀리지 않은 것 같다는 확신을 들게 한다. 상대가 있는 상황에서 우위에 있는 일본이 먼저 입장을 명시적으로 보여주면서 우리에게 시간을 줄 이유도 없다.

안보협력이 일본을 설득할 수 있는 중요한 논리다. 이것은 선례가 있는데, 1960년대 NATO의 회원국이던 영국과 노르웨이가 냉전시기에 대립하기보다는 협력을 유지하기 위해 해저지형은 무시하고 바로 중간선으로 정했다. 영국 입장에서는 노르웨이 인근의 해저협곡을 근거로 더 넓은 대륙붕을 주장할 수 있었음에도 안보협력의 대의를 위해 협력을 선택한 것이다.

일본은 안보에 있어 한국과의 협력 필요성이 증대하고 있다. 북한이 우크라이나 참전을 통해 러시아로부터 첨단무기 기술을 지원받을 가능성이 높아졌고, 중국은 두만강 입구 쪽에 자국 항구(일명 출해구, 出海口)를 건설할 수 있도록 해줄 것을 북한, 러시아와 논의하고 있다.[28] 이것이 실현되면 중국 해군의 동해 진출은 시간 문제이고, 일본은 동중국해와 동해의 양방향에서 중국 해군력을 대응해야 하는 버거운 상황에 놓이게 된다. 그렇다고 자국 조선소 축소로 해군선박 건조를 한국에 요청해야 할 상황에 처한 미국 해군에 의지하는 것은 한계가 있을 것으로 보인다. 한국과의 안보협력이 중요한 사안이고, 이를 위해 한일 대륙붕 공동개발협정을 협력의 상징으로 유지해야 한다. 협정이 종료된 후 일본의 단독개발이 이루어질 경우, 여기서 오는 정치적 후폭풍은 한일관계를 급속 냉각시킬 것이다.

전향적인 검토를 하는 것은 국가 지도자 급에서 결단내려야 할 사항이다. 공동개발 협정 연장사안은 실무 공무원이 다루기에는 너무 민감하고 큰 사안이다. 일본의 의사구조는 우리처럼 최고 리더가 정하면 따라가는 구조가 아니고, 많은 이해관계자가 설득되어야 하는 구조인지라 협정종료라는 디폴트를 변경하는 것은 많은 설득과 노력을 필요로 할 것이다. 만약 미국이 적대적 관계인 이스라엘과 레바논 간의 해양경계획정을 2022년에 성공적으로 중재했던 것처럼, 인태전략의 중요한 파트너인 한국과 일본의 대륙붕 공동개발에 대해 건설적 역할을 한다면 협정의 연장과 공동개발의 현실화는 불가능한 것은 아니다.

Q5) 협정이 종료되면 중국과 일본이 7광구 부분을 공동개발할지도 모른다는데?

A5) 모두가 당사자의 선택인지라 절대 그럴 수 없다고 하기는 어렵지만, 기본적으로 일본은 원치 않는 것으로 보인다. 공동개발구역(JDZ)을 포함해 동중국해에서 일본과 중국 간 중간선을 넘는 것을 허용하고 있지 않다. 동중국해에서의 현상변경에 민감하게 대응하고 있는 것이다. 한국뿐만 아니라 중국에 대해서도 중간선을 기준으로 동중국해에서 EEZ의 경계를 결정하려고 하고 있다. 미국과 중국의 대립구도에서 굳이 한국을 배제하고 중국과 새롭게 동중국해의 공동개발을 추진하는 것은 쉽지 않아 보인다.

Q6) 에너지전환시대에 석유가스 같은 화석연료를 캔다는 것이 의아하지 않은가?

A6) 기후변화에 대한 대응을 해야 하는 마당에 화석연료를 캔다는 것에 대해 불편하게 생각할 수도 있지만, 기후대응에 있어 우선적으로 대응해야 할 대상은 석탄임에 유의해야 한다. 석유나 가스에 비해 단위열량당 기후변화가스인 CO_2를 석유보다 37.5%

더 많이, 천연가스보다 88% 더 많이 발생시키며, 2022년 전 세계 CO_2 배출량의 47%가 석탄 소비에 기인했다는 점을 알아야 한다. 또한 산성비를 유발하는 이산화황이 많이 나오고, 수은 등의 오염물질을 배출하기 때문에 규제의 대상이 되어야 함에도, 전 세계적인 석탄 소비는 증가하고 있다. 중국(54.8%), 인도(12.4%)가 석탄 소비를 많이 하고 있고, 미국(6.1%)과 일본(3.0%)이 그 뒤를 잇고 있다.[29]

특히 중국과 인도의 석탄 소비를 줄이기 위해서 천연가스를 저렴하게 전 세계에 공급하는 것은 글로벌 사우스(Global South)와의 협력이 매우 중요한 기후변화 대응에서 중요한 진전을 이룰 수 있을 것이다. 한국의 관점에선 미세먼지 저감에도 큰 효과가 있을 것이다. 동중국해에서 생산되는 유전은 80% 정도의 생산물이 천연가스다. 그리고 7광구에서 천연가스생산 시 엄청난 비용과 에너지 소비를 요구하는 액화천연가스(LNG)로의 액화와 재기화 과정을 배제하고, 해양생산플랫폼에서 파이프라인으로 소비지까지 바로 연결한다면 CO_2 배출을 추가적으로 줄일 수 있는 보다 친환경적인 접근방식이 될 것이다.

Q7) 동해심해가스전(대왕고래)이면 충분하지 않을까? 굳이 일본과 다툼이 있는 공동개발구역을 개발해야 할까?

A7) 세계 어느 나라도 하나의 석유가스전만 운영하지는 않는다. 탐사를 통해 지속적으로 유전 수를 늘려가는 것이 브라질, 노르웨이, 영국, 이스라엘, 가이아나 등 해양유전 개발국가들의 접근방식이다. 일본의 경우 해외에서 인펙스 등을 통해 호주의 대형해양가스전인 익티스(Ichtys)에 안주하지 않고, 인도네시아의 대형가스전인 아바디(Abadi) 프로젝트를 진행하고 있다.

리스타드 석유가스개발 총괄헤드인 에스펜 얼링슨에 따르면, 동해심해가스전이 시추지점은 한국 측 수역이지만, 대형가스전일 경우 경계가 일본 측 수역으로 넘어갈 가능성이 있다고 한 바 있다.[30] 해양경계의 문제는 잘 설득해 1974년에 공동개발협정을 체결할 때처럼 협력의 기조 아래 공동개발을 위한 노력을 할 필요가 있다. 미지의 영역인 7광구에서 동아시아 지역의 에너지 안보를 위한 노력이 요구되는 때다.

3

석유개발 계약의 세 가지 방법

석유개발의 첫 단계인 광권 확보는 계약을 통해 구체화된다. 계약에 따라 석유가스의 소유자인 산유국 정부와 탐사개발의 주체인 석유개발기업 간에 권리의무관계가 형성되고, 이것은 이익분배방식과 직결된다. 각 국가의 상황과 석유개발역사에 따라 다른 방식이 선택되어 왔다.

조광계약

조광계약(Concession contract)은 20세기 초에 도입된 산유국과 석유개발기업 간의 계약체제이다. 초기의 조광계약(구舊 조광계약)에서는 석유기업이 산유국 정부에 로열티(royalty, 조광료)만 내면, 석유자원에 대한 무제한적인, 배타적 권리를 부여받고, 수익에 대한 세금도 내지 않았다. 로열티는 생산(매출)의 백분율로 계산되어 정부에 지불하는 금액이며 생산 시작부터 지불되는데, 석유가스 부문의 로열티 지불은 전통적으로 재생 불가능한 자원의 고갈에 대한 정부에 대한 보상으로 간주되었다. 20세기 전반기의 구 조광계약의 특징은 다음과 같다.

－광대한 지역에 대한 자원개발권(동상 한반도 5배 면적)
－매우 장기간의 배타적인 개발권(60년 이상)
－자원개발의 일정과 방식에 대한 기업의 광범위한 통제권
－산유국에 대한 로열티 지불을 제외하고는 모든 자원개발 수익을 개발기업이 획득

구 조광계약의 대표적인 사례는, 1901년 브리티시 페트롤리움(British Petroleum, BP)의 전신인 버마석유의 윌리엄 다시가 이란(페르시아의 샤)과 맺은 계약이다. 10만 달러의 현금과 10만 달러의 주식, 그리고 매출의 16%인 로열티를 대가로 해 48만 스퀘어마일(124만㎢로 한반도의 5.5배 면적)에 대해 60년간 배타적 개발권을 획득한 것이다. 이때 로열티 산정기준가액은 BP의 공시가를 따랐기 때문에, 이란 정부는 구체적 산정 근거는 알지 못한 채 로열티를 받았다. 1933년 스탠다드 오일과 사우디아라비아 왕 사이의 조광계약은 5만 파운드의 금을 대가로, 50만 스퀘어마일(한반도 5.8배 면적)의 땅에 대한 75년의 자원개발권을 얻은 것이었고, 1939년 아부다비는 외국 메이저들과 75년의 배타

적 개발권을 부여하는 조광계약을 맺었다.

로열티에 세금을 더한 '신 조광계약'

그러다가 20세기 중반에 들어서면서 유가 상승기의 이득이 전부 메이저들에게 귀속되는 것에 산유국 국민들의 불만이 커졌고, 이에 따라 산유국의 이익이 보완되는 방향으로 변화했다. 구 조광계약에서 로열티만 냈지만, 신 조광계약에서는 매출액의 일정 부분을 로열티로 납부하고, 개발비용을 제외한 후 기업수익에 대해 고율의 소득세를 부과하게 되었다. 이제 로열티는 이윤에 기반한 법인세가 징수되지 않는 생산 초기 단계에 정부 수입을 보장하는 방법으로 간주되었다. 이외에도 신 조광계약에서는 광구면적이 축소되고, 광권계약 기간이 대폭 축소되었다. 그리고 특정기간 내 최소작업량(시추 횟수) 등의 노력을 명시해 기간 내 정부가 이익을 확보할 가능성을 높였다.

세금의 부과는 1943년 베네수엘라가 외국 기업의 이익에 50 : 50의 이익분배(fifty-fifty concept)으로 사실상 세금을 부과하면서 시작되었고, 1950년에 사우디아라비아가 서구 메이저와의 관계에서 50/50 이익분배제도를 도입했다. 당시 중동석유개발시장의 신규 진입자였던 이탈리아 석유기업 에니(ENI)의 경우, 1957년 마테이 공식(Mattei Formula)이라 불리는 정부 75/ 기업 25라는 파격적인 분배비율을 제시해 이란 등 산유국의 환심을 사면서 중동 석유개발시장에 진입했다.[31] 2차세계대전 후 일본이 최초로 성공한 해외석유개발사업인 아라비아오일(AOC)의 사업은 사우디 - 쿠웨이트 중립지대에서 이루어졌는데,

57/43의 이익 분배조건으로 메이저보다 산유국에 유리한 조건으로 체결했다.[32]

단, 로열티는 매출에 근거하므로 석유가 생산되면 로열티는 단위 기간마다 정부에 납부해야 하나, 법인세는 수익에 기반하고 있어 손해를 보는 경우에는 해당 기간에는 법인세를 내지 않게 된다. 조광료, 법인세와 별도로 특별석유세를 추가로 부과하는 경우도 있는데, 노르웨이의 경우 일반법인세 22% 이외에 특별석유세까지 해 수익기준으로 총 78%의 세금을 낸다.[33]

영국, 노르웨이, 캐나다, 호주 등의 선진국뿐만 아니라 UAE, 태국, 일본 등 아시아 국가와 모잠비크, 튀니지 등 아프리카 산유국, 아르헨티나 등 라틴국가도 조광계약을 기본으로 하고 있다. 한국도 이 제도를 사용하고 있다.

한국의 석유개발

한국의 석유개발은 해저광물자원개발법(이하 해자법)에 따라 신 조광계약(로열티+세금시스템)으로 운영되고 있다. 국내외 법인 모두 참여할 수 있는데, 걸프 등 석유메이저들이 1970년대에 참여하던 대륙붕 개발 초기에는 매출(생산량) 12.5%의 로열티와 수익(매출에서 비용 등을 제한 금액)의 50%를 지불토록 광권계약을 체결했다. 2024년 10월 기준, 로열티 요율은 생산규모에 따라 최저 3%(1일 2,000~5,000 배럴 생산 시)에서 최고 12%(1일 3만 배럴 이상 생산 시)까지 차등해 정하고 있다.[34]

한국의 조광계약 시스템 변천

	해자법 제정 시 (1970년)	2차 오일쇼크 후 (1981년)	2003년 개정	2024년 10월(입법예고안)
로열티	매출 × 12.5%	매출 × 12.5% 이상	매출 × (3% 내지 12%) (생산량에 따 라 요율 차등)	매출 × (1% 내지 33%)(수익에 따라 요율차등) 초고유가에서 는 특별조광료 33% 추가
법인세	수익 × 50%	수익 × 50%	수익 × 일반 법인세	수익 × 일반 법인세

1970년 해자법 재정 시에는 '12.5%'라는 단일요율의 조광료를 규정했다가, 2차 오일쇼크 이후 고유가로 조광료가 오르는 추세에 있었고 보다 유리한 조광료의 제의를 받아들일 수 있도록 '12.5% 이상'으로 변경했다. 그러다가, 1994년 이후 저유가에서 외국 회사의 참여가 없자 2003년에 조광료율을 3% 내지 12%로 해 부담을 경감하도록 개정한다. 이러한 조광료 인하는 소규모 유전의 발견 가능성이 높은 국내 대륙붕을 전제로 할 때 기존 조광료 부과 수준이 높아 투자를 유인하기에 미흡하다고 보았기 때문이다.[35] 참고로 대형유전이 많은 사우디아라비아의 경우, 국영기업 아람코(Aramco)의 조광계약 시 로열티는 유가가 70달러 미만일 때 15%, 유가가 70달러 이상일 때 45%, 유가가 100달러 이상일 때 최고 80%를 부과하고 있다.[36]

2024년 6월 동해 대규모 유전 발견 가능성 발표 이후, 우리의 조광계약 제도와 관련한 국부유출 논란이 있었다. 이는 한국의 조광계약 제도가 조광료 외에 세금이 부과되는 신 조광계약임을 간과한 채, 해외기업이 석유개발 매출 중에 12%의 로열티를 제외한 88%의 매출액을 전부 가져간다고 본 데 따른 것으로 보인다.[37] 이러한 오해는 해자법 제정 당시에는 법 제31조에 '조세'에 대한 특별조항을 두어 세법의 법인세율에도 불구하고 50%의 법인세를 부과했던 것을, 2002년 12월의 법 개정을 통해 해자법에서 동 조항을 삭제한 데 기인한 면이 있다. 하지만 일반법인 세법에 따라 석유기업은 약 20%의 법인세(2024년 기준)를 부담해야 한다.

향후에는 조광계약제도에 대한 변화 필요가 있다는 여론에 맞추어, 매출이 아닌 이익에 기반해 부과하는 방식으로 바뀔 것으로 보인다. 여기에는 고유가시기에 큰 이익을 얻을 경우 이익의 적정 부분을 환수하는 '횡재세(windfall tax)' 개념을 도입하는 것으로 보인다.[38]

영국의 석유가스 기업에 대한 횡재세[39]

횡재세(Windfall Tax)는 기업이 기여하지 않은 요인으로부터 얻은 이익(횡재, windfall)에 부과하는 일시적인 부과금으로서 기존 법인세에 추가해 부과된다. 영국에서는 석유기업에 대한 에너지 특별부담금(Energy Profits Levy, EPL)과 신재생발전과 원전에 대한 전기발전부담금(Electricity Generator Levy, EGL)를 도입했다. 이 중, 석유기업에 대한 횡제세(EPL)은 영국에서 2022년 5월 수낵 총리가 25%의 EPL을 석유가스기업에 대해 도입했는데, COVID-19 이후의 에너지 수요 증가와 러시아 - 우크라이나 전쟁에 기인한 에너지 가격의 상승으로 에너지 기업의 이익이 급증했기 때문이다. 2023년 1월에 35%로 요율이 올랐다.

이익의 25%를 법인세로 내는 타 분야 기업들과 달리, 영국 북해 유전 참여기업은 30%의 법인세에 10% 추가법인세를 내고 EPL을 내게 된다. EPL 첫 과세연도에 영국 국세청(HMRC)는 26억 파운드를 거뒀다. BP는 북해 유전사업으로 2023년에 15억 달러(12억 파운드)의 세금을 납부했는데, 그중 7억 2,000만 달러는 EPL이었다. 쉘은 2023년 영국에서 총 11억 파운드의 세금을 납부했으며 그중 2억 4,000만 파운드가 EPL이라고 했다. 헌트 총리는 부과기간을 2029년 3월까지로 연장했는데, 6개월 이상의 기간 동안 석유가격이 배럴당 71.40달러 이하로, 그리고 천연가스가격이 썸(therm, 열량단위로 1섬은 1,000Kcal)당 0.54파운드 이하로 떨어지면 EPL은 종료된다.[40]

신재생기업과 원전기업에 대한 횡재세인 EGL은 2023년 1월부터 부과되기 시작했는데, 이것은 전력판매가격이 천연가스를 이용한 전력생산에 맞추어져 책정되었기 때문이다. 즉, 신재생과 원전은 천연가스 가격이 오르면 오를수록 생산비 대비 전기판매가의 차이로 큰 이익을 보았기 때문이었다. 향후 6년간 140억 파운드의 수입이 예상되고 있다.[41]

생산물분배계약

조광계약에서는 석유자산에 대한 권리가 기업에 이전되었다면, 생산물분배계약(Production Sharing Contract, PSC)은 석유자산에 대한 소유권은 산유국 정부(소유자)가 갖고, 석유회사(계약자)는 개발자로서 생산된 석유에서 이익분배를 받게 된다. PSC의 특이점은 석유가 발견되지 않으면 석유개발회사는 보상받지 못한다는 것이고, 설비는 정부의 소유가 된다는 점이다. 기업의 입장에서는 매출에서 로열티를 산유국 정부에 내고 나면, 비용환급한도 범위 내에서 생산비용에 해당하는 석유(일명 cost oil)를 먼저 제한 후, 남은 석유(일명 profit oil)를 계약에 명시된 비율에 따라 산유국 정부와 분배한 후, 기업이 분배받은 석유에 대해 소득세를 내게 된다. 해당 기간에 비용환급한도를 넘어 환급받지 못한 비용 부분은 다음 기간에 환급된다. 정부가 직접 당사자가 되었던 조광계약과 달리, 생산물분배계약에서는 국가는 국영석유회사에 관리를 위임하게 되며, 계약도 국영석유회사와 석유개발기업 간의 일반계약으로 한다.

역사

1960년대 자원민족주의 확산 속에 메이저에 유리한 조광계약에 대한 반감이 증대하자, 인도네시아 정부는 조광계약체제를 폐기하고 생산물분배계약(PSC)을 도입한다. 이전보다 불리한 조건이라 메이저들의 참여가 저조했으나, 석유개발시장에 신규진입하려는 독립계 석유기업의 적극적인 참여로 PSC는 확산된다. 이는 1966년의 세계 최초 PSC 사례에서도 나타나는데, 인도네시아 정부가 미국 독립계 석유기업의 컨소시엄인 '독립계 인도네시아 – 미국 석유회사(Independent Indonesia-America Petroleum Company, IIAPCO)와 체결한 PSC이다. 투자비용 회수를 위한 생산물 분배 상한은 생산물의 최고 40%로서 분배 후 잔여생산물을 인도네시아 국영석유회사인 Permina(1968년 Pertamin과 합병해 만들어진 Pertamina의 전신)와 65 : 35로 분배하도록 했다. 인도네시아, 말레이시아, 중국, 나이지리아, 앙골라, 적도기니, 인도, 동티모르, 카자흐스탄, 아제르바이잔, 우즈베키스탄 등에서 운용되고 있다.[42]

한국에의 의미

PSC는 유치국 입장에서는 포괄적이며 배타적인 광권을 부여하는 조광계약보다 유리한 계약 형태이지만, 유치국이 석유회사의 투자비용규모와 생산한 원유의 물량 그리고 수익이 얼마인가를 감시하고 확인할 역량을 갖고 있어야 한다. 동해유전과 관련한 국부유출 이슈와 관련해 우리나라에 유리한 조건으로 PSC와 유사한 구조도 검토될 수 있으나 이에 대한 준비가 철저히 되어야 할 것이다.

서비스 계약

석유개발기업은 서비스 계약자로서 유전 탐사, 개발과 생산을 위한 서비스를 자신의 비용으로 제공하는 대신 산유국 정부로부터 수수료를 받는다. 수수료는 생산량과 관계없이 확정수수료를 받는 고정수수료(flat fee) 방식과 석유가스생산량 증가에 따라 지급 수수료가 달라지는 수수료 기반 이익수입(fee-based profit) 방식이 있다. 이 중 후자가 주로 쓰이는데, 계약자는 약정량 이상의 석유생산을 달성하지 못하면 수수료가 줄어드는 리스크를 안게 되어 리스크 서비스 계약(risk service contract)이라고도 한다. 생산물분배계약과 달리, 석유개발기업은 일체의 생산석유의 분배는 없고, 수수료(현금)만 지급받게 되며, 생산된 석유가스는 전부 산유국에 이전된다. 그래서 서비스 계약(Service Contract) 방식은 석유가스를 수입해 국내수요를 충당하는 나라들에 보다 의미 있는 방식이다.

석유가스의 가격이 높게 형성되고 있는 상황에서 기존 유전의 생산은 종료되어 가는데 신규 유전을 찾아내는 것은 점점 어려워짐에 따라 탐사개발권 계약과 관련한 산유국 정부의 협상력이 더욱 강화되었다. 그 결과 국제석유기업들이 광구에 대한 탐사개발 또는 증산 서비스를 제공하고 산유국 정부는 서비스 제공에 대한 대가로 수수료만을 지급하는 계약도 이루어지고 있다. 대표적인 사례로서 일본의 아라비아석유사(AOC)가 사우디-쿠웨이트 중간지대에서의 해상석유개발 조광권이 만료되었을 때, 사우디와는 광권 연장을 하지 못했지만 쿠웨이트와는 서비스 계약으로 전환해 관계를 유지하게 된 경우가 있었다. 베네수엘라, 페루, 볼리비아, 아르헨티나 등 중남미 국가와 쿠웨이트, 이란, 이라크 등 중동국가와 필리핀 등에서 활용되고 있다.

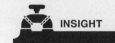

모잠비크 정부와 에니 간 조광계약

2006년 12월에 체결된 에니와 모잠비그 정부 간 모잠비크 Area 4 광구 조광계약
은 신 조광계약과 PSC의 요소를 혼합한 것이었다. 모잠비크는 에니(ENI)에 모잠비크 동
북부의 로부마강 유역 해상 17,650㎢(수심 1,500m 내지 2,600m)에 대해 탐사권을 3회의

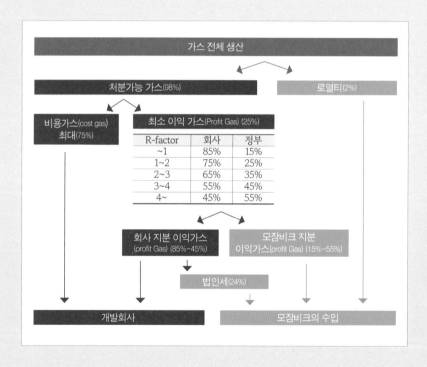

탐사기간을 합쳐 총 8년(4년 + 2년 + 2년), 개발권은 총 30년을 부여했다. 탐사기간 중 의무사항은 1차 탐사기간(4년)에 2D 탄성파조사 2,000㎞, 3D 탄성파조사 1,000㎞ 지질데이터 확보, 2차 탐사기간(2년) 중 깊이 5,000미터의 탐사시추 최소 2공, 3차 탐사기간(2년) 중 깊이 5,000미터 최소 2공의 탐사시추 의무가 부과되었다.[43]

로열티는 6% 원칙이나, 심해개발이라 2%로 책정되었다. 법인세는 모잠비크 세법에 따라 32%이나, 생산 초기 8년은 24%가 적용된다. 정부수입에 있어 중요하게 보는 것은 조광료와 법인세보다 생산분배인데, r-factor(=수익/비용)이 증가할수록 모잠비크 정부가 가져가는 부분이 커지도록 설계되어 장기적으로는 정부분이 커질 것으로 예상된다. 단, 비용처리는 총매출의 75% 한도에서 하도록 제한을 두었다. 전체적으로는 기업의 비용이 우선 처리되고 정부에 수익이 후반부에 유입되는 rear-loaded 시스템으로서 ENI에 유리하다고 볼 수 있다.

4

자원량과 매장량 그리고 성공 가능성

우선 자원량과 매장량이란 말을 구분해보자. 자원량(resource)은 기술, 경제성에 대한 고려 없이 그 자리에 있다고 추정하는 양이고, 매장량(reserve)은 기술적으로 채굴 가능하고 상업성 있는 것으로 보는 양을 의미한다. 이때, 매장량은 개발 시기를 고려해서 특정하는 시점에 상업적 회수가 가능하다고 판단되는 석유자원량을 말하는데, '상업성 있는'이란 표현을 하는 이유는 채산성만이 아니라, 시장상황과 지정학적 상황까지 검토해야 하는 것이다.

탐사자원량

시추탐사 이전 단계의 물리조사와 탄성파 자료를 기반으로 추정한 수치로서, 아직 발견되지 않은 석유가스의 집적구조로부터 잠재적으로 채굴할 수 있는 것으로 기대되는 석유가스의 양이다. 2024년 6월 4일 정부가 밝힌 동해심해가스전(대왕고래)에 최대 140억 배럴 매장가능성이 있다고 한 것은 개념상 탐사자원량(prospective resources)에 해당한다. 확률 90%의 보수적 예측치인 최소(low estimate)가 35억 배럴이고 확률 10%의 낙관적 예측치인 최대(high estimate)가 140억 배럴인데, 확률 50%로 실제로 채굴 가능한 것으로 기대되는 예측치인 최적(best estimate)은 보름 후에 74억 배럴이라고 발표되었다.[44]

탐사자원량에는 확실한 정도에 따라 유망구조(prospect), 리드(lead), 플레이(play)가 있다. 유망구조(prospect)라 함은, 상업적으로 채취할 수 있을 정도로 자연적으로 석유가스가 집적된 곳으로 분포상황을 비교적 명쾌하게 정의내릴 수 있는 가설적 지역이다. 탄성파 자료 등에 의해 지질구조가 밝혀지고 시추 위치가 정의되어 있는 유망한 석유가스 집적구조로서, 1개의 시추공으로도 충분히 확인할 수 있다고 한다. 아브레우 박사에 따르면, 동해심해광구에서 7개의 유망구조를 발견했다고 한다. 리드(lead)는 석유가스 집적구조에 대해 거의 밝혀져 있지 않으며, 유망구조로 분류되기 위해 추가적인 자료의 확보와 평가가 필요한 것이고, 플레이(play)는 지질학적 관점에서 상호 연관된 하나 또는 여러 개의 매장 유망지의 지리적 발달양상으로서, 추가자료가 필요하고 사업성숙도는 리드에 이르지 못한 것이다.

발견잠재자원량

발견잠재자원량(Contingent Resources)은 시추탐사를 통해 확인된 탄화수소 집적구조로부터 생산은 가능하나 판매시장을 확보하지 못했거나 상업성을 명확히 판단하기에 불충분한 것으로 판단되는 석유가스의 양을 말한다. 동해심해가스전과 비슷한 규모로 언급되고 있는 가이아나 유전(스타브록 광구)의 운영사인 엑슨모빌에 따르면, 2015년부터 초심해 시추탐사를 통해 찾은 총채굴가능자원량(gross recoverable resource)이 약 110억 배럴이라고 했는데, 시추탐사 이후에 추정한 수치라서 발전잠재자원량으로 볼 수 있다. 만약 한국 동해에서 2024년 12월~2025년 1월에 있을 웨스트 카펠라호의 시추탐사에서 나오는 데이터는 발견잠재자원량을 판단하는 중요한 자료가 될 것이다. 비유컨대, 소의 등급을 매길 때 일부 부위의 마블링(지방함량) 정도로 등급을 정하는 것과 유사하다.

매장량

매장량(reserve)이란 확인된 석유가스 집적구조에서 프로젝트에 의해 특정하는 시점에 상업적 개발이 가능할 것으로 기대되는 석유자원량을 의미한다. '상업적 개발(commercial development)' 개념이 중요한데, 개발을 보장할 시장의 존재, 수송 가능성, 법적 계약상 사업 환경과 기타 사회경제적 여건이 석유가스생산을 실제 진행하는 데 결정적 제한이 되지 않는다는 점이 확인되어야 한다. 특히 가스생산의 경우 구매자의 존재는 중요한 고려요소이다. 동해가스전의 경우, 2004~20021년간 상업생산이 이루어졌던 17년 동안 183.07bcf의 천연가스를 한국가스공사가 구매했다.[45]

매장량은 회수확실성에 따라, 상업적 회수가 합리적으로 확실시되는 90% 확률의 확인 매장량(proved reserve), 50% 확률의 추정 매장량(probable reserve), 10% 확률의 가능 매장량(possible reserve)으로 분류한다. 매장량은 석유회사의 가치평가와 밀접한 사안이라, 주식시장에 상장된 민간회사들의 사업보고서(annual report)는 매장량의 의미를 명확히 표시하게 한다.

미국 증권거래위원회는 '확실한' 매장량만 표시

2009년까지 '매장량'이라는 표현은 사업단계, 근거 자료의 범위 등에 관계없이 쓰여왔다. 매장(埋葬)이라는 말 때문에 매장량은 땅 아래 있는 석유가스의 모든 양이라고 오해되었고, 확실한 정도에 관계없이 무조건 매장량이라고 했다. 그러다가 한국 정부가 해외석유가스개발에 본격적으로 뛰어들면서 석유가스 자원량을 명확하게 구분해 표시토록 하기 위해 용어를 규정했다. '석유자원평가기준'은 세계의 석유개발산업 분야에서 널리 쓰이고 '석유자원관리체계(2007 Petroleum Resources Management System , PRMS)'를 국내에 도입해 적용한 것이다. 다만 한글 명칭은 정부가 정리한 것이다. 적용의 예시를 보면, 2006년 참여

정부 때 '매장량 20억 배럴 규모'에 달하는 나이지리아의 해저유전 두 곳에 대한 생산물분배계약(PSA)을 체결했는데, 이때 발표한 20억 배럴은 나이지리아 정부가 제공한 물리탐사자료에 근거한 것으로서 '탐사자원량'에 해당한다.[46]

기존 매장량 용어와 석유자원량 용어 분류

기존 매장량 관련 용어			새로운 석유자원량 관련 용어		
탐사	추정매장량	⇨	탐사	시추 전	탐사자원량
				시추 후	발견잠재자원량
개발	확인매장량		개발/생산	개발 착수 전	발견잠재자원량
생산				개발 착수 및 생산	매장량

출처: 지식경제부 보도자료(2009년 12월 28일)

매장량 분류체계는 두 가지의 목적을 갖고 있다. 하나는 주식시장에서 투자자가 석유회사의 자산가치를 정확하게 판단할 수 있도록 하는 것이다. 이것은 미국 증권거래위원회(SEC), 캐나다 증권감독청(CSA), 영국 권장회계관행 선언문(UK-SORP)이 이러한 목적으로 엄격하게 적용한다. 미국 SEC의 경우 증권시장에 대한 회사의 보고서에서는 매장량만 공개대상이고, 자원량은 공개대상이 아니며, 매장량 중에서도 90% 정도로 확실한 확인 매장량(proved reserve)만 공개를 허용한다.[47]

또 하나의 목적은 정부의 국가 내 석유가스 매장량을 확인하고 보고하는 것이다. 러시아의 자원청, 중국 석유 자원청, 노르웨이 석유청, 미국 지질조사청의 역할이 여기에 해당한다. OPEC의 경우 생산쿼터가 매장량에 근거한다. 다만 아무리 중립적인 매장량 보고라고 해도 어떤 전제와 정의에 의존하느냐에 따라 결과치는 다를 수 있다. 매장량 결정은 정확한 과학이라기보다 해석에 가까운 것이다.[48]

동해심해가스전의 성공 가능성은?

계약을 통해 광권을 확보하면 탐사에 들어간다. 시추탐사하기 전에 탄성파 조사 등을 통해 분석자들은 석유가스 존재 가능성을 미리 예측해본다. 2024년 6월 7일, 한국을 방문한 엑트지오의 아브레우 고문은 한국 동해에서 유전개발 성공 가능성을 20%라고 했다. 2015년에 대형유전이 발견된 가이아나 유전 탐사 당시의 성공 가능성 16%보다도 높다고 했다. 그러면서, 5개가 있으면 그중 하나는 터진다고 설명했다("What this means is that if I have five prospects, I will find oil in one of them.").

성공 가능성(COS, Chance of Success)은 석유 및 가스 탐사에서 사용되는 개념으로, 특정 탐사대상 지역에서 석유가스 '발견'에 성공할 확률을 나타낸다.[49] 이 확률은 지질학자들이 탄성파 조사 등 시추 직전까지의 탐사자료에 근거해, 축적된 경험과 노하우를 기반으로 나름의 모델링에 근거한 확신(confidence)을 숫자로 표현한 것이다. 유의할 점은, 우리에게 익숙한 확률적 설명(몇 개 파면 몇 개가 된다)은 지질 구조가 유사한 경우를 전제로 해 석유가스를 발견할 가능성을 말한다는 점이다. 또한 여기서의 성공은 석유가스 발견의 성공이지, 상업적 성공이나 유전 사이즈의 이슈가 아니다.

성공 가능성은 주어진 유망구조에서 석유가스를 발견하는 데 유리한 요소들이 존재한다는 것에 대한 확신(confidence)을 기반으로 한다. 탄화수소 축적물의 존재에 대한 구성요소의 존재 가능성을 곱해 얻어지는데, 단순화해서 설명하면 저류층, 근원암, 덮개암, 트랩구조의 확률을 곱해 계산한다. 단, 아브레우 박사의 산술적 설명(다섯 개 중 하나는 성공)은 유망구조들이 유사하다는 전제 하에서 설명된 것이다.

성공률 20%는 다섯 개 중 하나는 성공한다는 것은 절대 아니라고 하는 것이 전문가들의 설명이다.[50] 우리 일상에서 비슷한 비유를 든다면, 주사위를 던지기의 확률보다는 사람 A의 성실성에 대해 몇 점을 주느냐고 평가하는 것과 유사하다고 할 것이다. A의 성실성에 대해 100점 만점에 95점을 준다고 하면 괜찮은 사람이라는 뜻이지, 100번 중 95번은 성실하고 5번은 게으르다는 뜻이 아닌 것을 이해할 것이다. 전문가로서 어느 정도의 감을 숫자화한 것이라고 보는 것이 타당하다.

무엇보다도 중요한 것은 '파봐야 안다는 점'이다. 그래서 7광구 사안의 근원에 있는 에머리 보고서에서도, 최대 140억 배럴의 석유가스가 동해에 매장되어 있는 것 같다고 언급한 아브레우 박사도, 시추해야 더 정확히 알 수 있다고 하는 것이다.

가이아나 스타브록 광구 사례

아브레우 박사는 우리 동해의 울릉분지가 대형심해유전이 발견된 남미 가이아나 광구(Guyana Stabroek)와 매우 흡사한 형태의 지질학적 특성을 가지고 있다고 말했다.[51] 가이아나 광구는 과연 어떤 곳이고, 어떻게 개발되었을까? 스타브록 해상광구는 가이아나(남아메리카 대륙의 북동부 위치)의 수도 조지타운(스타브록은 조지타운의 옛 이름)의 북동쪽 190㎞에 위치한 넓이 26,800㎢, 수심 1,500m 이상의 해상광구이다. 엑손의 자회사인 에쏘 석유개발(Esso Exploration)이 광구 지분 45%를 소유하고 있으며, 헤스(Hess)가 30%, CNOOC Nexen이 25%를 소유하고 있다.[52]

스타브록은 기존 탐사의 실패를 극복하고 데이터를 잘 활용해 대형유전을 발견한 사례이다. 가이아나의 이전 탐사활동은 1970년대에 스타브록 광구의 남쪽 경계 밖에서 다른 회사에 의해 수행되었는데, 총 22개의 시추에서 모두 비상업적인 것으로 판명되었었다. 초기의 시추 활동이 실패하기는 했지만, 초기 탄성파 데이터와 지질학적 분석은 이 광구에 석유와 가스가 존재한다는 것을 보여주었다. 이 데이터를 기반으로 에쏘가 2008년부터 3D 탄성파조사를 진행했고, 탄성파 조사를 통해 가능성 있는 여러 플레이 유형의 존재를 확인했다고 한다.[53] 2015년 3월에 라이자-1(Liza-1) 유정에서 첫 시추작업을 벌였는데, 1,743m 수심에서 5,433m까지 시추작업을 해 90m 두께(광화문 교보빌딩 높이 유사)의 사암 저류층을 발견한다.[54] 이후 30개 이상의 유정을 발견해 채굴가능자원량(recoverable resource)이 110억 배럴에 이른다. 3척의 부유식 생산저장 하역설비(Floating, Production, Storage and Offloading, FPSO) 3척(Liza Destiny, Liza Unity, Prosperity)을 통해 2023년에 하루 39만 배럴을 생산했고, 2027년 말까지 6척의 FPSO 선박이 스타브록 블록에서 운영될 것으로 예상되고 있다.

스타브록 광구에서의 석유생산 덕분에 가이아나는 중요한 석유생산국으로 자리 잡았다. 첫 생산에서 많은 서비스기업들이 참여했는데, 사이펨(SAIPEM)은 파이프라이닝을, 테크닙(Technip FMC)는 습식 트리 등 해저 유정 장비의 제작, 인도를 담당했다.[55] 미국 에너지정보청(EIA)에 따르면, 2019년 12월 생산을 시작한 이래로 2024년 초 기준으로 일산 64만 배럴의 석유를 생산하고 있다.[56]

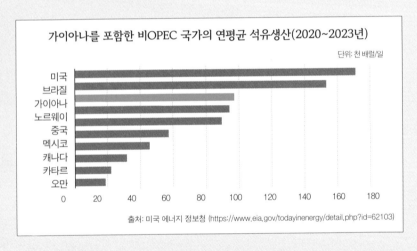

출처: 미국 에너지 정보청 (https://www.eia.gov/todayinenergy/detail.php?id=62103)

다만, 지정학적인 장애요인으로 베네수엘라의 영토 주장이 있다. 가이아나 영토의 2/3에 해당하는 서부의 에세퀴보(Essequibo) 지역에 대해 영토권을 주장하고 있는데, 이는 해양관할권 영역의 변화를 야기할 수도 있는 주장이다. 다만 2023년 12월 국제사법재판소(ICJ)가 이 사건을 심리하는 동안 베네수엘라가 현 상태를 중단하기 위한 어떠한 조치도 취해서는 안 된다고 판결한 바 있고, 광구에서의 석유생산은 계속되고 있다.[57]

5

석유와 가스의 가격은
어떻게 정해지는가

1970년대 이전에는 전 세계의 석유개발, 정제, 판매를 장악한 메이저 석유회사들이 가격결정의 주체였다. 이때의 공시가격(posted price)은 시장거래가격이라기보다 석유회사와 산유국 정부 간의 로열티와 법인세 계산을 위한 참조가격(tax reference price)으로서 기능했다. 메이저의 공시가격은 미국의 석유가격을 참고했기 때문에, 당시 미국의 석유증산과 감산을 통제했던 텍사스 철도위원회(Texas Railway Commission, TRC)에 가격결정권이 있었다고 보기도 한다.

메이저들의 일방적인 가격책정방식과 가솔린 등 석유제품에 비해 훨씬 낮은 가격에 불만을 가진 산유국들이 1970년대 오일 쇼크를 거치면서 자원 국유화를 단행했고, 메이저 대신 OPEC 산유국들이 석유시장의 지배적 지위를 차지했다. 이것은 1970년을 정점으로 미국의 석유생산이 줄어들어 여유용량이 사라지면서 TRC가 더 이상 지배력을 행사할 수 없게 된 것과 연결된다. 이때의 기준가격은 메이저의 공시가격을 모방해 OPEC이 설정한 공식판매가(OSP, Official Selling Price)였는데, 1973년 욤키퍼 전쟁 직후 석유가격을 두 달 만에 네 배로 급상승시켰다. 하지만 석유가격 급등은 수요감소를 초래했고, 북해 및 러시아 등 비OPEC 지역에서 석유공급이 크게 증가하면서 1986년에 유가는 폭락하고 OSP제도는 실패로 끝났다.[58]

1986년 이후 석유시장이 구매자 중심으로 변모하면서 OPEC의 생산쿼터 조절을 통한 가격통제 시도는 실패하게 되는데, 회원국 간 증산경쟁과 쿼터위반 등 결속력 약화에 따른 것이었다. 2000년대 이후 고유가시대를 맞게 되는데, 경제위기 이후 아시아의 경제 회복에 따른 석유 수요 급증과 저유가 시대의 투자부진에 따른 공급능력 정체, 석유생산비용 증가에 따른 구조적인 면이 있었다. 또한 2010년대 중반의 저유가 기조는 COVID-19 위기극복에 따른 수요증가와 2022년 2월의 우크라이나-러시아 전쟁 발발 이후 석유가스 공급망의 교란으로 다시 고유가의 기조에 있다. 국제유가는 기본적으로 수요와 공급의 메커니즘에 의해 결정된다.

세계 석유 수요와 공급

OECD 국가들의 수요감소분을 상회하는 비OECD 국가들의 수요증대로 세계 석유 수요는 증가해왔다. 경제개발협력기구(Organization for Economic Cooperation and Development, OECD) 국가들의 비중이 2006년 이후 지속적으로 감소하고 있고, 신재생에너지로의 에너지 전환에 따른 OECD 국가들의 추가적인 석유 수요 감소 가능성이 국제에너지기구(International Energy Agency, IEA)에 의해 제기된 바 있다.

세계 석유 수요 증대는 주로 비OECD 지역에서 이루어지고 있는데, 2023년에는 55.4%에 이른다. 이들 국가들의 빠른 경제성장으로 수요의 증가도 나타나고 있는데, 특히 중국, 인도 등의 수요변화가 중요하게 여겨지고 있다. 2023년의 경우, 중국의 석유 수입량은 6억 톤으로 단일 최대 수입국으로 전 세계 수입의 27%를 차지했고, 중국과 인도는 러시아산 석유 수입을 53% 늘리기도 했다. 하지만 COVID-19와 같은 전 세계적 질병이나 1997년의 아시아경제위기, 무역분쟁으로 인한 세계 교역량 축소 전망은 비OECD 국가들의 수요를 감소시킨다.

2023년에 세계 석유 소비량은 사상 처음으로 하루 1억 배럴을 넘어섰다. 휘발유, 경유 및 등유(항공) 사용량은 2019년 수준 이상으로 회복되었지만, 국가적·지역적 차이는 나타나고 있다.[59] 전 세계 휘발유 소비량(25mbpd)은 코로나 이전인 2019년 수준을 약간 웃돌았고, 등유는 강력한 성장세(2023년 17.5%)를 보였지만 아직 2019년 정점을 회복하지 못했다.

석유의 공급은 크게 OPEC 공급과 비OPEC 공급으로 나누어 볼 수 있다. OPEC 국가는 비록 12개이지만, 세계 석유공급의 약 35.3%(2023년 기준)이고, 세계 석유매장량의 약 79%를 차지한다.[60]

2023년 주요 국가의 석유 수요

국가	미국	중국 (홍콩 포함)	인도	일본	한국
소비량 (1일 천 배럴)	18,984	16,845	5,446	3,366	2,797
전 세계 소비에서 비중	18.90%	16.80%	5.40%	3.40%	2.80%

출처: Energy Institute 〈Statistical Review of World Energy〉 2024년

2023년에 전 세계 석유생산량은 하루 9,600만 배럴을 약간 넘는 사상 최고치를 기록했다. 미국은 생산량이 8% 이상 증가하며 최대 석유생산국으로서 2023년부터 석유 수요를 넘어서 초과생산하는 석유 자급 100%의 국가가 되었다. 이러한 변화의 근저에는 셰일층에 존재하는 석유와 가스를 수평정(horizontal drilling) 방식과 수압 파쇄법(fracking)을 통해 효율적으로 생산할 수 있게 되면서 2014년 이후 미국의 석유생산량이 폭발적으로 증가한 셰일혁명(Shale Revolution)이 있다.[61]

반면 러시아의 생산량은 러시아-우크라이나 전쟁 이후의 국제 제재로 1% 이상 감소했다. 중남미의 생산은 2023년 110%의 가장 높은 성장률을 기록했다. 아시아 태평양지역에서 중국의 생산량은 2% 증가해 지역 전체 생산량의 약 57%를 차지했다. 중국의 정제능력은 하루 1,848만 배럴에 달하면서, 미국은 최대정유국가로서의 위치를 상실했다.[62]

2023년 주요 국가의 석유생산

국가	미국	사우디 아라비아	러시아	캐나다	중국
생산량 (1일 천 배럴)	19,358	11,389	11,075	5,653	4,198
전 세계 생산에서 비중	20.10%	11.80%	11.50%	5.90%	4.40%

출처: Energy Institute 〈Statistical Review of World Energy〉 2024년 73호

특수요인 : 자연재해와 지정학

공급에 영향을 미치는 특별한 요인으로 허리케인 등 자연재해와 전쟁 등 지정학적 상황이 있다. 태풍, 허리케인 등 날씨 리스크는 석유시장에도 상당한 영향을 미친다. 미국의 경우 대형 허리케인이 본토에 접근하게 되면 정유업체들은 생산 시설들을 일시적으로 가동중단시키기 때문이다. 2005년 8월 허리케인 카트리나는 미국 남동부 지역을 강타해 석유를 정제해 수출하는 생산 시설이 집중된 미국 남동부의 멕시코만 지역에 큰 타격을 입혔다. 2005년 8월에 일일 543만 배럴이었던 미국의 석유생산은 허리케인 강타 직후인 2005년 9월에는 일일 381만 배럴로 29.8% 급감했고, 2005년 8월 서부 텍사스 중질유(WTI) 선물가격은 전월 평균 60.51달러에서 68.75달러로 상승했다.[63] 캐나다에서 산불이 발생했던 2016년 5월에도 캐나다의 석유생산 차질 규모가 1일 100만 배럴을 상회한 것으로 알려졌다.

중동의 정치적 긴장과 지정학적 불안에 따른 공급차질 이슈는 전형적인 유가 상승 요인이다. 이라크가 쿠웨이트를 침공했던 1990년에 OPEC의 여유생산능력의 고갈과 겹쳐, 유가는 배럴당 15달러에서 단 며칠 사이에 33달러로 급등했다.[64] 사우디아라비아와 이란의 패권 다툼, 이스라엘과 하마스 간 전쟁, 미국의 이란·베네수엘라 제재 등이 이슈화될 때마다 유가가 상승하기도 한다. 하지만 석유생산 감소폭보다 경기 침체에 따른 석유소비 둔화 폭이 더 큰 경우에는 유가에 하락 압력으로 작용할 수도 있다.

역사 속 주요 석유공급 교란

시기	사건	석유 공급 감소
1956년 11월 ~ 1957년 3월	수에즈 운하 위기	일산 2백만 배럴
1967년 6월 ~ 1967년 8월	6일 전쟁	일산 2백만 배럴
1973년 10월 ~ 1974년 3월	욤키퍼전쟁, 아랍국의 석유금수	일산 430만 배럴
1978년 11월 ~ 1979년 4월	이란 혁명	일산 560만 배럴
1980년 10월 ~ 1981년 1월	이란 - 이라크 전쟁 발발	일산 410만 배럴
1990년 8월 ~ 1991년 1월	이라크의 쿠웨이트 침공	일산 430만 배럴
2001년 6월 ~ 2001년 7월	이라크 석유수출 중단	일산 210만 배럴
2002년 12월 ~ 2003년 3월	베네수엘라 석유산업 파업	일산 260만 배럴
2003년 3월 ~ 2003년 12월	이라크 전쟁 발발	일산 230만 배럴
2005년 9월	허리케인 카트리나, 리타	일산 150만 배럴

출처: 국제에너지기구(IEA), 〈IEA Response System for Oil Supply Emergencies〉

재고

재고는 수요과 공급의 불일치와 전략비축에 따른 것이다. 석유 재고가 늘어나면 유가는 내려가고 재고가 줄어들면 유가는 올라간다. 매주 수요일 오전 10시 30분(미국 동부 기준)에 발표되는 미국 상업용 석유 재고의 증감소식에 서부 텍사스 중질유(WTI) 가격은 즉시 반응한다. OECD 석유재고가 과거 5년 평균치와 비교해서 더 높은 수준인지, 더 낮은 수준인지에 따라 국제석유시장의 초과공급 여부를 판단하는 중요한 지표 중 하나이다. 이와 함께, 주요 국가는 비상 상황에 대비해 전략비축유(strategic petroleum reserve, SPR)를 확보해 재고 형태로 보유하고 있는데, 석유가격 급등 시 일부를 방출해 석유시장을 안정시키기도 한다.[65]

파생상품 거래

Commodity Index의 70%가 에너지와 관련된 투자인데, 이 인덱스에 들어온 펀드금액이 2003년 말에 130억 달러였던 것이 2008년 3월에는 20배인 2,600억 달러로 증가했다. 선물옵션 시장에 상업적 거래자뿐만 아니라, 차익거래 목적의 비상업적 거래자가 많이 참여하게 되면서 석유시장의 등락의 정도가 커지고 유가에 미치는 영향도 커

졌다. 서부 텍사스 중질유(WTI) 선물옵션 거래에서 차익거래 목적의
비상업적 투자자에 의한 거래의 비중이 2000년 초에 15%였던 것이
2015년 말에는 약 55%로 상승했다. 1%의 비상업 매수포지션 증가는
0.15%의 WTI 가격 상승을 가져왔다.[66] 여기에서 보듯 석유거래시장
에서 금융 자본이 갖는 영향력이 커지고 있어서 수요와 공급, 그리고
재고와 같은 상기의 기초 요인만큼이나 금융시장의 동향도 유가의 움
직임을 분석함에 있어 비중 있게 나루어야 할 변수가 되었다.

유가 결정방식

　유가는 기준가격(base price)에 조정요소를 반영해 결정한다. 기준 가
격은 널리 거래되는 특정 기준 석유의 일일 평균 시장 가격을 반영해
계산하는데, 유럽은 브렌트유(Brent), 미국의 경우 서부 텍사스 중질유
(WTI)에 연계된다. 아시아 구매자의 경우, 기준가격은 아시아 시장으
로 인도되는 FOB(Free On Board, 수송비, 보험료를 제외한 순수한 현물가격) 평균
현물 가격이다. 그런 다음, 기준 가격에 조정 계수를 더하거나 빼서
조정되는데, 이 조정 요소는 운임비용과 관련된 판매 시점과 사우디
석유와 기준 석유 간의 품질 차이를 고려한다.[67]
　아시아 석유 기준 가격은 원래 두바이유 가격이었으나, 생산량
감소로 현물시장에서 거래되는 다섯 종류의 중동석유를 담은 Platt's
Basket(두바이, 오만, 어퍼 자쿰, 알 샤힌, 무르반 등 다섯 종의 석유(일산 총량 350만 배

릴))의 현물가격과 두바이 – 브랜트유 선물 파생상품가격 등을 추가로 고려해 가격을 발표한다.[68] 참고로, 사우디아라비아가 최대 산유국임에도 사우디아라비아산 석유가 들어가지 않는 이유는 사우디아라비아는 석유를 현물로 거래하지 않고 장기계약으로 판매하기 때문이다.

석유의 품질은 정제 및 석유제품의 후방산업의 가치창출과 연계되는데, API(미국석유협회)가 고안한 API계수와 황함량 비율이 중시된다. API 척도가 높은 숫자로 나타난 것은 더 가벼운 경질유라는 뜻인데, 상대적으로 비싼 가격의 등유, 가솔린을 더 많이 생산할 수 있어 더 높은 가격을 받을 수 있다. 황의 비중이 높으면 탈황시설의 추가설치, 환경규제 등의 이유로 비용을 발생시켜 상대적으로 낮은 가격을 받게 된다.

아시아 프리미엄

아시아 국가들은 같은 석유라도 유럽이나 미국보다 더 높은 가격을 지불해왔는데, 이러한 OPEC의 판매관행을 아시아 프리미엄(Asian Premium)이라고 한다. 여기에는 여러 가지 요인을 생각해볼 수 있다. 공급자와의 관계에서 미국이나 유럽은 석유 공급선이 다양하고 국가들이 집단적으로 협상을 했지만, 동아시아 국가들은 대체 공급원이 마땅치 않아 중동 국가에 주로 의존하기 때문이다. 또한 아시아의 수요국들은 타 지역보다 공급 안정성(에너지 안보)에 대한 우려를 훨씬 많이 하는 경향이 있고, 그래서 석유 공급을 확실히 하기 위해 기꺼이 프리미엄을 지급하려고 한다. 그리고 아시아 석유시장은 현물거래시장(spot market)이 타 역내시장에 비해 활성화되어 있지 않아 공급의 유연성이 떨어진다. 1990년대와 2000년대 초의 저유가시대에 아시아 프리미엄은 배럴당 평균 1달러 내지 1.5달러로 추정되고 있다.[69]

이는 1992년부터 2001년까지 아시아국가로부터 중동국가로 50억 달러 내지 100억 달러의 추가 재원이 이전되고, 아시아 국가들의 정유마진을 매우 축소시켰으며, 1999년 이후의 고유가시대에는 마이너스 마진까지 발생시켰다. 이와 함께, LNG 가격이 석유가격에 연동됨에 따라 아시아 프리미엄이 그대로 반영되어 LNG 주요 수입국가인 아시아 국가들에게 추가적 부담을 안긴다.[70]

아시아 국가들의 LNG 도입가격은 일본으로 수입되는 통관 석유의 평균 가격인 일본 세관 통관 석유가격에 연동되어 결정되는데, 이를 일본 세관 통관 가격(Japanese Customs Clearance Price, JCC 가격)이라 부른다. 2023년 기준으로 많은 석유를 중동지역에서 수입하는 상황에서 JCC 가격은 아시아 프리미엄을 거의 그대로 반영하고 있어, JCC 가격에 계수를 곱하고 보험료, 운임을 더해 계산한 CIF(Cost, Insurance, and Freight) LNG 도입가격도 아시아 프리미엄을 반영하고 있는 것이다.

하지만 중국, 인도 등 아시아 국가들이 거래조건개선(Asian Dividend) 내지 할인(Asian Discount)을 요구하고 행동으로 이행하려고 하고 있다. 인도가 2023년 OPEC 회원국이 아닌 러시아로부터 석유 수요의 상당 부분을 조달하기 시작하자, 세계 최대 산유국인 사우디아라비아는 인도로의 석유 수출에 부과되는 아시아 프리미엄을 배럴당 약 10달러에서 배럴당 3.5달러로 인하했다고 한다.[71] OPEC의 주요 국가인 사우디아라비아의 변화와 최근의 아시아 지역의 중동석유 수입 감소와 러시아산 석유 수입 증가로 아시아 프리미엄에 변화가 있을지 귀추가 주목된다.

아시아 지역의 석유수입선 비중의 변화

단위: 백만 톤

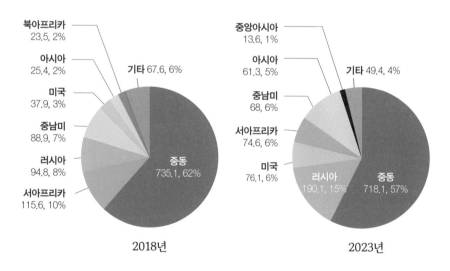

2018년   2023년

출처: BP Statistical Review 2019, Statistical Review of World Energy 2024

생활 속 석유가격 : 휘발유

한국의 국민 일반이 경험하는 석유가격은 주유소의 휘발유(가솔린), 경유, LPG 가격이다. 이들 가격은 정유사의 판매가격에 각종 세금 및 수입부과금과 판매부과금을 더한 것이다.

정유사의 판매가격은 정제비용과 석유관세 3%, 수입부과금 리터당 16원을 포함한다. 3%의 석유관세는 비산유국이 석유관세를 도입한 사례가 없고, 경제협력개발기구(OECD) 회원국 중 우리나라를 제외하고 석유관세를 도입한 곳은 미국, 호주, 멕시코 3개국인데, 세율도 0.1~0.4%라는 점 때문에 논란이 되기도 한다.

석유제품에는 교통에너지환경세 또는 개별소비세와 교육세, 주행세가 부가된다. 교통에너지환경세는 1977년부터 도입된 특별소비세를 1994년에 교통시설 확충 목적의 교통세로 전환된 후 2003년까지 한시적으로 운영될 계획이었으나, 2007년에 교통에너지환경세로 명칭이 변경된 후 2027년 말까지 존속하고, 이후 개별소비세로 통합될 예정이다. 1996년 7월부터 휘발유, 경유, 등유에 대해 교육세를 신설했다. 주행세는 2000년 1월에 휘발유, 경유에 대해 신설되었으며, 지방세이기는 하지만 버스, 화물차, 택시의 유가보조금으로 활용되며, 유가보조금 수요에 따라 세율이 조정되었다. 석유 관련 세금은 전체 휘발유가격의 약 40~45%에 해당한다.[72]

2024년 7월 기준 석유 관련 세금 구조

리터당(단위:원)	교통에너지환경세	개별소비세	교육세	주행세	판매부과금	부가세
보통휘발유	423		63.45	109.98		10%
경유(디젤)	263		39.45	68.38		10%
LPG(부탄)	-	112.42	16.86	-	36.37	10%

* 교육세는 교통에너지환경세 또는 개별소비세의 15%이고, 주행세는 교통세의 26%

출처: 석유공사 오피넷

국가별 휘발유 리터당 가격(2009년 1월 사례)[73]

국가	네덜란드	영국	스위스	일본	한국	중국	미국	사우디
가격(U$)	1.74	1.55	1.29	1.21	1.13	0.8	0.44	0.12

* 뉴욕선물거래소(NYMEX): 휘발유 0.30달러, 석유 0.30달러

출처: 〈Oil 101〉, 석유공사 오피넷 (고급휘발유 기준)

INSIGHT

2040년 유가전망

미국의 유가 전문가인 마이클 린치(Michael Lynch)가 예상한 2040년 유가전망을 공유해본다.[74]

유가는 공급과 수요에 따라 결정되지만, 정치적 결정에도 영향을 받는다. 향후 몇 년 동안 OPEC+는 많은 압박을 받을 것이며, 가격 폭락이 발생할 가능성이 있다. 장기적으로는 낮은 유가가 미국 셰일과 같은 고비용 지역에서의 석유가스개발 투자 감소를 초래해 가격이 다시 상승할 것이다. 석유 수요의 정점 이후 장기적으로 가격을 낮게 유지할 것이라는 기대는 너무 낙관적이다. 개발도상국의 수요 증가가 OPEC+가 가격을 60달러 이상으로 유지할 수 있게 할 가능성이 더 크다. 80달러에서 100달러 범위의 가격도 가능하지만, 이 수준의 가격이 현실화되려면 공급에 대한 강력한 정치적 제한이 요구된다.

그래서 앞으로 10~15년 동안, OPEC+ 협력이 큰 이익을 가져오기 때문에 가격은 대부분 현재 수준과 비슷할 것으로 예상된다. 국제에너지기구(IEA)는 세계가 훨씬 적은 양의 석유를 사용할 것이기 때문에 2040년까지 가격이 급격히 하락해 33달러까지 떨어질 수 있다고 예측한다. 이는 가능하지만, 5년 전만 해도 2040년까지 120달러를 예측했던 점을 감안하면 이러한 예측은 회의적으로 받아들여야 한다. 이 산업은 공급을 유지하기 위해 지속적인 투자가 필요하며, 생산국들은 시장 청산 수준 이상의 가격을 유지할 강한 인센티브를 가지고 있다. 그럼에도 불구하고 자원 민족주의가 줄어들고 베네수엘라와 이란과 같은 국가들이 공급을 늘리면 가격은 오랜 기간 동안 50달러까지 낮아질 수 있다.

일부는 화석연료 사용의 급격한 정점과 감소(peak and decline)를 예측하지만, 이는 대개 희망적이며 반복적으로 실패해왔다. 1970년대에는 전문가들이 세계가 석탄 액화와 같은 합성연료로 전환해야 한다고 확신했으며, 1990년대에는 많은 사람들이 전기 및 수소연료 전지차량이 시장 지배력을 가질 것이라고 주장했다. 전기차 기술은 이제 많이 개선되었지만, 소비자 저항이 증가하고 있다. 많은 소비자에게는 여전히 휘발유 차량이 선호되며, 바이오연료는 운송 및 석유화학원료로 사용하기에 경쟁력이 없기 때문에 석유 수요는 계속 증가할 것이다.

6

동해유전이 천연가스가 대부분이라면

2024년 6월의 대통령 정책설명에서 동해에 최대 140억 배럴의 석유가스가 매장되어 있는 것으로 추정되고, 그중 천연가스가 75%로 예상된다고 발표했다. 정부가 붙인 공식명칭도 '동해심해가스전사업'이다. 천연가스는 무엇이고, 어떻게 활용할 수 있을까? 석유를 발견한 것과 어떻게 다를까?

천연가스란 무엇인가

천연가스는 기체 상태의 탄화수소의 집적형태이다. 일부 지역에서는 천연가스가 큰 균열과 위에 놓인 암석층 사이의 공간으로 이동하는데, 이러한 유형의 지층에서 발견되는 천연가스를 전통적 천연가

천연가스의 지질적 매장 형태

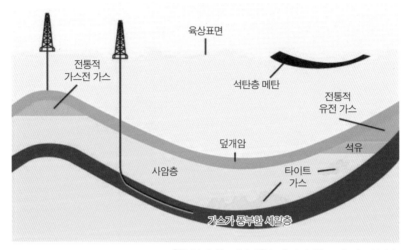

출처: Adapted from United States Geological Survey factshee 0113-01

스(conventional natural gas)라고 부른다. 이와 달리 천연가스가 셰일, 사암 및 기타 유형의 퇴적암의 작은 구멍(공간)에서 발견되는 경우, 수평시추와 프랙킹이라는 기술을 통해 생산할 수 있게 되었는데, 이 천연가스는 셰일가스 또는 타이트가스라고 하며 때로는 비전통적 천연가스(unconventional natural gas)라고도 한다.

'천연'가스는 석탄에서 나오는 석탄가스(coal gas)와 구별하기 위해 만든 표현이다. 천연가스는 가스전의 형태로 단독으로 존재할 수도 있고, 석유와 함께 매장된 형태(associated gas)도 있다. 과거에는 석유개발 시 같이 나오는 가스를 태워버렸는데(플레어링이라고 한다), 이것은 오직 석유만 목표이고 가스는 관심사가 아니었을 때, 가스 소비지가 너무

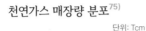

천연가스 매장량 분포[75]

단위: Tcm

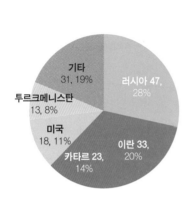

천연가스 생산량 분포

단위: Bcm

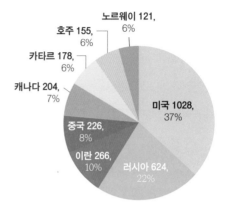

출처: 에니(ENI) 홈페이지(https://www.eni.com/en-IT/media/stories/liquefied-natural-gas.html)

원거리에 있고 저장 또는 배송을 위한 인프라가 없었을 때 발생한 것
이었다. 전 세계적 매장량 순위는 러시아, 이란, 카타르 순이지만 셰
일혁명 이후 미국 생산의 획기적 증가로 생산량은 미국, 러시아, 이란
순으로 바뀌었다.

천연가스는 1차 에너지원으로서 쓰임이 늘어왔다. 1950년에 9.9%
였던 비중은 2016년 22.7%까지 증가했는데, 주된 용도는 난방, 요
리, 전기발전이다. 미국의 경우 2000년대 들어 신설된 거의 모든 발전
소는 천연가스를 사용했는데, 상대적으로 청정한 연료이고 화석연료
중 단위당 가장 적은 CO_2를 배출하기 때문이었다. 차량 연료로서 천
연가스를 강력히 옹호한 피킨스(T. Boone Pickens)의 입장(천연가스 차량의 사
용과 천연가스 연료 보급소의 설치를 장려하기 위한 일련의 세금 인센티브를 포함시키

는 것)이 존 케리 상원의원의 에너지-기후변화 법안에 반영되기도 했다.[76] EU는 2022년 7월 6일에 EU의회를 최종 통과한 그린 택소노미에 천연가스를 포함시켰다.[77]

천연가스는 기원전 500년 중국에서 대나무 통에 담아 운반한 천연가스로 염전에서 소금을 생산할 때 활용했던 역사가 있다. 현대적 의미의 천연가스 활용은 1821년 총기생산자였던 윌리엄 아론 하트(William Aaron Hart)가 시초라고 볼 수 있는데, 그는 뉴욕주 프레도니아에서 천연가스를 가스등에 활용하면서 인근의 이리 호수(Lake Erie) 등대에 관용으로 판매했고, 1858년 세계 최초로 현대적 의미의 천연가스 회사인 프레도니아 가스등화 회사(Fredonia Gas and Lighting Company)를 설립했다.

천연가스 이용의 본격화

천연가스의 본격적 이용은 파이프라인 가스(Pipeline Natural Gas, PNG) 네트워크의 형성과 밀접한 관계가 있다. 처음에는 부수적으로 생산된 천연가스를 석유생산지 인근의 소규모 가정, 산업수요에 공급하다가, 1927년 텍사스 북부와 캔자스 간 250마일의 장거리 파이프라인이 최초로 건설되고 이후 1931년 텍사스와 시카고를 잇는 980마일의 파이프라인 건설로 천연가스 이용이 본격화되었다. 미국은 1979년 천연가스정책법 신설을 통해 파이프라인 네트워크에 대한 접근성을 제고하고 가스생산자와 최종이용자 간의 직접 계약을 가능케 했다. 러시아로부터 대량의 파이프라인 천연가스(PNG)를 공급받아온 유럽에서도 천연가스는 중요한 정치적 이슈가 되었다.

글로벌 시장의 형성은 액화천연가스(Liquefied Natural Gas, LNG)를 통한 이동성 제고에 기반한다. 기체 상태의 천연가스를 섭씨-162도(화씨 -259도)의 극저온에서 1/600로 부피가 줄어든 액체로 변화시켜 LNG 수송선으로 수송한다. 액화비용이 전체 수송비용의 절반을 차지할 정도로 액화작업은 많은 에너지를 소모하고, 액화 상태로 도착한 LNG는 도착지에서 다시 기화시켜 소비지 파이프라인 배송망으로 전달되는데, 대략 액화 관련 비용이 U$1.10/MMBtu이고, 재기화비용이 U$0.3/MMBtu가 추가된다.[78]

LNG 도입은 유럽이 먼저다. 1964년에 알제리로부터 영국으로 최초로 LNG가 도입되었고, 이후 프랑스(1965년), 스페인, 이탈리아(1970년대 초), 벨기에(1980년대), 터키(1994년), 그리스(2000년), 포르투갈(2003년) 등이 LNG를 도입했다. 현재 LNG를 주로 이용하는 아시아에서는 일본이 1969년에 알라스카 LNG를 도입한 것이 최초였고, 한국(1986년), 대만(1990년), 인도(2004년), 중국(2006년) 등이 수입하고 있다. 1970년대 초 알제리로부터 LNG를 도입해 사용하던 미국은 현재 셰일가스 대량생산에 힘입어 순수출국으로 전환되었다.

2016년 기준 LNG는 전체 천연가스 시장의 10%를 차지하는데, 이는 1990년과 비교하면 3배로 증가한 것이다. 2016년 기준 주요 LNG 수출국은 카타르, 호주, 말레이시아, 나이지리아, 인도네시아, 말레이시아, 러시아 순이었는데, 2023년에는 미국이 셰일가스생산에 힘입어 세계 최대의 LNG 수출국이 되어 2023년 8,600만 톤을 수출했고, 그 뒤를 호주, 카타르, 말레이시아 순으로 이었다.[79] LNG 시설, LNG 수송선의 안전문제로 육지와 다소 거리를 두고 연안바다에 신규 LNG 도입터미널을 짓는 경향이 생겼고 이는 LNG 공급비용을 증가시키는 요소가 된다. 여전히 천연가스는 다른 탄화수소 제품에 비해 물리적 이동이나 거래가 쉽지 않아 지역 간 가격 격차가 발생한다.

천연가스의 국제가격

천연가스의 특성상 글로벌 가스가격은 존재하지 않지만, 석유시장에서 벤치마크 석유(웨스트 텍사스유, 브랜트유, 두바이유)가 상호작용하는 방식으로 3개의 벤치마크 가격들이 역할을 하고 있다. 벤치마크 가격은 가격투명성을 촉진해 구매자와 공급자 간 주 수요지역인 북미, 아시아, 유럽 간 인도를 최적화하는 데에 도움을 준다. 천연가스 가격기준은 크게 세 가지가 있다. 미국산 천연가스 가격지수인 헨리허브(Henry Hub, HH) 지수는 미국 루이지애나주의 Erath에 위치한 세계에서 가장 잘 발전된 천연가스 거래허브의 이름을 딴 것이다. JKM(Japan/Korea Marker)은 동북아시아의 가스 현물시장 가격이며, 네덜란드 천연가스 거래가격 TTF(Title Transfer Facility)는 유럽지역의 천연가스가격 지수로 쓰인다. JKM과 TTF의 차이에 의해 운항 중인 미국 LNG 수송

천연가스, LNG 가격 추이(최근 1년간)

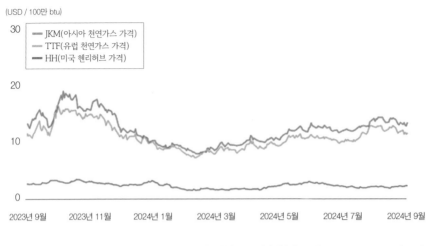

(USD / 100만 btu)

- JKM(아시아 천연가스 가격)
- TTF(유럽 천연가스 가격)
- HH(미국 헨리허브 가격)

출처: 일본 독립행정법인 에너지금속광물자원기구(JOGMEC) 홈페이지(https://oilgas-info.jogmec.go.jp/nglng/)

선의 방향이 바뀌기도 한다.

　다만 아시아의 LNG 수요는 전력 부문에서 석탄-가스 전환 유연성이 큰 유럽의 가스 수요보다 유연성이 떨어지고, 유럽에 비해 가스 저장용량이 제한적이고 유럽과 달리 PNG 공급이 제한적이라 JKM이 조금씩 높은 가격을 형성하는 상황이다. 유럽 천연가스 가격(TTF)에 대한 아시아 천연가스 가격(JKM) 프리미엄은 2024년 1분기 $0.6/mmbtu에서 2분기 $1.3/mmbtu로 확대되었는데, 2024년 2분기 아시아의 LNG 수입은 전년 대비 13% 증가했으나, 유럽의 LNG 수입은 25% 이상 감소한 것에 기인한다.[80] 한국가스공사의 장기고정계약물 이외 물량은 JKM에 기반한다.

전 세계 천연가스의 수요

2023년 LNG 공급량은 거의 2%(10Bcm) 증가한 549Bcm을 기록했다. 미국 LNG가 10% 증가한 반면, 카타르의 LNG 공급량은 2% 감소했다. 러시아는 러시아-우크라이나 전쟁에 따른 경제제제로 LNG와 PNG 수출이 모두 감소해 파이프라인 가스의 경우 약 24%(30Bcm) 감소했다.

2023년 글로벌 천연가스 수요는 1Bcm 증가에 그쳐 0.02% 증가에 그쳤고 코로나 이전인 2019년 수준보다 약간 높았다. 전 세계 화석연료 소비에서 차지하는 비중은 약 29%에 머물렀지만, 전체 1차 에너지 소비에서 차지하는 비중은 2019년 대비 0.5% 감소했다. LNG 수요의 글로벌 성장은 주로 아시아 태평양 지역에서 촉발되었으며, 중국, 인도 및 기타 비OECD 아시아-태평양 국가의 수요는 각각 11Bcm, 2.6Bcm, 7.6Bcm 증가했다. 유럽과 OECD 아시아 태평양 국가로 향하는 LNG는 각각 3Bcm과 11Bcm 감소했다. 그러한 가운데, 2023년의 천연가스 가격은 2022년에 비해 30% 수준으로 하락했다.

미국은 여전히 세계가스공급량의 1/4를 공급하는 최대가스생산국이고, 카타르를 제치고 세계 최대 LNG 수출국(2023년 8,600만 톤)이 되었다.[81] 중국은 세계 최대 LNG 수입국이 되었고, 일본과 한국이 그 뒤를 잇고 있는데, 3개 국가는 전 세계 LNG 거래의 약 45%를 차지한다.

한국의 천연가스 이용현황

한국의 천연가스 수요는 물량은 1987년 첫 도입 이후 161만 톤에서 꾸준히 증가해 2022년 기준 4,530만 톤에 이르고 있다. 총수요는 2013년 고점 이후 하락하다가, 2016년 이후 발전용 수요 증가에 따라 완만한 증가세를 보이고 있다. 수요예측 중 총수요 전망에서는 2023년 4,509만 톤→2036년 3,766만 톤으로 감소가 전망된다. 변동성을 반영한 수급관리 수요전망에서 2023년 4,662만 톤→2036년 4,530만 톤으로 소폭 감소가 예상되는데, 주로 발전용 수요의 감소가 예상되고 있다.[82]

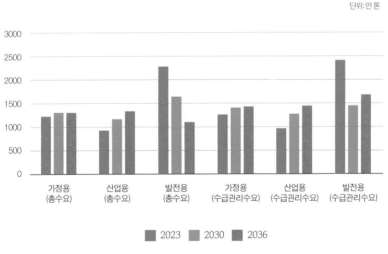

한국의 천연가스 수요전망

단위: 만 톤

출처: 제15차 장기천연가스 수급계획 2023-2036(산업통상자원부)

한국의 천연가스공급원은 수급 불안을 최소화하기 위해 다변화되고 있다. 중동지역 의존도를 2014년에 53.2%였던 중동지역 의존도를 2022년에 37.4%로 낮췄고, 2022년 기준 수입국은 호주(25.1%), 카타르(21%), 미국(12.4%), 말레이시아(11.9%), 오만(10.2%) 순이다.[83]

아시아 국가들의 도입가격 추이는 다음과 같다.

동아시아 국가들의 천연가스 도입가격(석유 가격과 연동)

100만 Btu당 도입평균가격 (JCC 석유 배럴당 가격)	2023/6월 (81.99달러)	2023/12월 (90.22달러)	2024/6월 (87.85달러)
한국	13.25달러	14.77달러	11.50달러
일본	12.05달러	13.25달러	11.46달러
대만	10.08달러	12.24달러	10.16달러
중국	10.75달러	13.44달러	10.72달러

출처: JOGMEC 홈페이지

천연가스 요금은 공공요금으로 도매요금과 소매요금으로 구분되며, 정부 또는 지자체의 승인으로 결정된다. 2021년 이후 일반용, 냉난방공조용 및 산업용은 계절별 차등요금을 적용해왔는데, 2024년부터 일반용과 산업용의 차등요금제를 폐지했다.[84] 냉난방공조용의 경우, 하절기(5~9월) 도매요금이 동절기의 60% 수준으로 책정된다. 도시가스용 요금은 물가요인을 중시하는 반면, 발전용 가스요금은 발전요금 연료비 연동제에 따라 LNG 도입단가에 따른다. 천연가스는 총 229개 시군구 기초지자체 중 도시가스 배관망이 설치된 216개 지자

체로 공급되고, 나머지 13개 군 단위에는 LPG(부탄가스) 배관망이 구축
되었다.

	산정방식	비고
도매요금	원료비(LNG 도입가+도입부 대비) +가스공사 공급비용(산업부장관 승인)	전국 단일요금으로 공급
소매요금	도매요금+도시가스사 공급비용 (시도지사 승인)	시도별 일부 차이 발생

출처: 한국가스공사 홈페이지

한국이 동해에서 천연가스를 개발한다면

리스타드 에너지(Rystad Energy)의 석유가스개발 전문가인 에스펜 얼
링슨은 한국이 동해에서 천연가스를 개발할 경우, 바로 육상의 가스
파이프라인 배관망을 통해 내수용으로 공급하는 것이 이점이 크다고
본다. LNG로 액화하는 과정이 너무 많은 에너지와 경제적 비용을 수
반하기 때문에, 액화/재기화과정 없이 바로 내수용으로 이용하는 것
이 타당해 보인다. 이것을 통해 CO_2 배출을 기존 LNG 도입에 비해
1/4에서 1/5 수준으로 줄이는, 보다 환경친화적 생산방식이 될 수 있
다고 보는 것이다. 이와 함께, 동북아에 적용되는 상대적으로 높은 천
연가스 가격(JKM 가격지수)을 고려하면 경제 안보적으로도 나은 선택이
될 수 있다. 유사 사례로는 유럽 최초의 LNG 도입국이었던 영국이

북해에서 천연가스가 발견되자, LNG 수입을 대체해 내수용으로 활용했다. 한국석유공사가 2004년부터 2021년까지 동해-1 가스전에서 생산한 총 183.07bcf의 천연가스(326억 BOE)도 한국가스공사와 구매계약을 체결하고 액화과정 없이 바로 68㎞의 파이프라인(해저 61㎞, 육상 7㎞)을 통해서 공급한 바 있다.[85]

가스전 또는 유정에서 채취된 천연가스는 메탄과 함께 일반적으로 NGL(에탄, 프로판, 부탄 및 펜탄)과 수증기를 포함하기 때문에 습식 천연가스라고 불린다. 유정 천연가스에는 황, 헬륨, 질소, 황화수소 및 이산화탄소와 같은 비탄화수소도 포함될 수 있으며, 이들 대부분은 소비자에게 판매되기 전에 천연가스에서 제거해야 한다. 유정에서 천연가스는 수증기(액화 시 응결문제 발생) 및 황(대기오염 발생 가능성), 탄산가스(발열량에 부정적 영향) 등 비탄화수소 화합물이 제거되고 NGL이 습식 가스에서 분리되어 별도로 판매되는 가공 공장으로 보내진다. 분리된 NGL을 NGPL(Natural Gas Plant Liquid)이라고 하며, 처리된 천연가스를 건조천연가스(dry gas, lean gas)라고 한다. 냄새 물질(ordorant)인 메틸 메르캅탄(Methyl Mercaptan)이라고 하는 화학 물질(독특한 부패냄새가 나는 무색가스)이 천연가스에 첨가되어 천연가스 파이프라인의 누출을 감지할 수 있게 한다. 건조 천연가스는 파이프라인을 통해 지하 저장소 또는 유통 회사로 보내진 다음 소비자에게 전달된다.[86]

INSIGHT

쉐프들이 사용하는 센 불은 LNG일까, LPG일까?

넷플릭스의 〈흑백요리사〉가 큰 인기를 얻은 가운데, 요리사들이 사용한 고화력의 가스불은 어떻게 준비된 것인지, 어떤 가스를 사용한 것인지 궁금해진다. 도시가스일까? 프로판가스일까? 답은 프로판가스이다. 프로판가스 대용량 저장탱크를 스튜디오에 인접해서 설치하고 관으로 연결한 것이다.

LPG(액화석유가스, Liquefied Petroleum Gas)는 채굴한 석유를 정유공장에서 정제하는 과정에서, 석유화학공장에서의 혼합과정에서, 그리고 천연가스생산 시 습성천연가스(wet gas)에서 정제하는 과정에서 추출된 탄화수소가스를 액화해 가스통으로 운반저장하는 것이다. 가끔 택시 트렁크에 보이는 탱크통이 LPG의 일종인 부탄(butane의 독일식 발음) 가스통이고, 도시가스가 공급되지 않는 농어촌지역의 가스나 휴대용 가스렌지의 가스(브루스타)도 LPG의 일종인 프로판(propane의 독일식 발음) 가스이다.

반면 LNG(액화천연가스, Liquefied Natural Gas)는 지하에서 채굴한 천연가스를 -162도로 온도를 낮춰 1/600의 부피로 액화한 것이다. 많은 가정에서 쓰는 도시가스는 수입된 LNG를 항만의 수입기지에서 기체로 다시 전환해 파이프라인을 통해 배송된 것이다. (항만에서 LNG 기화 시 발생한 냉열을 재활용한 물류창고 사업도 활성화되고 있다.) 이와 유사하게 천연가스의 부피를 1/200 정도로 압축해 버스 등의 연료로 쓰는 것이 CNG(Compressed Natural Gas)이다. 공기질 개선을 위해 대도시의 시내버스에 많이

90   처음 공부하는 석유·가스 산업

쓰인다.[87) LNG, CNG 둘 다 천연가스의 변형이다.

LPG의 특징으로는 액화 및 기화가 용이하고, 수송 시 액체 상태로 수송한다. LNG 와 LPG의 가장 큰 차이점은 LNG 가스는 공기보다 가벼워 누출 시 위로 날아가 버리는 반면, LPG 가스는 공기보다 무거워서 누출 시 바닥에 깔린다. 공기 비중을 1이라고 하면, 도시가스인 LNG는 0.55, 프로판가스는 1.52, 부탄가스가 2.01이기 때문에, 가정의 부엌에서 가스가 누출되었을 때, 도시가스냐 프로판가스냐에 따라 대처 요령이 조금 다르다.

상온에서 가스 상태의 LPG는 공기보다 무거워 누설이 발생하면 바닥에 고이게 되므로 통풍에 유의해야 하고, 특히 장시간 사용 시에는 충분한 산소가 공급되도록 환기에 유의해야 한다. 원래 무색, 무취하기 때문에 사용 중 누설을 감지할 수 있도록 냄새가 나도록 부취제를 넣는다.

LPG 중 프로판가스는 비점(沸點, 액체에서 기체로 변하는 온도)이 -42°C로 겨울철과 같이 낮은 기온에서도 연료로 쓰기 좋게 기화시킬 수 있다. 이러한 특성 덕분에 농촌에서 많이 사용하는 프로판가스는 겨울철에도 가스용기를 옥외에 설치해 사용할 수 있다. 그래서 일반 가정이나 음식점에서는 조리용이나 난방용으로 많이 사용한다. 반면 부탄은 비점이 -0.5°C이기 때문에 온도가 낮으면 기화가 잘 되지 않아서 캐비닛 히터와 같이 실내에서 사용하거나, 자동차와 같이 강제 기화 장치를 설치해 사용해야 한다. 휴대용 부탄(브루스타)의 경우 여름철에는 사용 시 불편함이 없으나, 겨울철 야외 사용 시 잘 나오지 않는 것도 비점이 낮기 때문이다. 부탄가스를 쓰는 LPG 자동차의 경우, 겨울철에는 기화촉진을 위해 프로판을 부탄에 25~35% 혼합해 공급한다.(참고로 2019년부터 미세먼지 대책의 일환으로 일반인도 LPG 차량의 판매 및 개조가 가능하게 되었다.) 산업용으로는 난방, 용접, 절단 등에 쓰이며, 소량이지만 부탄가스나 프로판가스를 화장품, 살충제 등의 용기에 넣어 분사압력을 얻기 위해 활용한다.

LNG와 LPG는 소비자에게 전달하는 물리적 방식이 조금 다르다. 도시가스는 파이프관을 통해 기체 상태로 바로 소비자에 도달하지만, LNG의 경우 용기 충전소, 자동차 충전소 등 중간장소를 거쳐 액화가스가 소비자에게 전달된다. LPG는 20kg·50kg LPG 용기나 소형저장 탱크를 통해 공급하고, 부탄은 가스난로 또는 버너에 3kg, 5kg, 10kg, 13kg 용기로 공급하며 부탄캔의 원료로 사용한다. 우리 가정에서 사용하는 20kg들이 LPG용기에는 약 40리터 정도의 액화가스가 들어간다. 농촌처럼 도시가스관이 연결되지 않은 지역에서 가정용을 집단적으로 이용할 때에는 주로 전원주택이나 빌라를 새로 지으면서 고정식 LPG 소형저장탱크(5톤 미만)를 설치하고, 가스 공급업체에서 벌크로리(가스 운반용 특장차)를 이용해 충전해주고 계량기로 확인된 사용량에 따라 결제하는 방식이 주로 이용된다. 또한 사용량이 적고 고령화로 안전관리가 어려운 농촌지역에서 마을 공동의 소형저장탱크에 LPG를 충전하고 지하 매설 배관망을 설치해, 각 가정에서 도시가스처럼 공급받을 수 있도록 하는 방식이 활용되기도 한다. 이와 같이 다른 전달방식으로 인해, LNG(도시가스) 관련 사고는 도시지역의 공사과정에서 도시가스관을 손상시켜 나는 경우가 있었던 반면, LPG의 경우 충전소에서 가스가 유출되어 아래에 깔린 상태에서 확인할 수 없는 발화점(담뱃불 등)에 의해 발생하는 경우가 있었다.

2부

세계를
움직이는
석유기업

1

슈퍼메이저

석유개발 역사상 오랜 전통을 쌓은 초대형 석유회사들을 슈퍼메이저(Super Major)라 부르며 석유개발과 정제, 판매까지 담당한다. 슈퍼메이저라 하면 통상 엑슨모빌(Exxon Mobil)과 쉘(Royal Dutch Shell), BP, 쉐브론(Chevron), 코노코필립스(ConocoPhilips), 토탈(Total), 에니(ENI)를 말한다. 이들은 대부분 1970년대 이전 세븐 시스터즈(Seven Sisters)라고 불렸던 엑슨(Exxon), 모빌(Mobil), 걸프(Gulf), 텍사코(Texaco), BP, 쉘이 합병 등을 통해 현재의 모습에 이른 것이다.[1] 21세기 들어 메이저들은 전 세계 석유생산의 약 14%밖에 차지하지 않지만, 정제 부문은 24%를 점유하고 있다. 메이저들은 최근 세계적인 분쟁 증대로 보다 안정적인 지역 위주로 투자를 변화시키고 있다는 분석이 있다.[2] 슈퍼메이저는 향후 동해유전개발 등 한국의 대륙붕개발에 있어 중요한 잠재적 파트너다.

슈퍼메이저의 변천

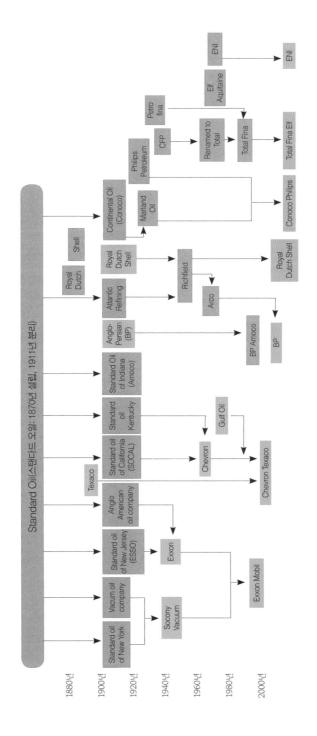

출처: 〈The Global Oil & Gas ndustry〉 pp.53-54

엑슨모빌_ 세계에서 가장 큰 석유가스 기업

뉴욕증권거래소 종목코드: XOM

엑슨모빌(ExxonMobil)은 전 세계 석유가스 관련 민간기업 중 가장 큰 회사로서, 2024년 〈포브스〉 선정 글로벌 2000' 기업 중 14위이다.[3] 상류 부문인 석유의 탐사생산에서 하류 부문인 정제, 판매, 석유화학까지 수행한다. 20세기 초 미국 반독점법에 의해 분해되었던 록펠러의 스탠더드 오일이 모체인데, 1999년에 엑슨이 모빌을 흡수통합해 세계 1위의 석유기업으로 탄생했다. 2006년부터 2016년까지 엑슨모빌의 CEO를 역임했던 렉스 틸러슨이 미국 트럼프 1기 행정부의 국무장관으로 재임하기도 했다.

엑슨의 석유가스 생산은 주로 미국(32%)과 아시아(35%)에서 이루어지고 있다. 엑슨의 미국 생산량 중 절반은 퍼미안 분지에서 생산(1일 61만 boe)하고 있고, 595억 달러 규모의 M&A를 통해 파이오니어(Pioneer)사를 인수함으로써 1일 생산 80만 boe의 미국 국내 석유생산 1위 기업으로 부상할 것으로 예상된다.[4] 아시아에서는 아제르바이잔, 카자흐스탄, 카타르, 이라크, UAE, 말레이시아, 인도네시아, 태국에서 탐사개발을 진행하고 있고, 아시아에서 1일 130만 boe의 석유가스를 생산하고 있다. 새로운 생산기반을 쉘가스, 심해 및 LNG에서 찾고 있는데, 가이아나의 스타브록 광구에서 총 110억 boe의 심해유전이 발견되어 생산에 들어갔다.[5]

엑슨모빌은 1973년 윤활유 사업으로 한국에 진출했고 LNG를 비롯해 윤활유, 화학사업, 해양구조물 등을 추진하고 있다. 엑슨모빌은 모잠비크에서 초심해 천연가스 개발사업에 한국가스공사와 함께 각각 25%, 10% 지분으로 참여하고 있다. 이 사업은 2.4Tcf의 초대형 천연가스전 사업으로서 2022년부터 생산에 들어갔는데, 삼성중공업에서 건조한 FLNG(부유식 LNG 생산시설)가 가동되고 있다. 2024년 6월에는 엑슨과 SK온이 리튬 공급 MOU를 체결했는데, 엑슨이 2023년 11월부터 직접리튬추출(Direct Lithium Extraction, DLE) 기술로 미국 아칸소주에 있는 리튬염호에서 생산하는 리튬을 SK온이 10만까지 공급받는 내용이었다. 엑슨은 한국의 대륙붕개발에 참여한 적은 없지만, 엑슨의 시퀀스 층서 해석기술이 동해가스전 발견에 활용되기도 했다.[6]

2024년 현재, 한국의 관심사는 엑슨모빌이 동해유전 개발사업에 참여할 것인가인데, 엑슨모빌은 신중하게 접근할 가능성이 높다. 미국 내 투자비중을 늘리고(34억 8,600만 달러(2021년) → 58억 7,700만 달러(2022년) → 116억 5,900만 달러(2023년)), 반면 아시아 지역에서의 탐사지출은 축소하고 있기 때문이다. (4,700만 달러(2021년) → 3,800만 달러(2022년) → 1,800만 달러(2023년)).[7] 이런 점을 고려하면 큰 인센티브가 있어야 탐사 참여를 유도할 수 있을 것으로 보인다.

쉐브론_ GS칼텍스 지분 절반을 소유한 미국 기업

뉴욕증권거래소 종목코드: CVX

쉐브론(Chevron)은 엑슨모빌에 이은 미국 2위의 종합석유기업으로서, 2024년 〈포브스〉 선정 글로벌 2000대 기업 중 22위이다. 엑슨모빌처럼 스탠더드 오일이 모체인데, 쉐브론의 전신인 스탠더드 오일 캘리포니아(SOCAL)는 1931년 사우디아라비아 정부와 조광계약을 맺고 1948년 세계 최대의 과다르 유전을 발견한 바 있다. 이때 사우디에 설립한 자회사는 1970년대에 국영화되어 사우디아라비아의 국영기업 사우디아람코(Saudi Aramco)가 된다. 쉐브론은 1985년에 걸프(Gulp)

1970년대 조광권자의 한국 정유산업 참여

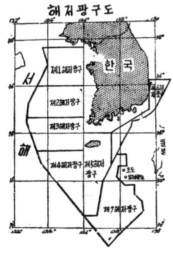

1광구: 텍사코(자회사인 칼텍스가 호남정유
　　　　지분 참여)

2광구: 걸프(유공에 지분 참여)

3광구: 쉘(극동석유에 지분 참여)

4광구: 걸프

5광구: 텍사코

6광구: 쉘

7광구: 텍사코(5소구), 웬델 필립스

1970년 6월 당시에 발표된 해저광구도
출처: 1970년 6월 16일 〈매일경제신문〉

를, 2001년에 텍사코(Texaco)를 순차적으로 인수해 현재에 이르고 있다. 2024년 10월 기준 독립석유기업 헤스(Hess) 인수를 추진 중인데, 남미 가이아나 유전에 헤스(30%)와 함께 지분을 가진 엑슨모빌(45%), CNOOC(25%)와의 법적 분쟁으로 지체되고 있다.

쉐브론의 석유가스생산은 대륙별로 미국(43%)과 호주(15%), 아시아(13%), 아프리카(9%) 순이고 아시아에서는 방글라데시, 이스라엘에서 주로 이루어진다. 쉐브론은 엑슨처럼 퍼미안 분지에 집중하면서 2025년 일산 100만boe를 목표로 하고 있고, 이스라엘에서는 대형 가스전인 리바이어던 가스전의 지분 39.7%를 소유하고 2044년까지 운영 예정이다. 미국(멕시코만, 워커 릿지), 앙골라, 나이지리아, 수리남 등에서 심해유전사업에 투자하고 있다.

쉐브론이 흡수합병한 걸프(Gulp)는 1962년 설립된 한국 최초의 정유사인 유공의 지분 25%로 참여 후 50%로 지분을 키워 경영하다가 1980년 보유주식 전량을 정부에 인도하고 철수한 바 있다. 이와 함께, 걸프는 우리 정부와의 협약을 통해 1970년 황해의 대륙붕(2광구와 4광구)에서 석유탐사를 담당했다. 쉐브론이 흡수합병한 텍사코(Texaco)의 경우 1979년부터 1989년까지의 7광구 대륙붕 탐사에 참여한 바 있다. 쉐브론의 정유회사 칼텍스는 1967년 럭키와 함께 호남정유를 설립하고 현재의 GS칼텍스로 성장했다.[8] 2024년 기준 한국의 관심사는 쉐브론이 동해유전 개발사업에 참여할 것인가인데, GS칼텍스 지분 50%를 가진 GS에너지를 통해 한국과 관계가 있기는 하지만, 엑슨모빌과 유사하게 신중하게 접근할 가능성이 높다.

코노코필립스_ 미국 내 셰일분지 강자

뉴욕증권거래소 종목코드: COP

코노코필립스(ConocoPhilips)는 1875년에 설립된 독립석유회사 코노코(초기 이름은 Continental Oil and Transportation Company, CO&T)와 1917년에 설립된 필립스(Philips Petroleum)가 2002년 합병을 통해 만들어진 회사이다. 2024년 〈포브스〉 선징 글로벌 2000에서 109위이다. 코노코는 멕시코만과 북해에서 대형 석유가스전을 발견했고, 필립스도 노르웨이 북해에서 최초 유전인 에코피스크(Ekofisk)를 1969년에 발견한 바 있다. 2012년에는 모든 하류 부문 사업(정제, 주유소, 판매)을 담당하는 필립스 66(Philips 66)이라는 회사를 만들어 분사시켰고, 코노코필립스는 상류 부문만 담당하게 되었는데, 필립스 66은 2024년 〈포브스〉 선정 글로벌 2000에서 156위이다.

미국의 셰일오일과 전 세계 13개국에서 석유가스전을 갖고 있으며, 대부분의 탐사, 개발과 70%의 생산이 미국에서 이루어지고 있다. 최근의 대규모의 거래는 미국 중심의 전략적 방향을 보여주는데, 2024년에 독립 석유기업인 마라톤오일(Marathon Oil)을 인수하기로 해 미국 내 셰일분지에서의 입지를 확대할 수 있게 되었다.[9] 또한 2024년 10월에 코노코필립스는 알래스카의 노스 슬로프 지역에서 쉐브론의 자산을 매입해 북극 지역에서의 생산을 강화하고자 한다.[10]

한국과 관련해 한국석유공사는 1998년 코노코필립스 등과 함께 베트남 15-1광구의 운영권을 확보하고 유전 3개소, 가스전 1개소를 발견한 바 있고, 연간 생산량이 1,800만 boe였다. SK E&S는 코노코가 탐사에 성공한 호주 북부의 바로사(Barossa) 가스전에 투자했는데, 관련한 호주 정부의 승인이 2024년 3월에 이루어져 생산을 앞두고 있다.[11]

쉘_ 천연가스 주도권을 키우는 기업

뉴욕증권거래소 종목코드: SHEL

쉘(Royal Dutch Shell)은 런던에 본사를 둔 종합석유기업으로서, 2024년 〈포브스〉 선정 글로벌 2000대 기업 중 17위이고 석유기업으로는 엑슨모빌 다음이다. 1907년에 있었던 네덜란드의 로얄 더치(Royal Dutch)와 영국의 쉘(Shell)의 합병에 의해 만들어진 회사로 1920년에는 세계 최대의 석유생산을 자랑했고, 1929년에 최초로 석유화학사업을 추진했다. 1964년에는 알제리에서 영국으로 액화천연가스(LNG)를 수송하는 사업의 파트너로 참여하기도 했으며, 천연가스는 점점 쉘의 사업에서 중요성을 더하고 있다. 1952년부터 조광권을 확보한 카타르 해양개발에서 노스필드(North Field, 1971년 발견한 세계 최대 가스전으로, 에너지량으로는 세계 1위 가와르 유전보다 큰 자이언트 가스전) 등 대형가스전개발은 쉘의 대표적인 가스전 개발 성공사례이다. 2005년에는 로얄 더치의 석유 부문과 쉘의 수송부문이 완전히 하나로 통합되는 구조개선이 있었다.

쉘의 석유가스생산은 아시아(31%), 남미(22%), 북미(16%) 순인데, 아시아에서는 말레이시아, 카자흐스탄, 오만 등에서 생산이 주로 이루어지고 있다. 천연가스 부분에서는 다양한 곳에서 오퍼레이터로서 역할을 하는데, 오만 마브록 필드(34% 지분)에서는 오퍼레이터로서 2023년부터 가스를 생산하기 시작했고, 호주 퀸즈랜드(T1 : 50%, T2 : 97.5%), 프렐루드(67.5)에서도 오퍼레이터로서 가스를 생산하고 있다.

한국과 관련해 쉘은 1969년에 한국의 극동정유와 합작으로 극동쉘 정유주식회사를 설립했는데, 현재 HD현대오일뱅크의 전신이다. 한국 쉘석유는 1960년부터 윤활유사업을 시작했는데, 부산 용당에 윤활유와 그리스를 생산하는 공장과 본사를 두고 있다. HD현대오일뱅크와의 합작법인으로, HD현대 쉘베이스오일이 2012년 4월에 설립되어 대산 석유화학단지 생산공장에서 윤활기유를 생산수출하고 있다. 현지법인인 쉘코리아는 1977년 설립되어 LNG 마케팅 지원, 기술 라이센싱 지원, 석유화학 제품의 무역 등을 포함한 사업을 하고 있다. 쉘은 1970년 한국의 대륙붕인 황해의 3광구와 동해 6광구에서 석유탐사를 진행한 바 있는데, 2024년 발표된 동해대형유전 가능성과 관련해 참여 가능성은 엑슨모빌 등과 비슷한 상황일 것으로 추정된다.

BP_ 신재생 에너지 투자를 늘리는 기업

뉴욕증권거래소, 런던증권거래소 종목코드: BP

런던에 본사를 둔 종합석유기업으로서, 2024년 〈포브스〉 선정 글로벌 2000대 기업 중 47위이다. 1909년 이란 석유개발에 참여하기 위해 설립한 앵글로 페르시아 석유회사를 모체로 한다. 1914년 이후 영국 정부가 지배주주였으나 1977년부터 일반에 공개되고 1980년대 후반에 민영화가 이루어졌는데, 이때 쿠웨이트 투자청이 지배주주가 되려는 시도를 영국 정부가 차단했다. BP는 브리트오일(Britoil, 1987년), 아모코(AMOCO, 1998년), 아르코(ARCO, 2000년)와 버마석유회사(Burmah Oil, 2000년)를 합병해 규모를 키웠다. 2010년에 미국 멕시코만에서 발생한 딥워터 호라이즌 대형 유류사고로 큰 비용을 지불한 바 있다.

BP의 석유가스생산은 원래 이란에서 생산을 시작해 1965년의 북해 유전발견 등의 역사를 갖고 있고, 2023년 현재 북미(37%), 아시아(21%), 유럽(15%, 북해) 순으로 생산하고 있다. 매장량 확보를 위한 탐사는 북미(29%), 아프리카(22%)에 중심을 두고 있다. 심해유전에서의 생산이 늘어나고 있는데, 멕시코만 심해에 280개 광구를 두고 있고, 트리니다드 토바고, 인도 등에서 생산이 이루어지고 있다.

BP는 석유가스산업이 주된 사업이기는 하지만, IOC(국제석유기업)가 아니라 IEC(통합에너지기업)라고 할 정도로 신재생에너지 투자를 증가시키고 있다. 저탄소 사업에 대한 글로벌 투자를 2019년 투자의 3%에서 2023년 약 23%로 늘렸다. 2023년 바이오디젤(23년 1일 3만 배럴), 바이오가스(1일 2만 boe)를 생산하고, 한국 등 전 세계의 해상풍력발전사업에 참여하고 있으며, 전기차 충전사업(29,000개), 수소연료 생산사업 등 다양한 사업에 참여하고 있다.[12]

한국과 관련해서는 7광구 탐사에 참여했는데, 1991년부터의 2차 탐사에 참여했다가 별 성과 없이 1993년에 조광권을 반납한 바 있다. 또한 한국가스공사와 LNG 공급계약을 체결한 바 있는데, 2025년부터 18년 동안 연간 158만 톤, 2026년 이후 11년간 최대 980만 톤을 공급할 예정이다. 향후 동해유전탐사에의 참여 가능성은 이전 경험 등을 고려해 신중하게 할 가능성이 있다.

토탈_ 프랑스 국영석유기업에서 메이저로

뉴욕증권거래소, 유럽증권거래소 종목코드: TTE

　토탈(Total)은 1924년에 프랑스 대통령의 지시에 의해 국가석유정책 집행을 위해 설립된 프랑스 석유공사(Compagnie Française des Pétroles, CFP)를 모체로 하는 프랑스 석유기업으로서, 파리 인근 라데팡스에 본사를 두고 있다. 2024년 〈포브스〉 선정 글로벌 2000대 기업에서 25위이다. 프랑스 정부는 1991년까지 30%의 지분을 유지하다가 이후 5년간 1% 이하까지 지분을 줄였다. 이에 대해 토탈에 대한 정부 통제를 강화하기 위해 에너지 안보에 대한 의사결정에 절대적 영향력을 미칠 수 있도록 황금주(golden share)를 발행해야 한다는 주장이 2024년에 프랑스 국회에서 제기되기도 했다.[13] 1927년에 이라크 키르쿠크에서 첫 유전을 발견한 후 성장해온 토탈은 1999년 벨기에 기업인 페트로피나(Petrofina)를 인수하고, 2000년에 엘프아키텐(Elf Aquitaine)을 인수했다. 상류와 하류사업 모두 활발한데, 2022년 카타르와 세계 최대 LNG 확장

프로젝트인 NFE와 NFS를 합의한 바 있다.

생산은 주로 중동·북아프리카(35%), 유럽(24%)에서 이루어지고 있다. 수리남, 나미비아, 나이지리아가 새로운 개발 대상으로 부상하고 있는데, 수리남의 경우 블록 58(Block)의 운영사(50%)로서 3개의 유정의 시추 및 테스트를 통해 상당한 석유 및 관련 가스자원을 확인하고, 그중 두 개는 평가를 완료했다. 이와 함께 세계적인 천연가스사업자로서 아제르바이잔 BTC(5%), 호주 GLNG(27.5%) 등 전 세계 22개 파이프라인에 대한 지분을 갖고 있다.

토탈은 1985년에 한국 지사를 설립했고, 1994년부터 한국가스공사 및 발전사업자에 장단기 계약을 통해 LNG를 국내에 공급하고 있다. 석유가스개발에 있어 키프로스 해상광구사업에 20%의 지분으로 한국가스공사(20%), ENI(60%)와 사업을 진행하고 있다. 한국에서 합작 석유화학기업인 한화토탈과 합작 윤활유생산기업 에스오일토탈에도 참여하고 있다.

에니_ 메이저가 된 이탈리아 국영석유기업

이탈리아 증권거래소 종목코드: ENI, 뉴욕증권거래소 종목코드: E

에니(ENI)는 로마에 본사를 둔 슈퍼메이저이다. 정부가 직접 소유 1.997%, 이탈리아 개발은행(CDP S.p.A.)을 통한 28.503%의 지분을 황금주의 형태로 보유해 에니는 국영기업으로 볼 수 있다.[14] 1953년 이탈리아 석유공기업 Agip에 의해 설립되고, 초대 사장으로 엔리코 마테이가 취임해 공격적으로 사업을 확장했다. 이탈리아에 근접한 북아프리카, 이란에 다른 메이저보다 유리해 보이는 '마테이 포뮬라'에 따라 보다 많은 이익을 산유국에 분배하는 조광계약을 체결했고, 냉전 시대임에도 소련의 저가 원유를 수입하기도 했다. 2000년부터는 카스피해의 카샤간 유전개발, 러시아 가스공기업인 가스프롬과 블루스트림(러시아 - 튀르키예) 파이프라인 개통 등의 사업을 진행하고 전 세계적으로 유전개발사업을 진행하고 있다. 이와 함께, 자회사인 유전서비스기업 SAIPEM을 통해 유전개발 서비스사업도 병행하고 있다. 에니는 2024년 〈포브스〉 선정 글로벌 2000대 기업 151위인데, 한국과 일본의 석유개발기업 육성정책에서 토탈과 함께 벤치마킹의 대상으로 여겨져왔다.

대륙별로는 이탈리아와 가까운 북아프리카(37%)에서 가장 많이 생산한다. 특히 이집트는 ENI 전체 생산의 19%(31만 boed)로서 큰 비중을 차지하고 있는데, 1955년부터 지속된 탐사개발에서 2015년에 슈퍼자이언트필드인 조르(Zohr) 해상유전을 발견한 데 따른 것이다.[15] 또한, 국제적인 가스운송을 위해 TTPC, TMPC(알제리 - 이탈리아), 블루스트림(러시아 - 튀르키예) 등 파이프라인의 운송권을 갖고 있다.

에니는 한국가스공사와 중동, 아프리카, 지중해, 동남아시아에서 자원개발사업을 함께 해왔다. 모잠비크 Area 4 및 이라크 주바이르 유전재건 사업은 양사 협력으로 일궈낸 성공 사례로 꼽히며, 두 회사는 인도네시아 크롱마네 탐사사업, 키프로스 해상 2, 3, 9광구 탐사사

2023년 말 기준 메이저 석유회사 현황

	포브스 글로벌 2000	매출	순이익	직원 수	보유 매장량 (석유:가스 비율)	생산량 (석유:가스 비율)
엑손모빌	14위	3,346억 달러	360억 달러	61,500명	169억 boe (66:34)	373만 boed (66:34)
쉐브론	22위	1,969억 달러	213억 달러	40,212명	110억 boe (54:46)	312만 boed (59:41)
코로코 필립스	109위	585억 달러	109억 달러	9,900명	67억 boe (67:33)	182만 boed (71:29)
쉘	17위	3,769억 달러	326억 달러	103,000명	97억 boe (48:52)	269만 boed (54:46)
BP	47위	2,101억 달러	158억 달러	87,800명	67억 boe (55:45)	231만 boed (48:52)
토탈	25위	2,371억 달러	213억 달러	102,579명	105억 boe (45:55)	281만 boed (60:40)
에니	151위	937억 유로	84억 유로	33,142명	64억 boe (53:47)	165만 boed (46:54)

업에서 주요한 파트너가 되고 있다.[16] 이외에도 ENI는 2024년 1월에 LG화학과 바이오오일 생산을 위한 합작사 설립을 합의한 바 있다.

2

세계의 주요 국영석유기업

1950년대에 세븐시스터즈가 전 세계 매장량의 약 85%를 통제했지만, 오늘날 매장량의 90% 이상은 국영석유회사(National Oil Company, NOC)의 통제 아래에 있다. 과거에 NOC는 석유의 생산, 정제, 판매를 위해 메이저의 기술, 전문 지식과 영향력에 의존했지만, 요즘은 점점 더 많은 NOC가 메이저의 도움 없이 할 수 있게 되었다.

1980대에 메이저들이 시추 및 기타 생산 측면을 아웃소싱하면서 유전서비스회사가 급증하기 시작했고, 할리버튼(Halliburton)과 슐럼버거(Schlumberger)와 같이 당시에 성장한 유전서비스기업들은 이제 NOC에 광범위한 기술서비스를 제공할 수 있는 것도 그 이유이다.[17]

지분 전체가 정부 소유인 경우 홍보성 자료 위주로 나오는 경우가 많다. 정보의 불투명성은 정치적 이유, 회사 운영상의 이유 등이 있는 것으로 보인다.

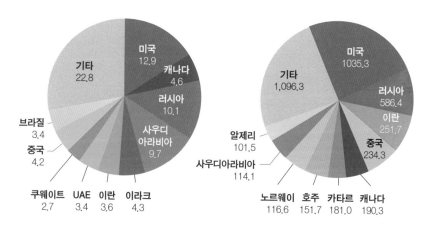

석유 생산량 분포(2023년)
단위: 백만 배럴/일

미국 12.9
캐나다 4.6
러시아 10.1
사우디아라비아 9.7
이라크 4.3
이란 3.6
UAE 3.4
쿠웨이트 2.7
중국 4.2
브라질 3.4
기타 22.8

출처: 미국 에너지정보청(EIA)

천연가스 생산량 분포(2023년)
단위: Bcm/연

미국 1035.3
러시아 586.4
이란 251.7
중국 234.3
캐나다 190.3
카타르 181.0
호주 151.7
노르웨이 116.6
사우디아라비아 114.1
알제리 101.5
기타 1,096.3

출처: 〈Statistical Review of World Energy 2024〉, p. 37

아람코_ 사우디아라비아의 세계 최대 석유가스기업

사우디아라비아 증권거래소 종목코드: 2222

아람코(Aramco)는 사우디아라비아의 국영석유기업으로서, 전 세계 석유가스 관련 기업 중 가장 큰 회사이다. 2024년 〈포브스〉 선정 글로벌 2000대 기업 중 3위이며, 시가총액은 1조 9,260억 달러로 세계 1위이다.[18] SoCal(Standard Oil of California)은 사우디아라비아에서의 석유사업을 위해 자회사인 CASOC(California Arabia Standard Oil Company)을 설립했는데, 사우디 정부와 전략적으로 가까워지고자 한 미국 정부의 권고로 1944년에 아람코(Arabia-America Oil Co.)로 명칭을 변경했다. 이후 세계 최대 유전인 가와르 육상유전(1948년), 세계 최대 해양유전인 사파니아 해양유전(1951년) 등 대형유전이 발견되었다. 사우디아라비아 정부는 1973년(25%)부터 아람코의 지분을 7년간 순차적으로 매입해 1980년에 100% 지분을 매입했고, 7년의 전환기간을 거치면서 유전자산을 운영하던 메이저로부터 기술과 노하우, 유전 데이터를 인수받아 생산을 좀 더 최적화할 수 있었다. 2023년 말 기준 사우디아라비아 정부가 82.19%, PIF 등 국부펀드가 16% 지분을 보유하고 있고, 2% 미만의 나머지 지분만 일반에 공개되었는데, 2024년 6월과 7월에 걸쳐 사우디아라비아 정부는 비전 2030의 실현을 위해 약 0.7%의 아람코 지분(약 17억 주)을 매각했다. 상류와 하류 및 발전사업까지 하는 종합에너지기업으로 성장했는데, 보유 중인 석유가스 확인가채매장량은 2,512억 boe(배럴로 환산한 양)인데, 이는 다른 6대 슈퍼메이저의 보유매장량을 합한 것(679억 boe)의 4배에 가깝다.[19]

국영기업인 아람코는 사우디아라비아 에너지부가 탄화수소법에 따라 최대지속가능생산용량(Maximum Sustainable Capacity, MSC)를 정하면 이를 따라야 한다. 아람코는 정부와의 조광계약에서 자국의 가스 수요를 충당하도록 되어 있고 이는 가스생산만이 아니라 가스공급·설비·설치를 포함한다. 석유 부문은 사우디아라비아 전체 GDP의 35.9%, 정부재정수입의 63%를 의존하는 상황이라, 국영기업의 특성상 정부의 정책 이행을 위해서, 민간기업의 통상적인 목표인 시장에서의 수익 극대화와 조금 달리 갈 수도 있다.[20]

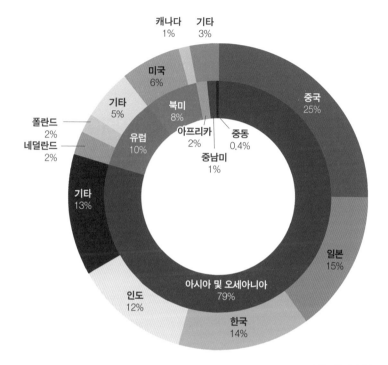

사우디아라비아의 수출대상 지역과 국가(2022년)

아람코는 석유가스개발과 관련해서는 한국 기업과의 직접 협력은
없었다. 다만 한국가스공사는 이라크 아카스 유전개발권을 포기했는
데, 그 개발을 아람코가 이어받게 되었다.[21] 2024년 기준 정유회사인
S-OIL의 최대주주(63.4%)는 AOC(Aramco Overseas Company)인데, 아람코의
자회사이다.[22] 아람코 코리아는 원유, LNG 공급 및 정유제품, 석유화
학제품 비즈니스를 하고 있고, 아람코와 관련된 한국의 제조사, EPC

업체를 관리하고 있다.[23] 아람코의 한국 비즈니스는 하류에 중심을 두고 있어, 한국 동해유전 개발사업에 참여할 가능성은 커 보이지는 않는다.

가스프롬 _ 세계 1위 천연가스기업인 러시아 국영기업
모스크바 증권거래소 총목코드: GAZP

가스프롬(GAZPROM)은 석유생산 세계 2위 국가인 러시아의 국영기업이다. 1943년에 설립한 가스산업부(Ministry of Gas Industry)가 1989년에 가스프롬이라는 국영기업으로 전환된 것이다. 1993년 주식회사로 전환되었지만, 2000년 이후 러시아 정부의 통제력이 강화되면서 국유재산관리청(38.37%), 국영기업 로스네프테가즈(10.97%) 및 다른 가스공기업(0.87%) 등 과반의 공공지분을 통해 지배력을 행사한다.[24] 러시아 정부는 가스프롬에 가스수출(가스 파이프라인), 코빅타 등 동부 시베리아 가스전 사업, 신규 매장지 및 신규 탐사지에 대한 독점적 권한을 부여했다.[25]

가스프롬은 가스 확인가채매장량이 27Tcm이고 연간 생산량은 359Bcm이며 1,860㎞의 가스파이프라인을 보유한 세계 1위의 천연가스 기업이다. 러시아-우크라이나 전쟁 전인 2021년의 경우, 가스프롬은 러시아 천연가스생산의 68%, 전 세계 천연가스생산의 12%를 차지하면서 2조 1,590억 루블의 순이익을 기록했다. 하지만 러시아-우크라이나 전쟁 이후 국제제재로 유럽으로의 가스 수출이 2022년과 2023년을 합쳐 총 100Bcm만큼 감소하고, 연료 가격이 하락하면서 2023년에는 1999년 이후 처음으로 5,830억 루블의 적자를 기록했다.[26]

이러한 제제로 인해 러시아는 아시아로의 수출에 눈을 돌렸는데, 동쪽으로 향하는 철도 및 파이프라인 인프라가 제한되어 있기 때문에 해상 운송에 더 많이 의존했다. 파이프라인을 통해 쉽게 접근할 수 없는 시장에 더 잘 접근하기 위해 LNG 인프라 개발에 우선순위를 두고

2008년 논의되었던 한국의 러시아 천연가스 도입 구상

출처: 매일경제신문

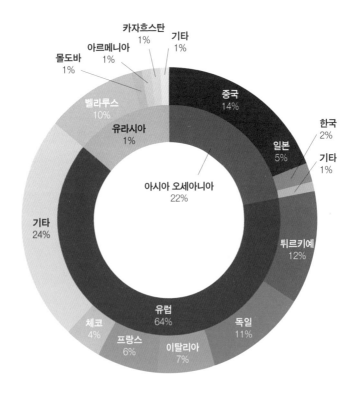

러시아의 천연가스 수출 대상국(2022년 기준)

카자흐스탄
1%

기타
1%

아르메니아
1%

몰도바
1%

벨라루스
10%

유라시아
1%

중국
14%

한국
2%

일본
5%

기타
1%

아시아 오세아니아
22%

기타
24%

튀르키예
12%

유럽
64%

체코
4%

프랑스
6%

이탈리아
7%

독일
11%

출처: 미국 에너지정보청 https://www.eia.gov/international/analysis/country/RUS

있다.

한국과 관련해서는 가스프롬과의 상류부문 협력이 이라크에서 있었다. 2009년 12월의 이라크 유전 입찰에서 한국가스공사(22.5%)는 러시아 가스프롬(Gazprom Neft)과 바드라(Badrah) 개발 유전을 확보했다.[27] 가스공급과 관련해서, 2008년에 한-러 정상회담에서 가스공사와 가스프롬은 블라디보스토크에서 북한을 거쳐 한국으로 연결되는 가스관을 2011년에 착공해 2015년부터는 가스 공급을 시작한다는 양해각서를 체결했고, 2020년에는 북한 경유 파이프라인 가스(PNG) 도입에 대한 공동연구가 논의된 적이 있다.[28] 하지만 러시아-우크라이나 전쟁 이후 한국은 2022년 러시아산 원유 수입을 중단하는 조치를 취했고, 2022년에 한국의 미국 천연가스 수입량을 늘려 러시아산 수입량의 3배를 넘어서는 등 러시아 가스에 대한 의존도를 낮추고 있다.

이라크국영석유회사_ 석유부 소속으로 석유가스생산 관장

이라크 석유부는 타국과 달리 석유부 내 소속 국영석유회사들을 통해 일련의 석유가스생산을 관장한다. 과거 중국의 석유가스생산체제와 유사한 구조이다. 당초 이라크의 석유자산이 1961년에 국유화가 시작되고 이를 관장하는 국영기업인 이라크국영석유회사(Iraq National Oil Company, INOC)가 1966년에 설립되어 1967년에 전국의 석유개발권을 부여받았다. 1987년에 석유부에 흡수되었는데 1개 국영석유기업에 의한 전국 석유가스생산 통합관리 체제는 석유부 소속 지역별, 분야별 총 16개 국영석유회사 체제로 변화되었다. 2020년 이라크 정부는 INOC를 다시 설립할 것을 결정했으나, 2022년 법원의 판결로 무효화되었다.[29]

2024년 기준 대표적인 생산기업으로는 바스라석유회사(Basra Oil

Company, 구 남부석유회사)과 북부석유회사(North Oil Company), 판매기업으로는 소모(State Organization for Marketing of Oil, SOMO)가 있다. 북부석유회사는 1921년 설립된 IPC(Iraq Petroleum Company)를 전신으로 하며, 키르쿠크에 본부를 두고 이라크 북부의 알 자지라(Al Jazira) 지역을 담당한다. 북부석유회사의 생산량은 2024년 8월 기준 일산 35만 배럴인데, 인근 니네베 유전에서 일산 5만 배럴을 추가하고자 한다.[30] 관리 유전에는 바이 하산(Bai Hassan), 잠부르(Jambur), 카바즈(Khabbaz) 유전이 있다.

바스라석유회사는 기존의 국영기업 남부석유회사(South Oil Company)에서 국영기업 디카르석유회사(Dhi Qar Oil Company)가 분사되어 새로이 이름붙인 이라크 국영기업이다.[31] 이전에 남부석유회사로 알려졌던 바스라석유회사(Basra Oil Company, BOC)는 이라크 바스라에 본사를 둔 이라크 국영 기업으로, 이라크 남부 평야지역(Lower Mesopotamia) 석유 및 가스를 관리한다. 회사의 관리영역에는 루마일라(Rumaila), 루하이스(Luhais) 등 남부의 천연가스전과 마이산(Maysan)의 유전을 포함한다.[32] BOC는 2024년에 하루 80만 배럴의 석유를 생산하는 것으로 보고 되고 있다.[33]

소모(SOMO)는 1972년 석유국유화 이후 석유판매총국으로 시작된 조직이 1998년에 설립된 이라크의 국영 석유판매 기업으로 발전한 것이다. 이라크의 석유가스를 국내외에 판매하고, 잉여 석유 제품의 해외판매, 부족 석유 제품의 국내 수입을 위한 권한을 가진 유일한 회사이다.[34]

이란 국영석유회사 _ 이란 원유 탐사와 수출의 전권 관리

1901년 페르시아 지역의 석유개발을 위해 윌리엄 다시 백작이 설립한 민간기업 앵글로 – 페르시아 석유회사(APOC, 이후 앵글로-이란 석유회사 AIOC로 변경)가 기원이다. 2차대전 이후 이란의 민족주의가 고양되면서 1951년 이란 석유산업이 국유화되었고, AIOC는 이란국영석유회사(National Iranian Oil Company, NIOC)가 되었다. NIOC는 이란 석유부(Ministry of Petroleum)의 지도 감독을 받는 국영기업이다.

NIOC는 이란 원유의 탐사, 시추, 생산, 유통 및 수출은 물론 천연가스 및 액화 천연가스(LNG)의 탐사, 추출 및 판매를 전담한다. NIOC는 OPEC이 결정한 상업적 고려 사항과 국제 시장에서 통용되는 가격에 따라 잉여 생산량을 수출한다. OPEC에 따르면 2023년 기준 이란은 사우디아라비아와 비슷하게 전 세계 석유 매장량의 13.2%와 전 세계 천연가스 매장량의 16.4%를 갖고 있지만, 서방의 제재로 투자가 제대로 이루어지지 않아 세계 석유생산의 4.8%, 세계 가스생산의 6.2%에 그치고 있다. 그나마도, 생산된 가스의 대부분을 이란 국내에서 소비하고 있다.[35]

NIOC와 NIOC의 석유수출을 위한 유조선 자회사이던 NITC(National Iranian Tanker Company)는 2020년 이란혁명수비대를 지원한 이유로 미국 정부의 제재 대상에 포함되었다.[36] 하지만 미국의 제재 하에서 NITC는 2024년 1분기에 일일 156만 배럴을 수출했는데, 이는 지난 2018년 이후 최고치를 기록했다.[37] 2024년 중동 정세 속에서 이스라엘의 타격 대상으로 이란의 석유자산이 언급된 바 있다.

애드녹_ UAE 국영석유회사, 세계 12위 석유기업

애드녹(Abu Dhabi National Oil Company, ADNOC)은 1971년에 설립된 UAE의 아부다비 국영석유회사이다.[38] 지분 전체가 UAE 정부에 있으며, UAE에서 가장 크고 세계 12위의 종합석유기업이다. 석유가스개발, 정제, 석유화학, 운송, 저장까지 사업을 전개하는데, 분야별로 자회사를 두고 있다. 석유가스개발은 애드녹 온쇼어(ADNOC Onshore, 육상 및 얕은 바다 유전 담당), 애드녹 오프쇼어(ADNOC Offshore, 해양유전 담당), 애드녹 드릴링(ADNOC Drilling), 알다프라 페트롤리움(Al Dhafra Petroleum, 한국석유공사와 GS에너지와 함께 합작설립한 석유개발회사) 등이 있다.

애드녹이 1971년에야 설립되기는 했지만 1937년에 물리탐사가 시작되었고, 계약기간 75년의 조광계약도 있었다. 1958년에 무르반 밥(Murban Bab) 유전에서 UAE 최초의 석유가 발견되었다. 아부다비의 석유산업 전반을 관리하기 위해 1981년에 설립되어 운영되던 최고석유위원회(Supreme Petroleum Commission)는 2022년 새로 설립된 최고경제금융위원회(Supreme Council for Financial and Economic Affairs)에 통합되었다.[39]

석유와 천연가스생산능력을 제고하기 위한 투자를 늘리면서, 한편으로는 애드녹의 해양석유 생산운영의 탄소 발자국을 30% 이상 줄이는 것을 목표로 하는 프로젝트를 발표했다. 이와 함께 기후변화 요구에 부응하기 위해 애드녹은 석유수출을 대체할 청정 에너지원으로 수소연료의 대규모 생산을 계획하고 있다. 2023년 초, 애드녹은 아람코에 이어 중동에서 두 번째로 가치 있는 브랜드로 지정되기도 했다.

한국석유공사와 GS에너지는 애드녹의 파트너회사인데, 애드녹 온쇼어의 경우, 지분 3%를 GS에너지가 갖고 있다. 알다프라 페트롤리움은 UAE에서 개발되지 않은 석유 및 가스 잠재력을 발굴하는 데 주력하는 신흥 업스트림 기업인데, 애드녹이 60%를 소유했고 나머지 40%는 한국석유공사와 GS에너지가 소유하고 있다. 이와 함께 2024년 4월 애드녹이 모잠비크 Area-4 광구의 갤프(Galp)의 지분 10%을 인수함으로써, 한국가스공사와 컨소시엄을 구성하게 되었다.[40]

쿠웨이트석유공사_ SK그룹과 협력 중인 쿠웨이트 기업

쿠웨이트석유공사(Kuwait Petroleum Corporation, KPC)는 쿠웨이트의 석유산업을 통합관리하기 위해 1980년에 설립한 국영석유기업이다. KPC는 자회사로 KOC(Kuwait Oil Coporation, 쿠웨이트 국내 석유개발), KUFPEC(Kuwait Foreign Petroleum Exploration Company, 해외석유개발), PIC(Petrochemical Industry Company, 석유화학), KPI(Kuwait Petroleum International 또는 Q8, 정제 및 해외판매), KGOC(Kuwait Gulf Oil Corporation, 사우디아라비아 - 쿠웨이트 중립지대에서의 석유개발 관리) 등을 두고 있다. 자회사 중 유전탐사개발을 담당하는 KOC는 1934년에 앵글로-페르시아사(BP의 전신)와 걸프

석유(쉐브론의 전신)가 합작으로 설립되어 1938년 버건 유전(Burgan Field, 현재 세계 2위의 유전으로 'Jewel in the Crown'이라 불림)에서 석유를 발견하는 등 활동하고 있었는데, 쿠웨이트 정부가 1차 오일쇼크가 있은 후 1975년까지 100% 지분을 획득해 국유화한 것이다.[41] KPC는 1988년 개도국 석유기업 중 유일하게 Q8('큐에이트'라는 발음은 국가명 쿠웨이트와 유사)라는 독자적 브랜드로 석유제품시장에 진출한 첫 번째 회사이기도 하다.

1990년 이라크의 쿠웨이트 침공 시, 650개 유정에 고의적인 화재가 발생했고 화재 진압에 8개월이 소요되었으며 생산량도 침공 직전의 1/10 수준으로 감소했다. 2024년 7월, 알노카타 해상유전에서 32억 배럴 상당으로 추정되는 석유가스 매장지를 발견했다는 소식이 있다.[42] 또한 KOC와 KGOC는 2023~2027년 5개년 계획에 걸쳐 탐사 유정을 시추하기로 와프라 조인트 오퍼레이션(WAFRA Joint Operations, WJO)의 파트너와 합의했다.

한국과 관련해서는 SK그룹과의 협력이 눈에 띈다. 쿠웨이트가 2016년 SK어드밴스드(SK가스의 자회사)가 추진하는 프로판탈수소화공정(PDH) 사업에 1억 달러를 투자했는데, 쿠웨이트의 잉여생산 LNG를 한국 SK어드밴스드에 수출해 폴리프로필렌을 생산하는 구조이다.[43] 또한 KPC의 석유화학자회사인 PIC(49%)가 SK화학 부문(51%)과 2020년에 합작설립한 SK 피아이씨글로벌(SK picglobal)에 직원 교육 프로그램의 일환으로 직원 3명을 파견하기도 했다.

카타르에너지_ 미국과의 경쟁이 치열한 카타르 국영기업

카타르에너지(Qatar Energy)는 카타르의 석유가스 분야를 담당하는 국영기업으로 이전 이름은 QGPC(Qatar General Petroleum Company), 카타르 페트롤리움(Qatar Petroleum, QP)이었다. 1974년 설립된 QGPC는 육상유전(BP의 자회사인 Qatar Petroleum Company 소유)과 해양유전(쉘 소유)의 지분 전체를 1977년까지 인수해 석유가스자산을 국유화하고, 대신에 이들 메이저와 서비스 계약을 맺는다. 1991년 카타르 북동부해안의 North Field(쉘이 발견한 세계 최대 가스전) 사업을 시작했다.[44] 카타르에너지는 국영석유가스회사로서 경제투자최고위원회(Supreme Council for Economic Affairs and Investment)의 감독을 받고, 사장은 카타르에너지 담당 장관을 겸하고 있다.[45]

2023년 LNG 최대수출국이 된 미국과의 경쟁이 치열해지고 있는 가운데, 2022년부터 본격 추진되고 있는 North Field 확장계획이 주목받고 있다. 동부(NFE)와 남부(NFS)의 생산용량을 추가 확장해 2027년까지 연간 1억 2,600만 톤을 생산할 수 있도록 계획하고 있다.[46] 2022년에는 토탈, 쉘, ENI 등 메이저들을 국제파트너로 선정했고, 2023년에는 중국의 공기업인 Sinopec, CNPC 등과 파트너십 계약을 체결했다.

한국과 관련해서는 카타르에너지는 우리 조선사의 주요 고객사인데, 2023년에는 North Field의 확장을 지원하기 위해 LNG 선단의 확충이 필요해 2023년 9월 현대중공업과 초현대식 LNG 운반선 17척을 건조하는 계약(약 38억 달러 규모)을 체결했다. 2024년 9월에는 LNG 운반선 20척의 추가 발주를 한국의 조선사들과 논의하고 있다고 한다.

주요 NOC 현황(2023년 말 기준)

2023년 말 기준	매출	순이익	직원 수	해당 국가 확인 매장량[47]	해당 국가 생산량
아람코(사우디)	4,950억 달러	1,212억 달러	73,000명	석유 2,672억 bbl가스: 9,000Bcm	석유 1,138만 boed가스: 114Bcm
가스프롬 (러시아)	954억 달러	40.6억 달러 적자	498,100명	석유 800억 bbl가스: 47,000Bcm	석유 1,107만 boed가스: 586Bcm
BOC 등 (이라크)	975억 달러[48]	-	25,000명(BOC)	석유 1,450억 bbl가스: 3,714Bcm	석유 435만 boed가스: 9.9Bcm
NIOC(이란)	360억 달러	-	약 87,500명	석유 2,086억 bbl가스: 33,000Bcm	석유 466만 boed가스: 251Bcm
ADNOC(UAE)	395억 달러	83억 달러	65,000명[49]	석유 1,130억 bbl가스: 8,000Bcm	석유 392만 boed가스: 55.6Bcm
쿠웨이트 석유공사(쿠웨이트)	1,402억 달러	88억 달러	22,255명	석유 1,015억 bbl가스: 1,784Bcm	석유 290만 boed가스: 13.5Bcm
카타르에너지 (카타르)	419억 달러	279억 달러	13,000명	석유 729억 bbl가스: 23,871Bcm	석유 177만 boed가스: 181Bcm

출처: 해당사 홈페이지, 연간보고서, OPEC 홈페이지 등

3

중국의 국영석유기업

    중국은 다칭 유전 등에서 석유를 생산했지만, 개혁개방 이후 급속한 경제성장으로 석유 수요가 급증하면서 1993년에 석유 순수입국이 되었고, 석유가스의 수입은 지속적으로 증가해왔다. 에너지 안보정책으로서 국영석유기업의 국내외에서의 석유생산도 중요한 의미를 갖게 되었다. 마오쩌둥 집권기에는 정부 부서의 하부조직인 사업단위별 석유행정국 형태로 석유기업이 존재했다가, 덩샤오핑 집권기인 1980년대 중국 석유산업의 재편으로 3개 국영석유기업이 탄생하고, 시진핑 총서기 집권기에 국영석유기업 1개가 추가되었다. 2023년 기준 중국 국내 수요의 3/4에 해당하는 5.63억 톤의 석유를 수입에 의존하는 세계 최대 석유수입국(전 세계 물동량의 26.5%)인 중국으로서는 에너지 안보와 관련한 석유가스의 자주생산이 중요하며, 시진핑 총서기 하의 4대 국영기업체제로의 구조조정은 눈여겨보아야 할 사안이다.[50]

중국 국영석유기업 체제의 변천

	CNOOC	Sinopec	CNPC	PipeChina
	(중국해양석유 총공사)	(중국석유화공)	(중국석유 천연가스공사)	(중국국가 석유가스관망공사)
1980년대	해양석유개발 담당	정제와 석유화학 담당	육상과 얕은 바다에서의 석유개발	-
1990년대	해양석유개발 담당	황하강 이남의 석유개발, 석유화학 담당	황하강 이북의 석유개발, 석유화학 담당	-
2000년대	국제주식시장 상장 (2001년)	국제주식시장 상장 (2000년)	PetroChina 국제주식시장 상장 (2000년)	-
2010년대	석유개발과 정유에 집중하고, 파이프라인과 LNG터미널을 PipeChina에 양도	석유개발과 석유화학에 집중하고, 파이프라인과 LNG터미널을 PipeChina에 양도	석유개발과 석유화학에 집중하고, 파이프라인과 LNG터미널을 PipeChina에 양도	중국 내 파이프라인 통합관리 위해 설립(2019)

중국의 석유생산, 소비, 수입 추이
(2013~2022년)

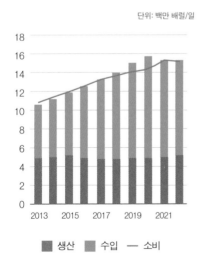

중국의 천연가스생산, 소비, 수입 추이
(2012~2021년)

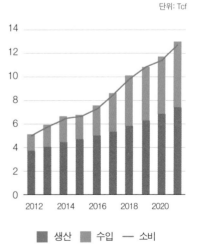

중국석유천연가스공사_ 중국 최대 국영석유가스기업

상하이증권거래소 종목코드: 601857

중국석유천연가스공사(China National Petroleum Corporation, CNPC)은 중국의 최대 국영석유가스기업으로서, 매출 세계 순위를 보여주는 2024년 〈포춘〉 글로벌 500에서 6위를 차지했다. 1988년 석유산업부가 해체되고, 석유산업부 산하 21개 석유산업국의 상류 자산을 통합해 설립됐다. CNPC는 내륙과 수심 5미터 미만 연안의 석유가스의 탐사, 개발, 생산 업무를 맡게 되었다. CNPC의 회장은 장관의 지위를 부여받았다.

CNPC는 중국 NOC 중 최초로 해외로 사업을 확장했다. 1990년대 말, 2000년대 초의 중앙아시아 석유개발에 CNPC가 주된 역할을 했고, 2001년 설립된 상하이협력기구(Shanghai Cooperation Organization, SCO)는 중앙아시아국가들과 중국의 석유가스 개발협력의 배경이 되었다. 카자흐스탄 국영기업 카즈무나이 가스와 함께 2000년대 초에 카자흐스탄 – 중국 파이프라인(2,228㎞, 연간 1,400만 톤 용량)을 건설했다. 수단, 모잠비크 등 30개 이상의 국가에 석유 및 가스 자산과 지분을 보유하고 있다.[51] 2023년 7월 CNOOC와 함께 CNPC는 중국의 석유가스 자주개발을 위해 남중국해에서 초심해 탐사시추를 시작했다.

CNPC는 한국과 다양한 인연이 있다. 2006년 한국석유공사 등과 아랄해의 유전 및 가스전을 탐사 및 개발했고, 한국가스공사와 함께 러시아, 일본, 중국, 한국, 몽골이 참여하는 동시베리아의 코빅틴스코예 가스전 개발 프로젝트에 참여한 바도 있다. 또한 CNPC가 이라크 전쟁 이후 확보한 41억 배럴 매장량의 할파야 유전은 한국의 쿠르드 지역 석유개발권 확보에 대해 민감했던 이라크 중앙정부가 쿠르드 유전의 대안으로 한국에 제공하려고 했던 유전이다. 그리고 CNPC 자회사인 CNUOC(China National United Oil Corporation)는 2008년 포스코인터내셔널과 한국가스공사가 개발에 성공한 미얀마 해상가스전 생산 가스를 파이프라인(미얀마 - 중국 총연장 2,626㎞) 방식으로 30년 장기계약을 체결했다.[52]

1999년 주식시장에 상장하게 된 페트로차이나(PetroChina)에 다칭 유전의 생산 부문을 포함한 탐사, 생산, 정제, 마케팅 관련 자산과 부채를 일괄이전하고 그 모회사로서 남았고, 해외탐사에서는 페트로차이나와 공동설립한 CNODC(China National Oil and Gas Exploration and Development Company)를 통해 개발한다.

페트로차이나는 CNPC의 상장 자회사로서 상류와 하류의 사업을 영위하고 있고, CNPC가 82.46%의 주식을 보유하고 있다. 2024년 〈포브스〉 선정 글로벌 2000 중 18위를 차지하고 있다. 당초 CNPC처럼 육상유전개발 중심으로 시작했으나, 2004년 하반기부터 해양유전으로 영역을 확장할 수 있게 되었다.[53] 페트로차이나는 지분 100%의 자회사로는 다칭 유전회사, 페트로차이나 홍콩, 페트로차이나 국제투자사, 페트로차이나 인터내셔널이 있고, PipeChina(China Oil & Gas Pipeline Network Corporation)에 29.9%의 지분을 갖고 있다.

중국석유화공, 시노팩_ 주유소 보유 수 세계 2위

상하이증권거래소 종목코드: 600028

중국석유화공(China Petrochemical Corporation, Sinopec Group)은 중국 정부가 1983년에 설립했다. 시노팩 그룹(Sinopec Group)은 석유산업부의 정유 및 석유화학자산, 화학산업부의 화학기업, 섬유산업부의 합성섬유 제조분야를 통합한 회사이며 시노팩 그룹의 회장은 장관의 지위를 부여받았다. 시노팩 그룹은 세계 최대의 정유사, 두 번째로 큰 화학회사, 중국 최대의 정유 및 석유화학 제품 공급업체로 성장했다. 주유소의 총 수는 세계 2위이다. 2024년 기준 시노팩 그룹은 〈포춘〉 선정 글로벌 500대 기업 중 5위를 차지하고 있다. 그룹은 핵심자산을 모아 시노팩(Sinopec)을 상장하고 그 모회사로서 역할을 하고 있다. 시노팩 그룹은 2023년 말 자회사인 Sinopec에 67.56%로 지분을 갖고 있고, 서비스 계약을 해 그룹 소속 60만 명의 소셜서비스 종사자들이 서비스를 제공하고 있다.

Sinopec(China Petroleum & Chemical Corporation)은 시노팩 그룹에서 약 70%의 자산을 이전시켜 2000년 2월 설립된 국영석유기업이다. 통합된 상류부터 하류까지 통합된 사업체계를 갖고 있지만, 중국의 하류 부문을 통합해서 시작한 그룹의 관성이 있어 타 국영석유기업에 비해 하류 부문이 여전히 큰 부분을 차지한다. Sinopec은 2000년 10월에 홍콩, 뉴욕, 런던 증권 거래소에 상장될 때 21.21% 지분은 엑슨, BP, 쉘 등 메이저 포함 해외투자자의 참여지분으로서 국제자본시장 상장에 중요한 요소였다. 2024년 〈포브스〉 선정 글로벌 2000에서 46위를 차지하고 있다.

Sinopec은 회사가 출범하면서 모기업으로부터 일산 53만 boe의 셩리유전을 포함한 6개 유전을 받았지만, 여전히 하류가 중심을 차지한다. 모회사에 남겨둔 8개 정제화학공장을 제외한 24개 정제화학공장을 이전받았고, CNPC의 두 배 숫자인 2만 259개의 Sinopec 주유소가 있었는데, 주로 중국 내에서 상대적으로 부유한 동부와 남부에 집중되어 있었다. 한편 Sinopec은 업스트림의 상대적 약점을 극복하기 위해 자체유전개발을 추진하는 한편 페트로브라스와 제휴를 맺고 남중국해 연안유전개발 등에 적극적이다. 2003년에는 CNOOC와 동중국해 개발에 참여하기로 합의하고, 2005년부터 동중국해 일중 중간선 인근 춘샤오 해상유전에 참여했다.[54]

Sinopec의 공격적인 해외유전개발은 한국의 해외석유개발에 Sino-phobia를 불러일으키기도 했다. 2009년 8월 Sinopec은 스위스 아닥스 페트롤리움(Addax Petroleum)을 750억 달러에 인수했는데, 이는 당시까지 중국의 가장 큰 해외기업 인수 사례로 기록되었고, 석유공사는 고배를 마셨다. M&A를 통한 석유자급률 제고를 위해 입찰에 참여했던 석유공사는 그 이후로는 기업인수를 위해 공개입찰보다는 비공개 협상을 선호하게 되었고, 대상 기업도 중국이 관심이 없는 기업이나 중국에 의한 M&A를 거부하는 기업을 대상으로 했다.[55]

중국해양석유총공사_ 중국의 해양석유탐사 주도

상하이증권거래소 종목코드: 600938

중국 근해의 석유 탐사 및 생산을 담당하기 위해 1982년에 중국해양석유총공사(China National Offshore Oil Corporation, CNOOC)가 설립되었는데, 2024년 〈포춘〉 선정 글로벌 500대 기업에서 56위를 차지했다. 주요 사업은 석유가스의 탐사개발과 전문 기술 서비스, 정제제품판매 및 비료, 천연가스생산 및 발전, 금융서비스뿐만 아니라 해상풍력발전과 같은 새로운 에너지 사업을 포함한다. 중국 정부는 해양의 석유를 개발하고 외국 기업의 중국 해양석유개발에 대한 참여를 촉진하기 위해 CNOOC를 설립했다.[56] 그리고 CNOOC 의장은 차관의 지위를 부여받았다.

CNOOC는 1999년에 8월에 흩어져 있던 4개의 유전 회사를 하나로 묶어 CNOOC Ltd.를 설립하고, 2001년 2월 28일 홍콩증권거래소(HKSE 종목 코드: 00883)에 상장되었고, 2022년 4월 21일에는 상하이 증권거래소(SSE)에 상장했다. 헨리 키신저 전 미국 국무장관을 포함한 국제자문단을 구성하는 등 국제 업무를 확충해가는 과정에서 2005년에 미국의 석유기업인 유노칼(Unocal) 인수를 시도했으나, 미국 의회의 반대로 무산되기도 했다. CNOOC Limited는 타 국영석유기업에 비해 상대적으로 작고 사장이 차관급이었지만, 2006년부터 공기질 개선, 온실가스 감축 등을 위해 LNG를 도입하기 시작할 때 중국 주요 해안 도시들에 LNG 터미널 건설과 LNG 트레이딩을 통해 중국 LNG 공급

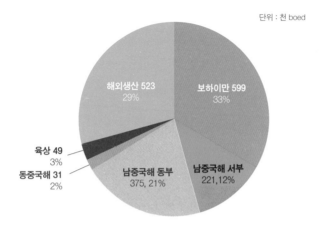

CNOOC 지역별 2023년 1일 생산량

단위 : 천 boed

해외생산 523
29%

보하이만 599
33%

육상 49
3%

동중국해 31
2%

남중국해 동부
375, 21%

남중국해 서부
221,12%

출처: CNOOC Limited, 연간보고서 2023

망에서 우위를 점함으로써 CNOOC Limited의 위상을 제고했다.

CNOOC Ltd.는 주로 해양에서의 석유가스를 생산·판매하고 있다. 회사의 핵심 활동 지역은 보하이만, 남중국해의 서부(주강하구 서측), 남중국해의 동부(주강 하구 동측) 및 중국 근해인 동중국해(7광구 인근)이고, 해외에도 석유가스 자산을 보유하고 있다.[57] 7광구 인근인 동중국해(통상 수심은 약 90미터)의 경우 CNOOC Ltd의 2023년 연간 보고서에 따르면 매장량이 약 2억 boe이고, 1일 3만boe의 석유가스를 생산하고 있는데, 동중국해는 천연가스의 비중이 매우 높다.

이러한 해양 중심의 석유가스 생산은 국가 간 해양 경계가 확정되어 있지 않은 상태에서 이루어지고 있어, 특히 남중국해와 동중국해에서 분쟁의 소지를 안고 있다. 남중국해에서는 동남아 국가들과의 해양경계 관련 갈등이 커지고 있는 가운데, 2024년에 Lingsui-34 해상 광구(수심 1,500m)에서 100Bcm(약 6억 1,000만 boe)의 가스 존재가 확인돼 향후 귀추가 주목되고 있다. 동중국해에서는 일본-중국 간 중간선 인근 대륙붕(7광구 인근)에서 중국이 석유가스 생산을 꾸준히 증가시키고 있어 일본이 정상회담 등을 통해 문제제기하고 있다.[58] 2023년 말 기준, 동중국해는 CNOOC Limited의 총 매장량의 약 2.9%, 생산량의 약 2%를 차지한다. 1998년의 평후유전 생산으로 시작된 동중국해 석유가스개발은 상하이 등 연안도시의 천연가스 수요에 대한 대응과도 관련된 CNOOC의 전략적 움직임이라 할 수 있다.

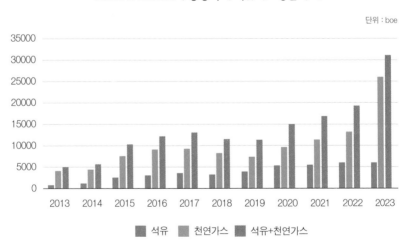

CNOOC Limited의 동중국해 석유가스생산 추이

단위 : boe

출처: CNOOC Limited Annual Report 2017-2023

중국국가석유가스관망공사_ 중국의 네 번째 국영석유기업

중국은 석유·가스산업의 경쟁을 제고하기 위해 2019년 12월에 기존 3대 국영석유기업(PetroChina, Sinopec 및 CNOOC)에서 파이프라인 사업을 분리, 이관해 중국국가석유가스관망공사(China National Petroleum Pipeline Network Group Co., Ltd., 이하 PipeChina)를 설립했다. 사실상 중국의 4번째 국영석유기업인 것이다. 파이프차이나(PipeChina)의 담당 업무는 가스의 수송과 간선파이프라인, 저장설비의 건설 및 운영, 전국 파이프라인 통합 관리이고, 가스 수송료 수입으로 운영된다.[59]

파이프차이나 설립 아이디어는 시진핑 주석이 취임한 2013년에 국무원 산하 싱크탱크인 발전연구센터가 2020년까지의 개혁방안을 담은 '383방안(383方案)'에 최초로 언급되었다.[60] 2019년 3월 중앙종합개혁심화위원회는 '석유천연가스 파이프라인, 운영체제 개혁 실시에 관한 의견'을 통과시켰는데, 'X1X' 운영 메커니즘의 형성, 즉 석유가스 파이프라인 소유와 석유가스 마케팅을 분리해 상하류 부문의 기업 참여를 제고하고, 민간기업의 천연가스 직도입을 가능하도록 함으로써 기존 3대 국영석유기업체제에 변화를 주기 위해 파이프차이나를 설립한 것으로 보인다. 파이프차이나는 2019년 12월 설립 직후 자산과 지분의 교환을 통해 자산을 인도받고 2020년 10월 1일부터 운영에 들어갔다. 지분구조는 페트로차이나가 29.9%의 최대 주주가 되었고, Sinopec과 CNOOC가 14%, 2.9%의 지분을 갖게 되었다.[61]

파이프차이나의 파이프라인 자산 인수

	파이프차이나가 인수한 인수자산	대가 지급
PetroChina	9개 성(省)급 지역을 관통하는 동서 파이프라인 러시아와 미얀마를 관통하는 2개의 국제 파이프라인	현금 1,192억 위안 +파이프차이나 지분 29.9%
Sinopec	파이프라인 자회사 10개	현금 526억 위안 +파이프차이나의 지분 14%
CNOOC Ltd	8개의 액화천연가스 터미널과 1개의 송유관[62]	파이프차이나의 지분 2.9%

중국은 세계 1위 천연가스 수입국이자 LNG 최대수입국의 지위를 활용해 가스가격 체계를 만들려고 한다. 중국은 2024년 기준 아시아의 가스가격 기준인 'Japan-Korea Marker(JKM)' 액화천연가스가격에 연동된 현물 구매를 통해 가스를 구매하고 있는데, 자국의 수요와 공급의 변화를 더 잘 반영하는 지수로의 변경을 추진하는 것이다.

2023년 말 기준	매출	순이익	직원 수	석유가스 매장량	1일 생산량
PetroChina	4,248억 달러 (3조 110억 위안)	254억 달러 (1,802억 위안)	375,803명	183억 boe	481만 boe
Sinopec	4,532억 달러 (3조 2,120억 위안)	98.8억 달러 (700억 위안)	368,009명	33억 boe	138만 boe
CNOOC	587.8억 달러 (4,166억 위안)	175억 달러 (1,240억 위안)	21,993명	67억 boe	185만 boe
PipeChina	159.1억 달러 (1,128억 위안)		29,947명	가스관(54,700km) 송유관(21,400km)	가스수송량 (207.2Bcm) 원유수송량 (24,873만 톤)

중국의 석유산업 거버넌스의 변천

일시	주요 내용
1949년 10월 01일	중화인민공화국이 설립되었을 때 중앙 정부에 원유, 석탄 및 전력의 생산 및 개발을 담당하는 연료산업부를 설립했다. 당시 중국의 석유생신량은 12만 톤에 그쳐 외국 원유 수입에 크게 의존했다.[63]
1950년 04월 23일	연료산업부 산하 석유 관리국(General Bureau of Petroleum Administration)은 국가 석유산업의 생산 및 건설을 감독했다.
1955년 07월 30일	연료산업부는 폐지되고, 석유산업부(Ministry of Petroleum Industry), 석탄산업부(Ministry of Coal Industry) 및 전력부(Ministry of Electrical Power)가 설립되었다. 석유산업국이 부처 단위로 격상된 것이다. 석유산업조직은 국가계획위원회(1952년 11월에 설립된 국가 산업화를 이끈 정부조직)가 설정한 목표에 따라 생산, 운송, 판매에 대한 조정은 조정하고, 투자자금 및 목표를 할당했다.
1957년	중국 서부내륙이 깐수성 북서부의 유면 유전지대에 최초의 석유산업단지를 건설했다.
1960년	중소분쟁이 격화되자 소련은 1,400명의 기술자 전원을 철수하고, 석유공급을 축소했다. 1959년 소련산 수입 원유는 중국 국내 소비의 45%(3백만 톤)를 차지하고 있었다. 1959년에 발견된 중국 동북부의 지린성 다칭 유전에서 생산을 시작했고, 1963년에는 중국 국내 수요의 46%인 4.4백만 톤을 생산했다. 다칭 유전개발의 성공과 1965년 석유자급 달성으로 석유산업부의 위상이 제고되었다.
1970년 06월 22일	석탄산업부(Ministry of Coal Industry), 석유산업부(Ministry of Petroleum Industry) 및 화학산업부(Ministry of Chemical Industry)가 연료 및 화학산업부(Ministry of Fuel and Chemical Industry)로 통합되었다.
1975년 01월 17일	연료 및 화학산업부가 폐지되고 석유 및 화학산업부와 석탄산업부가 설립되었다.
1978년 03월 05일	석유화학공업부(Ministry of Petroleum and Chemical Industry)는 폐지되고, 석유산업부(Ministry of Petroleum Industry)와 화학산업부(Ministry of Chemical Industry)가 설치되었다.

1979년	합작투자법을 제정해 해외기업이 중국의 석유개발에 참여할 수 있게 했다.
1980년	석유산업부, 화학산업부 및 전력부에 대한 관리를 담당하는 국가 에너지 위원회 (State Energy Commission)가 설립되었다.
1981년	석유산업에 계약책임제가 도입되었다. 당초 생산량의 94.5%를 초과하는 석유는 직접 시장가격으로 판매해 자체 수입원을 가질 수 있도록 했다. 이로써 석유 탐사개발에 투자할 여력을 갖게 되었다.
1982년	국가에너지위원회가 폐지되고 3개 부처가 국무원 관리 하에 놓였다.
1982년 02월 05일	중국해양석유총공사(CNOOC)가 설립되었다. 이는 외국 기업의 참여를 촉진하기 위한 것이었고, CNOOC는 외국 기업과의 커뮤니케이션 창구 역할도 담당하게 되었다.
1983년 07월 12일	중국석유화학공사(Sinopec)가 설립되었다.
1988년 중	에너지부가 석유산업부, 석탄산업부, 원자력산업부 등 이전의 3개 부처에서 정부 책임을 인수하고 수력 전력부의 소관이었던 전력산업을 책임지게 되었다. 그러나 거대 정책 규제기관인 국가발전계획위원회(SDPC)의 영향력이 에너지부보다 강해 유가, 투자, 주요 정책 등은 SDPC에 의해 결정되었다.
1988년 09월 17일	석유산업부가 폐지되고, 중국석유천연가스공사(CNPC)가 설립되었다. 초대 CNPC 사장은 석유산업부 장관이었던 왕따오(王涛)가 1989년에 취임했다.
1993년	에너지부가 폐지되었다. 이는 공산당이 국영석유기업과 SDPC가 석유산업을 잘 이끌 수 있고, 너무 많은 행위자가 석유산업을 감독하고 있다고 판단한 데 따른 것이었다.
1994년	회사법 도입으로 국영기업이 지분을 일부 매각해 법인화할 수 있게 되었다.
1996년 01월 24일	중국국영스타석유공사(CNSPC)가 지질 광물 자원부에서 분사한 탐사 기능을 기반으로 설립되었다.
1998년 4월	화학산업부가 폐지되었다. 국가경제무역위원회(SETC) 산하에 석유 및 화학산업국(State Bureau of Petroleum and Chemical Industry)이 설립하고, 화학산업부 (Ministry of Chemical Industry)와 CNPC 및 Sinopec가 갖고 있던 정부 기능을 환수했다.

1998년 07월 07일	CNPC와 Sinopec이 China National Petroleum and Natural Gas Group Company(CNPC Group)와 China National Petrochemical Group Company(Sinopec Group)로 재편되었다.
1999년 11월 05일	CNPC의 핵심 자산을 기반으로 자회사인 PetroChina Company Limited(PetroChina)가 설립되었다.
2000년 02월 28일	Sinopec Group의 핵심 자산을 기반으로 자회사인 China Petroleum and Chemical Corporation(Sinopec Corporation)이 설립되었다.
2000년 3월	Sinopec Group이 CNSPC와 합병하고, Sinopec National Star Petroleum Co. Ltd.로 사명을 변경했다.
2000년 04월 07일	CNPC 자회사인 PetroChina가 홍콩과 뉴욕증권거래소에 상장되었다.
2000년 10월 19일	Sinopec Group의 자회사인 Sinopec Corporation이 홍콩, 뉴욕, 런던증권거래소에 상장되었다.
2001년 02월 28일	CNOOC가 홍콩과 뉴욕증권거래소에 상장되었다.
2001년	국가석유화학공업국(State Bureau of Petroleum and Chemical Industry)이 다른 산업 행정 관련국들과 함께 폐지되었다. 2001년 이후 국내 유가는 CNPC와 Sinopec에 의해 국제 유가와 연동되어 결정되고, CNPC와 Sinopec은 휘발유 가격을 8% 범위 내에서 인상 및 인하할 수 있게 되었다.
2019년 12월	기존 3개 국영석유기업체제에 변화를 주기 위해 새로운 국영석유기업인 석유가스 파이프라인 수송을 전담하는 중국관망공사(PipeChina)가 설립되었다.
2020년 10월	기존 3개 국영석유기업의 주요 파이프라인 자산을 지분과 교환해 매입하고 PipeChina가 운영을 시작했다.

④

동북아시아의 국영석유기업

아시아에서는 중국을 제외하면 한국의 한국석유공사(KNOC)와 한국가스공사(KOGAS), 일본의 인펙스(INPEX), 대만의 타이완 석유(CPC Corporation Taiwan)을 주목해볼 필요가 있다. 한국은 석유가스가 거의 생산되지 않아 2022년 기준으로 하루 390만 배럴의 석유가스 수요를 수입에 의존하고 있고, 세계 4위의 석유가스 수입국이기도 하다. 석유개발 부문은 1960년대와 1970년대 탐사 시도가 있었으나 성공하지 못하고, 1982년에야 인도네시아에 광범위한 네트워크를 보유한 한국남방개발(Korea Oil Development Corporation, KODECO)의 최계월 대표가 인도네시아 마두라 해상유전에서 석유탐사개발에 성공했다. 이에 반해 한국의 석유산업은 하류부문이 먼저 성장했는데, 한국석유저장회사(Korea Oil Storage Corporation, KOSCO)를 통한 미국의 정책 간섭을 꺼렸던 박정희 대통령은 국영경제기업인 유공을 걸프사와 합작으로 1962년 설립했

국가별 석유가스 수입 규모(2022년 기준)

	중국	일본	인도	한국	독일	이탈리아	프랑스
천 boe/d	12,826	5,031	5,024	3,907	3,439	2,189	2,150

출처: 한국석유공사

다.[64] 그 외에 국내 대기업과 석유메이저의 파트너십으로 정유기업들이 설립되었는데, 1967년에 호남정유(락희+칼텍스), 1969년에 경인에너지(한화+유니온오일)이 설립되었다.[65] 진체적으로는 하류의 정제업은 세계적인 수준인 반면, 상류부문은 상대적으로 약한 편이다.

한국석유공사_ 1차 오일쇼크와 7광구 계기로 설립

한국석유공사(KNOC)는 1979년 한국석유개발공사법에 의해 설립된 한국의 국영석유회사이다. 석유개발과 함께 비축, 주유소사업을 담당하고 있다. 100% 전액 자회사로 영국법인 다나페트롤리움(Dana Petroleum) 등이 있다. 1973년 오일쇼크 발생 시 오원철 경제수석이 박정희 대통령에게 석유비축을 위한 국영회사의 필요성을 보고한 것이 발단이 되어 확대된 것인데, 일본의 한일대륙붕공동개발협정 비준 지체에 따라 단독개발을 위해 1979년에 설립하게 되었고, 초대 사장으로 한일대륙붕협정을 서명했던 김동조 전 외무부장관이 취임했다.[66] 1980년, 유공의 최대지분을 갖고 있던 걸프가 지분을 반납했을 때, 동력자원부는 한국석유개발공사(당시 약칭 유개공)와 합병시켜 수직계열화된 석유기업으로 발전시키려고 했으나, 실행되지 못하고 삼성과 선경 (현재 SK) 간의 경쟁 끝에 선경이 인수하게 되었다.

7광구를 포함한 국내 대륙붕 석유개발에서 큰 성과가 나타나지 않고 비축 중심으로 운영되던 석유공사의 석유개발이 두드러지게 부각된 것은 노무현 대통령과 이명박 대통령의 집권기로 이어진 자원외교의 실행자의 역할 때문이었다. 1980년대 한국 최초의 석유개발이 민간회사인 최계월 회장의 코데코가 성공한 인도네시아 서마두라 유전개발과 현대상사 등이 미국 석유기업 헌트와 성공시킨 예맨의 마리브 유전이었던 것에서 보듯 민간이 주된 역할을 했지만, 1997년 아시아 경제위기(IMF 경제위기) 때에 민간의 석유개발업에 대한 대대적 구조조정으로 석유공사가 역할을 담당하게 된 것이다.

참여정부의 자원외교를 뒷받침했고, 이명박 정부의 해외석유가스 개발정책에서 생산유전 확보를 주된 방식으로 해 석유가스자주개발율(국내 기업 지분 석유가스 물량을 국내 수요 석유가스 물량으로 나눈 값)을 제고하는 목표를 달성코자 했다. 2009년 2월 페루 석유회사인 페트로텍의 절반 지분을 생산자산과 함께 매입했는데, 이는 우리나라 기업이 외국 석유회사를 인수한 최초의 사례였고, 하베스트 인수, 카자흐스탄 석유회사 쑴베 인수가 이어졌고, 2010년에는 적대적 인수합병(M&A)을 통해 영국 석유회사 다나페트롤리움을 인수해 현지 언론의 주목을 받았다. 석유공사의 적극적 역할로 2004년 4.2%에 그쳤던 석유가스 자급율은 2015년에 15%까지 올라갔다.

하지만 대규모 출자와 차입에 기반한 생산유전 매입방식이 저유가 흐름에서 낮아진 자산가치로 비판의 대상이 되고 적자가 크게 부각되었다.[67] 계속된 감사와 수사로 해외자원개발이 위축되었고, 2016년 에너지위원회에서 자원개발 공기업의 내실화를 명분으로 개발사업에 5%까지만 지분 참여할 수 있도록 제한해, 일본석유가스광물자원기구(JOGMEC) 같은 민간 지원으로 역할을 한정시켰다.[68]

2024년 6월, 대통령의 1,000m 수심의 동해 심해에 최대 140억 배럴의 매장 가능성이 발표된 후, 석유공사의 역할이 다시 관심을 모으고 있다. 7광구를 포함한 국내대륙붕 유일한 성공 사례는 1998년 발견해서 2004년부터 2022년 말까지 가스를 생산한 동해가스전이 유일했다. 석유공사가 직접 참여한 베트남 15-1 광구(수심 50m), 동해가스전(수심 150m), 동해 방어구조(수심 800m)들의 수심을 고려하면 기존에 하지 않았던 고난도의 해상시추작업이 될 것으로 보이고, 해양석유기업들과의 협력이 권고되고 있다.[69]

한국가스공사_ 정부가 지배주주, LNG 최대 바이어

한국증권거래소 종목코드: 036460

한국가스공사(KOGAS)는 연료 수입의 다변화정책 배경 하에 천연가스의 공급을 통한 국민생활의 편익 증진을 위해 한국가스공사법에 근거해 1983년 8월에 설립된 공기업이다. 1999년에 주식시장에 상장되었는데, 정부지분은 기재부 직접지분 26.2%, 한전과 지자체를 통한 간접지분 각각 20.5%, 7.9%로 정부가 지배주주이다.[70] 천연가스의 개발, 도입, 제조, 공급과 전국적인 가스공급망의 건설, 운영 등을 담당한다. 당초 한전(KEPCO)의 천연가스 사업본부가 가스공사로 발전되었던 것에서처럼, 한국에서 천연가스는 1986년 10월부터 인도네시아 LNG가 첫 수입되어 먼저 발전용으로 활용되었다가 1987년 2월 수도권 도시가스를 시작으로 생활용으로 확대되었다. 1997년부터 민간기업에 의한 천연가스 직도입이 허용되었지만, 여전히 가스공사는 세계 최대 LNG 바이어로서의 힘을 갖고 있다. 가스공사의 구매력을 활용한 석유공사와 지주회사(공기업)체제로의 합병이 2008년 논의된 적이 있었지만, 민영화와 공기업 축소 원칙에 벗어난다고 해 철회되었다.

가스공사는 2023년에 도시가스 1,800만 톤, 발전용 가스 1,600만 톤을 수입해 공급했다. 그리고 2023년 말 기준 전국에 5,166㎞의 천연가스 공급배관을 운영 중이고, 390㎞의 배관을 건설 중이다. 또한 2024년 기준 평택, 인천, 통영, 삼척에 대형 LNG 인도기지, 제주에는 중형 LNG 생산기지가 있고, 추가로 당진에 2025년 완공을 목표로 대형 LNG 인도기지 건설이 진행 중이다.

당초 가스공사는 주로 LNG 수입과 국내 공급을 주된 사업으로 만든 공기업이었지만, 1997년 국내 장기 도입 계약과 연계된 오만 OLNG 사업을 시작으로 해외자원개발사업에 참여하기 시작했다.[71] 그리고 2011년 자원외교가 본격화되면서 법개정을 통해 천연가스와 LNG 외의 '석유자원의 탐사·개발사업과 그와 관련된 사업'을 할 수 있도록 허용했다. 2008년 석유공사가 쿠르드 자치정부와 직접 석유딜을 한 것에 대한 불만으로 이라크 중앙정부가 한국석유공사의 이라크 유전 입찰 참여를 배제시켰을 때, 가스공사가 역할을 대신할 수 있었다. 당시 참여사업이 2009년 주바이르 유전(파트너 : ENI, 옥시덴탈), 2010년 바드라 유전(파트너 : 가스프롬, 페트로나스), 2010년 아카스 유전(파트너 : TPAO, 쿠웨이트에너지)이었다. 이명박 정부 이후 유전의 매각 등으로 2023년 말 기준, 탐사사업 3개, 개발·생산사업 9개, LNG사업 8개 등이 진행 중이다.

2024년 6월의 동해유전 부존가능성 발표 직후, 주가가 급등한 대표적 기업이다. 동해-1, 2 가스전사업에서 보다 저렴하게 가스를 공급받을 수 있었던 것에 기반한 판단으로 보인다.[72]

인펙스_ 탐사개발에 집중하는 일본 최대 석유기업

도쿄증권거래소 종목코드: 1605

인펙스(INPEX)는 2024년 〈포브스〉 선정 글로벌 2000에서 564위를 차지하는 일본 제일의 석유기업으로서, 상류사업인 탐사개발을 주로 담당한다. 정부 지분은 21.99%이고, 일본 경제산업성(METI)이 중요 결정에서 거부권을 행사할 수 있도록 황금주를 보유하고 있어 준공기업으로 보기도 한다.[73] 1997년 이후 부채에 허덕이던 일본석유공단(Japan National Oil Corporation, JNOC) 논란으로 인한 일본의 석유산업 개혁 과정에서 폐지되는 JNOC의 우량자산을 인펙스로 이전하고, 추가로

일본 INPEX의 시마네현 인근 탐사시추

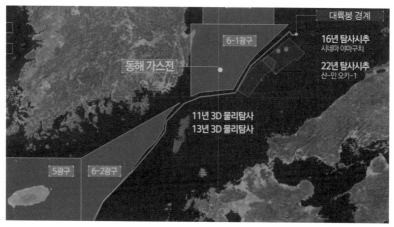

테이코쿠 석유와 합병시켜 일본식 메이저로 탈바꿈했다.[74)

국내 가스전으로는 미나미나가오카 가스전이 있는데, 일본에서 가장 큰 가스전 중 하나로서 1984년부터 생산되고 있고, 산닌지역(2022년), 니가타지역(2023년) 등 주변 대륙붕 탐사를 지속하고 있다. 해외유전으로 대표적인 것이 익티스 가스전과 아바디 가스전이다. 호주 익티스(Ichtys) 해상가스전은 인펙스가 운영자로서 개발한 최초의 대형 해양가스전으로서, 2023년 생산된 840만 톤 가스 중 590만 톤(일본 전체 LNG 수입물량 6,610만 톤의 8.8%)을 일본으로 도입했다. 또 다른 대형유전은 2000년에 인도네시아 해역에서 발견한 아바디 가스전(마셀라 가스전)으로서, 인펙스는 2020년대 후반에 최종 투자 결정을 내리고 2030년대 초에 생산을 시작하는 것을 목표로 하고 있다.

한국과 관련해, 인펙스는 우리 동해유전 개발지역에서 가까운 시마네-야마자키곶 인근에서 해상유전탐사를 2022년까지 실시했다. 30년만의 해상가스전 개발로 기대를 모았으나, 인펙스는 2022년 9월에 탄화수소는 있으나 상업생산에 충분하지 않다고 발표했다.[75] 우리의 동해심해가스전 시추탐사 지역과 근접한 곳에 있어 향후 귀추가 주목된다.[76]

타이완석유 _ 대만 전역의 가스까지 담당

타이완석유(CPC Corporation Taiwan, 臺灣石油, CPC)는 국민당정부가 타이완으로 이동하기 전인 1946년 6월 1일 상하이에서 설립되었으며, 초기에는 현재의 타이완 경제부 국유기업위원회의 전신인 자원위원회(Council of Resources)의 후원 하에 설립되었다. 1949년 중화민국(Republic of China, ROC) 정부가 타이완으로 이전함에 따라 본사가 타이베이에 설립되고 회사의 계열사가 경제부로 이전되었다. 사업 범위는 대만 전 지역에서 석유 및 가스의 수입, 조달, 탐사, 생산, 정제, 저장 및 유통을 포함해 대만 전역에서 수행된다. 2007년 2월 9일, 이사회는 회사의 영문 이름을 'Chinese Petroleum Corporation(中國石油股份有限公司)'에서 'CPC Corporation, Taiwan(臺灣中油股份有限公司, 약칭 中油)'으로 변경하는 것을 승인했다. 2016년 6월 17일, 본사를 수도 타이베이에서 남부의 항구도시 카오슝으로 이전했다.

CPC는 1959년부터 석유가스탐사개발을 시작했는데, 누적 2,000억 NTD(8조 4,000억 원)의 매출을 기록했다. 2022년의 경우 톈전(天山), 진수이(金水) 등의 유전에서 9.58mcm의 천연가스와 1,868kl의 콘덴세이트를 생산했다. 이에 따라 해상유전개발과 관련해 2012년 12월부터 CPC는 허스키에너지(Husky Energy International Corporation)와 협력해 타이난 분지의 심해 지역에서 탐사한 바 있다. 해외유전개발은 2022년 8개국에서 10개 프로젝트에 참여하고 있고, 인수합병(M&A) 활동은 위험이 낮고 자체 보유 매장량을 늘릴 수 있는 자산에 중점을 두고 있다. 대표적으로 일본의 인펙스가 운영자인 호주 익티스 해상가스전에 'OPIC Ichthys'라는 이름으로 2.625%를 지분투자해 생산에 들어갔다.

기후변화에 대한 대응으로 CPC는 대만의 안정적인 천연가스 공급을 보장하기 위해 LNG 수입처를 다각화하고 있다. 2021년 CPC는 미국 LNG 수입이 가장 많고, 카타르, 파푸아뉴기니, 호주, 인도네시아, 말레이시아에서 대부분의 LNG를 수입했다. 이와 함께 LNG 수입 터미널 확충을 위해 기존의 용안(카오슝항)터미널(1990년부터 운용), 타이중 터미널(2009년부터 운용 중)에 이어, 타이위안시에 관탕 터미널을 2025년 완공을 목표로 건설하고 있다.

한국과 대만 간에 국교가 있을 때는 한국과 CPC 간의 교류가 있었는데, 1967년에 CPC로부터 석유기술자 20명을 초청해 포항에서 석유탐사를 했고, CPC로부터 석유시추기를 빌려왔다.[77] 그리고 7광구 획정의 발단이 되었던 에머리 리포트의 내용이 만들어진 UN ESCAP의 1968년 동중국해 해양탐사 시 한국의 지질자원연구원 소속 구자학, 양성

진과 함께 미해군 해양조사선 헌트(Hunt)에 탑승한 C.Y. 멩(C.Y. Meng)은 타이완을 대표해 동승한 CPC의 전문가였다.

동아시아 공기업 현황 [78)

	매출	수익	직원 수	매장량	생산량(1일)
한국석유공사	8,465억 원	1,788억 원	1,432명	9.4억 boe	14만 boe
한국가스공사	44조 원	-7,474억 원	4,251명	7.5억 boe	7.7만 boe
인펙스	145억 달러	21억 달러	3,531명	약 35.7억 boe	63만 boe
CPC	1조 2,218억 tdm	-1,875억 tdm	16,682명		

출처: 각 사 홈페이지, 사업보고서 등

5

해양석유생산기업

    세계적으로 해양석유개발이 증가하고 있다. 리스타드 통계에 따르면 2023년 해양석유생산 기준으로 10대 기업 안에는 페트로브라스(브라질), 에퀴노르(노르웨이) 등 국영석유기업과 BP, 쉐브론, 쉘, 토탈, ENI 등 메이저기업, 독립기업인 우드사이드(호주), 인펙스(일본)가 있다.[79] 남미 석유가스개발의 경우 2020~2030년 사이에 70%는 해양석유가 될 것으로 예상되고 있다.[80] 해양석유개발을 블루이코노미와도 연계되는데, 브라질의 경우 프리솔트 석유의 로열티 중 매년 4억 BRL(960억 원 상당)은 SEAS(State Secretariat for the Environment and Sustainability of Rio de Janeiro, 리우데자네이루의 환경 및 지속 가능성을 위한 주 사무국)의 블루 이코노미(Blue Economy)를 위한 환경정책 실행자금으로 제공되고 있다.[81]

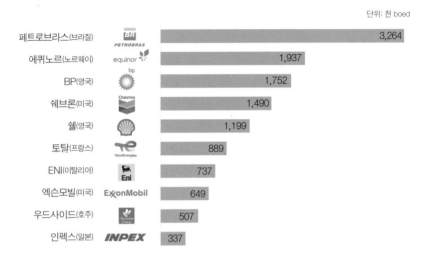

세계 10대 해양석유가스 개발기업 (2023년 기준)

단위: 천 boed

페트로브라스(브라질)	3,264
에퀴노르(노르웨이)	1,937
BP(영국)	1,752
쉐브론(미국)	1,490
쉘(영국)	1,199
토탈(프랑스)	889
ENI(이탈리아)	737
엑슨모빌(미국)	649
우드사이드(호주)	507
인펙스(일본)	337

페트로브라스_ 브라질 국영석유기업

뉴욕증권거래소 종목코드: 보통주 PBR, 우선주 PBRA

페트로브라스(Petroleo Brasileiro S.A., Petrobras)는 2024년 〈포브스〉 선정 글로벌 2000에서 54위를 차지하는 브라질의 국영석유기업이다.[82] 1938년 바가스 대통령이 석유개발정책과 석유산업 발전을 관리하기 위해 설립한 국가석유위원회(CNP)를 설립해 석유개발을 촉진시켰고, 1950년대에 재집권해 '석유는 우리 것(O petróleo é nosso)'라는 구호 아래, 1953년에 브라질의 모든 석유산업활동을 집행할 국영기업 페트로브라스를 설립한다. 이후 페트로브라스는 석유개발에 대해 40년간 독점적 지위를 가졌는데, 1997년 카르도소 대통령 재임기인 1999년 10월

프리솔트(pre-salt)석유가 무엇일까?

프리솔트는 남미 브라질과
아프리카 앙골라 해안의 해양 분
지의 두꺼운 소금층 아래에 위치
한 일련의 유전을 말한다. 이것은
수백만 년 전 붙어있었던 남미와
아프리카가 분리될 때 형성되었
다고 한다. 대규모의 석유와 천연
가스가 두꺼운 소금층 아래에 위
치해 있어 추출이 어렵고 비용이
많이 든다. 그러나 여기서 발견되

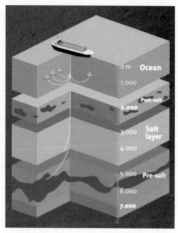

출처: https://petrobras.com.br/en/pre-sal#4500m

는 석유는 고품질이며 다른 석유가스에 비해 오염 물질 배출이 적다고 한다.
브라질은 해수면 아래 4,000~ 6,000미터 위치한 프리솔트 석유 발견으로 인
해 글로벌 에너지 시장에서 중요한 위치를 차지하게 되었다.

에 10개 외국 기업과 양허계약을 체결했으며, 페트로브라스는 부분적
으로 민영화되었다.[83]

페트로브라스가 운영하는 유전은 브라질 석유가스생산의 88%를
담당하고 있고, 생산의 90% 이상이 해양유전에서 이루어지고 있다.
페트로브라스의 해양유전의 특이점은 프리솔트(pre-salt) 지역에서 개발

된다는 점인데, 조광계약이 아닌 PSC로 운영되고 있고, 2016년 일산 100만 배럴, 2022년 일산 2억 배럴을 돌파하는 기록을 세운다.[84] 산토스 분지(Santos Basin)와 캄포스 분지(Campos Basin)에서 주로 생산이 이루어지는데, 심해 개발 경험을 가진 쉘, 토탈 등 메이저들과 함께 생산이 이루어지고 있다.[85] 대형 해양유전이 발견되고 있는 가이아나와 수리남에 인접한 적도 지역에 2028년까지 31억 달러를 투자해 16개의 유정을 시추할 계획이다.

한국과 관련해 페트로브라스는 해양석유개발에 필수적인 시추선, FPSO(부유식 생산저장하역설비) 발주를 대규모로 해 우리 조선사의 주요 고객이다.[86] 이와 함께 2024년 10월에는 한화드릴링(드릴링 전문기업)이 브라질 국영 에너지 기업과 5억 달러 상당의 용선 계약을 맺기도 했다.

에퀴노르_ 노르웨이의 국영석유회사

뉴욕증권거래소 종목코드: EQNR

에퀴노르(Equinor)는 노르웨이 정부 지분이 67%인 국영석유회사로서, 2007년 기존의 노르웨이 석유공기업인 스타토일(Statoil)과 노르스크 하이드로(Norsk Hydro)의 석유가스 부문의 합병으로 탄생했다. 2018년 5월에 합병회사의 명칭을 Statoil에서 Equinor(형평, 평등을 뜻하는 Equi+노르웨이를 뜻하는 Nor)로 변경했다. 2024년 〈포브스〉 선정 글로벌 2000대 기업 중 80위다. 에퀴노르의 전신인 Statoil은 1969년 필립스의 에코피스크 해상유전의 발견으로 본격화된 북해(North Sea) 대륙붕 석유가스자산의 관리와 석유가스개발을 위해 1972년에 설립되었다.[87] 국영기업으로서 통상산업어업부(Ministry of Trade, Industry and Fisheries) 장관과 주요 사안을 논의해야 하고 의회에 연례보고서를 제출해야 한다. 에퀴노르의 국영기업으로서의 역할을 2024년 6,727억 NOK(약 85조 4,000억 원)의 재정수입 등 석유산업이 거시지표에서 차지하는 비중에서도 알 수 있다.[88]

스핏피요르드를 시작으로 한 에퀴노르의 해양유전개발은 북해와 노르웨이 연안에서 2/3의 생산을 차지하는데, 46개의 에퀴노르 운영유전과 7개의 파트너사 운영유전을 통해 생산되고 있다. 에퀴노르 생산의 17%가 이루어지는 미국에서는 멕시코만에서 주로 탐사활동이 이루어지고 있다.

에퀴노르는 2014년에 한국에 사무소를 개설하고 한국 조선소의 대형 해상플랫폼 및 선박 건조를 지원하고 해상풍력분야에서 협력하고 있다. 에퀴노르 생산의 대부분이 북해 대륙붕이고, 아시아는 일부 석유제품의 판매 정도만 하고 있어 한국의 대륙붕 개발에의 참여 가능성은 적어 보인다. 하지만 자국 대륙붕 유전관리 및 개발을 성공적으로 해온 에퀴노르는 벤치마크의 대상이 될 수 있을 것이다.

석유산업이 노르웨이 경제에서 차지하는 비중

20%   31%   20%   44%

GDP에서의 비중   국가 수입에서의 비중   총 투자에서의 비중   총 수출에서의 비중

출처: Norwegian Petroleum 홈페이지

우드사이드_ 호주 최대의 석유개발기업

호주증권거래소 종목코드: WDS

우드사이드(Woodside Energy)는 2024년 〈포브스〉 선정 글로벌 2000에서 505위를 차지하는 호주의 석유기업이다. 서호주 퍼스에 본사를 두고 있으며, 호주 최대의 석유개발기업이다. 호주 빅토리아주의 작은 마을 이름을 따 1953년 설립했을 당시에는 깁스랜드 분지의 석유탐사기업들을 지원하는 서비스기업이었으나, 서부로 이전해 'Northwest Shelf(북서부대륙붕)'의 가능성을 보고 본격적으로 석유탐사에 뛰어들었다. 2022년에는 자원에너지기업인 BHP의 석유 및 가스부문(BHP Petroleum, BHPP) 포트폴리오 인수를 완료해 글로벌 에너지 회사로 위상을 높였다.

생산과 매장량의 70%가 가스일 정도로 우드사이드는 기후변화 전환에너지인 LNG에 포커스를 두고 있다. 생산자산은 호주, 멕시코만,

카리브해, 세네갈, 동티모르 및 캐나다에 분포하고 있다. 향후 계획으로는 세네갈에서는 2024년 생산, 멕시코 트리온 프로젝트는 2028년 생산을 목표로 하고 있고, 호주의 스카버러 에너지 프로젝트(Scarborough Energy Project)는 2026년 첫 번째 LNG 카고를 목표로 하고 있다.

한국과 관련해서는 2007년부터 2022년까지 한국의 동해에서 탐사 활동을 해왔다.[89] 다만 우드사이드는 2023년 반기보고서를 통해 한국의 탐사 포트폴리오는 더 이상 유망하지 않은 것으로 보고 사업을 종료한다고 언급했는데, 이에 대해 한국 정부와 한국석유공사는 우드사이드의 철수 결정이 사업성과와는 별개이며, 우드사이드 철수 결정 이후 추가 자료를 포함해 동해유전의 평가작업을 진행했다고 설명했다. 한 가지 주목할 점은, 우드사이드가 운영하는 그레이터 선라이즈 유전(지분 33.44%를 가진 우드사이드가 운영자)이 호주-동티모르 해양경계(중간선)에서 동티모르에 좀 더 가까운 쪽에 있음에도 호주가 가진 탐사 개발의 기득권을 어느 정도 인정받았다는 점이다. 이는 한일 간 해저 지형과 유사한 사례에서 해양경계획정과 공동개발체제가 어떻게 만들어질 수 있는지에 대한 참고 사례이다.

주요 해양석유기업의 2024년 현황

	매출	순이익	직원 수	매장량	생산량(1일)
페트로브라스	1,024억 달러	250억 달러	46,730명	108억 boe	290만 boe
에퀴노르	1,071억 달러	119억 달러	23,000명	52억 boe	208만 boe
우드사이드	134억 달러	16.6억 달러	4,667명	24.5억 boe	187만 boe

6

석유개발 서비스기업

석유개발 서비스기업은 석유개발사들이 석유탐사생산과 관련된 특화된 전문 서비스를 제공한다. 서비스의 종류에는 탄성파 분석, 시추 및 생산 서비스, 유전 장비 유지보수, 지질학적 저류층 서비스, 지원 서비스(식자재, 보안, 근무자 운송)가 있다. 서비스기업은 통상 석유생산의 지분을 갖지 않으며 계약을 기반으로 근무한다. 석유개발 서비스기업이 저유가 시기에는 비용절감 노력을 하게 되는데, 이는 유전개발비용의 절감으로 이어져 석유가스사업의 배럴당 손익분기점 가격을 낮추는 경향이 있다.

슐럼버거_ 미국 유전 서비스, 세계 최대 해양시추회사

뉴욕증권거래소 종목코드: SLB

　슐럼버거(Schlumberger NV, 약칭 SLB)는 미국의 유전 서비스회사로서, 2023년 매출 기준으로 세계 최대의 해양시추회사(331억 달러)이기도 하다. 2024년 〈포브스〉 선정 글로벌 2000에서 263위를 차지하고 있다. 석유산업역사에서 시추공 로깅(well logging, 시추공에 의해 관통되는 지질 구조에 관한 기록을 하는 것)의 선구자이기도 한데, 이는 슐럼버거 형제가 개발한 것이다. 1926년 모회사가 설립되고 1934년에 슐럼버거 유정조사회사(Schlumberger Well Surveying Corporation)를 텍사스주 휴스턴에 설립하면서 발전해왔다. 특히 2010년에 석유 장비 및 서비스회사인 스미스 인터내셔널(Smith International)을, 2016년에 유전장비 글로벌 공급업체인 카메론 인터내셔널(Cameron International) 등 석유 서비스 관련 기업들을 인수합병해 경쟁력을 제고했고, 2022년에는 사명을 SLB로 변경했다. 주요 주주는 뱅가드그룹(9.2%), 블랙록(7.6%) 등이다.

　SLB는 3개 핵심부문인 저류층 생산성 최적화, 유정 건설, 생산 시스템 부문으로 나뉘어 있다. SLB는 여타 석유 서비스업체처럼 역사적으로 오일쇼크처럼 유가가 높은 시기에는 기록적인 수익을 남겼고, 1980년대처럼 저유가 시기에는 많은 적자를 기록했다. 현재의 매출 구조는 전 세계 100개국 이상에서 사업을 진행하고 있어서 대륙별로 골고루 분포하고 있고 특히 최근 사우디아라비아, UAE, 이집트, 동지중해 지역에서 매출이 급증하고 있다.[90] 해상유전 서비스에서는 브라질, 앙골라에서 큰 성장세를 보이고, 멕시코만, 가이아나, 노르웨이에서 견조한 성장세를 보이고 있다.

한국석유공사가 2008년에 석유개발사업을 본격화하면서, 자체 역량으로 확보가 어려운 기술을 확보하기 위해 전략적 제휴를 검토했던 회사 중 하나가 SLB이다.[91] 2022년 말에 석유공사와 우드사이드의 동해심해가스전 탐사 유망성 관련 자료를 재평가(peer review)한 바 있고, 웨스트 카펠라의 1차 탐사시추 시 '이수검층(mud logging)'을 담당하게 되었다.[92]

베이커 휴즈 _ 유전 서비스부터 애프터마켓 서비스까지

뉴욕증권거래소 종목코드: BKR

베이커 휴즈(Baker Hughes)는 미국의 유전 서비스회사로서, 1987년 베이커 인터내셔널(Baker International)과 휴즈 툴(Hughes Tool Company)이 합병해 만들어진 회사이다. 2024년 〈포브스〉 선정 글로벌 2000에서 455위를 차지하고 있다. 2017년에 GE오일앤가스(GE Oil and Gas)와 합병했지만, 1년 후 다시 분리되었다. 2022년에는 기존 유전 서비스(OFS), 유전 장비(OFE)을 유전 서비스 및 장비부문(OFSE)으로 통합하고, 터보 기계 및 프로세스 솔루션(TPS)과 디지털 솔루션(DS) 부문을 통합해 에너지기술 부문으로 조직을 단순화했다. LNG 설치기반 증가에 힘입어 강력한 애프터마켓 서비스 성장을 새로운 핵심사업으로 발전시키고자 하고 있다. 뱅가드그룹과 블랙록이 각각 10% 이상의 주식을 가지고 있다.

베이커 휴즈의 유전 서비스 및 장비(OFSE)부문은 중동에서 입지를 공고히 하고 북해와 사하라 사막 이남 아프리카에서 입지를 확대하면서, 해상유전에서는 주요 생산 설비인 씨베드 트리(seabed tree)시장의 25% 이상을 점유하고 있다. 시추 포트폴리오를 포함한 유정 건설 및 생산 솔루션에서 크게 성장하고 있고, 산업 및 에너지기술(IET)부문은 2023년에 56억 달러의 기록적인 LNG 사업을 기록했고, 2017년 이후 210MTPA(연간 2억 1,000만 톤)의 신규 LNG 용량 중 207MTPA의 LNG 시장에서 역할을 하게 될 것으로 예상하고 있다. 동해심해가스전사업과 관련해, 베이커 휴즈는 1차 탐사시추에서 시추작업 시 장비나 이물질이 유정 안에 빠졌을 때 이를 꺼내는 작업(fishing)과 시추공 폐쇄작업(Plug&Abandonment, P&A)을 베이커 휴즈 싱가포르 법인이 담당한다.[93]

할리버튼_ 독보적인 시멘팅 기술 보유

뉴욕증권거래소 종목코드: HAL

할리버튼(Halliburton)은 1919년 얼 할리버튼(Erle P. Halliburton)에 의해 설립된 미국의 석유 서비스회사로서, 석유가스의 탐사, 개발, 생산과 관련한 서비스를 제공한다. 2024년 〈포브스〉 선정 글로벌 2000에서 510위를 차지했다. 초기에 시멘팅 기술로 독보적인 입지를 확보했고,

1938년에는 루이지애나에서 해상유전에서의 시멘팅을 하는 등 이후 사업의 확장 속에서도 시멘팅은 할리버튼의 주요 수익원이 되었다. 1995년 딕 체니가 이 회사의 회장이 되고 난 후 1998년 드레서 인더스트리(Dresser Industries)와 합병을 통해 슐럼버거(Schlumberger)와 함께 양대 석유 서비스회사가 되었다. 할리버튼의 매출구조는 석유 서비스시장이 가장 큰 북미에서 46%로 제일 비중이 크고, 중동 및 아시아(25%) 순인데, 이는 '북미시장 가치 극대화'라는 영업 방향과 관련이 있다.

1962년에 합병한 해양플랜트, 석유화학플랜트, 군사기지 건설 전문의 브라운앤루트(Brown and Root)와 1990년대 말 매입한 M. W. 켈로그(M. W. Kellogg)를 합쳐 자회사 KBR(정유, 유전, 파이프라인, 화학플랜트)을 설립했는데, 딕 체니가 부통령이었던 이라크 전쟁 직후 시기에 KBR이 입찰 없이 수의 계약을 했다는 것, 2010년의 BP가 멕시코만에서 시추선 딥워터 호라이즌(Deepwater Horizon)의 유정 케이싱 밀봉과정을 감독하기 위해 할리버튼을 고용했는데, 대형 석유유출사고 발생과 관련해 할리버튼이 미국 법원으로부터 'negligent(태만한, 부주의한)'했다는 지적을 받은 점이 회자되기도 한다.

플루어_ 해양시추와 오염 방지 제품 생산

뉴욕증권거래소 종목코드: FLR

플루어(Fluor Corporation)는 세계에서 가장 큰 해양시추회사 중 하나이며 오염 방지 제품의 주요 생산업체이다. 다국적 엔지니어링 건설회사이기도 한 플로어는 2024년 〈포브스〉 선정 글로벌 2000 중 1,982위이다. 1912년 존 심슨 플루어(John Simpson Fluor)가 설립한 플루어건설(Fluor Construction)이 모체인데, 석유가스 산업에 수반되는 정유화학 공장, 파이프라인 및 기타 시설을 건설해 처음에는 캘리포니아에서, 그다음에는 중동 및 전 세계적으로 빠르게 성장했다. 1960년대 후반에는 석유시추, 석탄채굴 등으로 사업을 다각화했는데, 휴스턴에서 심해석유기술(Deep Oil Technology)이라는 회사로 심해석유탐사사업을 시작했고, 1968년 플루어해양서비스(Fluor Ocean Services)를 설립했다. 1980년대에 석유사업을 매각하고, 석유시장에만 의존하는 취약한 구조를 개선하기 위해 1990년대에 새로운 사업으로 장비대여, 인력파견, 건설·금융, 핵폐기물 정화 프로젝트 및 기타 환경작업을 추가했다. 이라크전쟁 후 재건, 알래스카 횡단 파이프라인 시스템 건설과 관련된 프로젝트를 수행했다.

회사는 석유가스생산, LNG, 발전소 등을 담당하는 에너지 솔루션(Energy Solution)부문, 생명과학, 인프라 등 어반 솔루션(Urban Solution)부문, 핵폐기물 처리, 재난복구사업, 안보 분야 지원을 담당하는 미션 솔루션(Mission Solution)부문으로 나뉜다. 2023년의 경우, 전체 매출(155억 달러)

의 2/3인 105억 달러는 북미에서 발생하고 있고, 셰일가스 등 비전통 석유가스 프로젝트가 65%를 차지한다. 신규 수주의 76%가 북미 이외 지역에서 발생하고 있어 북미 일변도에서 벗어날 것으로 보인다.

중국 유전복무 역분유한공사_ 세계에서 가장 많은 시추선

상하이증권거래소 종목코드: 601808

중국 유전복무 역분유한공사(China Oilfield Service Limited, COSL)는 석유 탐사와 시추를 담당하는 중국의 국영석유서비스기업으로서, CNOOC의 상장자회사이다. 주로 시추선 등 해상작업선(offshore vessel)을 빌려 CNOOC의 해외 해상유전사업에 참여하고 있다. COSL은 중국 해양시추 서비스시장의 95%, 해양 지원 및 운송시장의 70%, 유정 조사 서비스시장의 60%, 탄성파 데이터 수집시장의 50% 이상을 점유하고 있다. 2008년에는 노르웨이의 석유가스 굴착장비 운영업체인 AWO(Awilco Offshore)를 약 25억 달러에 인수했는데, COSL의 시추선 확충과 국제화를 위한 인수로 보인다. 2024년 기준 세계에서 가장 많은 시추선을 보유하고 있다. 유정 서비스, 시추, 해양지원, 탐사부문 중 유정 서비스가 매출의 58%, 수익의 83%를 차지하고 있다. 시추와 관련해서는 1만 피트 수심, 3만 5,000피트 시추까지 가능한 것으로 설명하고 있다.

석유 서비스기업 현황

2023년 기준	매출	수익	직원 수
슐럼버거	331.4억 달러	42억 달러	97,051명
베이커 휴즈	255억 달러	19.7억 달러	58,000명
할리버튼	230억 달러	26.3억 달러	47,885명
플루어	155억 달러	1.39억 달러	58,000명
COSL	4,411억 위안	32억 위안	15,472명

출처: 각 사 2023년도 연간사업보고서

3부

해양석유개발

1

해양유전에 대해

한국이 산유국이 된다면 대왕고래 프로젝트나 7광구 등 해양석유 가스개발을 통해 실현될 가능성이 높다. 해양유전개발은 육상유전개발의 자연적인 연장이긴 하지만, 나름의 특징이 있다. 육상유전에 비해 많은 비용이 드는 데 반해, 일단 발견된 해양유전은 매우 높은 생산성을 보이는 경향이 발견되고 있다. 2015년 이후의 저유가시기를 거치면서 석유개발 서비스회사의 비용경쟁력 제고로 2014년과 2018년 사이에 30%, 그 이후 16% 추가 비용절감이 이루어져, 2020년 기준으로 심해석유개발의 손익분기점은 배럴당 평균 43달러가 되었다.[1] (참고로, 2024년 10월 말 기준 두바이유는 배럴당 72달러이다.)

이러한 배경에서 해양유전개발을 중심으로 브라질, 노르웨이, 모잠비크, 가이아나와 같은 신흥 산유국이 등장하고 있는데 해양유전의 기본적인 내용을 소개한다.

해양유전개발의 역사

해양유전개발은 해안저조선(썰물선)의 바다 쪽에서의 석유가스 개발이며, 전 세계 석유가스생산의 약 30%를 담당한다. 해상유전개발은 육상유전 개발의 자연스러운 확장 과정에서 나타났는데, 세계 최초는 1877년 개발된 아제르바이잔 바쿠의 비비-헤이밧(Bibi-Heibat) 유전이었고, 미국 최초의 해상 유정은 1897년 캘리포니아 섬머랜드 해안에서 300피트 떨어진 부두 끝에서 시추한 것이었다. 초기 해양시추는 수심 300피트 미만의 연안에서 이루어졌다.[2] 진정한 해양유전개발(육상에서 보이지 않는 시야 밖 바다에서의 유전개발)은 1947년 커맥기석유산업(Kerr-McGee Oil Industries, 현재 옥시덴탈에 합병됨)가 루이지애나주 해안에서 10.5마일 밖의 얕은 바다(수심 20피트)에서 이루어졌다.[3]

미국에 이어 1960년대 후반의 북해유전 발견으로 북해가 해양유전개발의 무대가 되었고, 뒤이어 브라질 캄포스 분지, 서아프리카 해

얕은 바다, 심해, 초심해 구분의 다양한 견해

	얕은 바다	심해	초심해
1980년대	수심 243m 이하	수심 243m 이상	
2008년[4]	수심 457m 이하	수심 457m ~ 2,133m	수심 2,133m 이상
리스타드 사례[5]	수심 125m 이하	수심 125m ~ 1,500m	수심 1,500m 이상
《Oil 101》 견해[6]	수심 304m (1,000피트) 이하	수심 304m ~ 762m (2,500피트)(대륙사면의 일부)	수심 762m~3,657m (12,000피트)

주요 해양유전의 수심

유전명	특징	지역	수심
카샤간(Kashagan)	카스피해 대형유전	카스피해	3.5m(11.5피트)
사파니야 (Safaniyah)	세계 최대 규모 해양유전	사우디아라비아 걸프만	20m(66피트)
베트남 15-1	석유공사가 해외에서 성공한 해양유전	베트남 남동부해안	50m(164피트)
웨스트 마두라	한국 최초 해외 석유개발 성공	인도네시아	60m(197피트)[7]
에코피스크 (Ekofisk)	노르웨이의 북해 최초 해양유전	북해	76.2m(250피트)
핑후(Pinghu)	동중국해 최초 개발 가스전	동중국해	90m(295피트)
브렌트(Brent)	유럽산 벤치마크 오일 생산	북해	140m(460피트)
동해가스전	한국 대륙붕 최초 생산유전	한국 동해	152m(498피트)
익티스(Ichthys)	일본 인펙스가 운영자로 개발에 성공한 최초 해양유전	호주 북서부 해안	250m(820피트)[8]
오멘 란지 (Omen Lange)		북해	1,188m(3,900피트)
리바이어단	이스라엘 에너지 자립의 기반이 된 대형가스전	지중해 이스라엘 서해안	1,500m(4,900피트)
리완 4-1	CNOOC가 2024년 발견한 대형가스전	중국 주강 해안분지	1,650m(5,400피트)
로부마(Rovuma) Area 4		동아프리카 모잠비크 동해	1,500~ 2,300m (4,921 ~ 7,545피트)[9]
가이아나 스타브록	가이아나를 주요 산유국 반열에 올린 해상유전	남미 가이아나 북동쪽 해안	1,743m(5,719피트)
잭 No.2 (Jack No.2)		미국 멕시코만	2,133m(7,000피트)
룰라(Lula)[10]		남미 브라질 동해	2,247m(7,373피트)[11]
라야(Raya)-1		남미 우루과이 해안	3,400m(11,156피트)
앙골라 블록 48[12]	세계 최심해 유전, 2020년 개발	서아프리카 앙골라 해안	3,628m(11,902피트)

안(나이지리아, 앙골라 등), 카스피해, 멕시코 캄페체만의 칸타렐 유전 등 새로운 해양유전이 나타났다.[13]

해양유전개발 자체의 위험부담과 육상유전 대비 4~5배의 생산비용에도 불구하고 해양유전으로 가는 이유는 육상유전 생산의 한계로 생산여력을 새로운 곳에서 찾아야 하기 때문이다. 사우디아라비아가 생산량 유지와 세계 유일의 스윙 프로듀서(swing producer)의 지위를 유지하기 위해 해양유전을 본격 탐사 개발하면서 2004년과 2008년 사이 시추선 임대료가 일당 3만 달러에서 15만 달러로 급등하기도 했다.[14] 2024년 기준 세계에서 가장 큰 해양유전은 1951년 발견된 사우디아라비아의 사파니아(Safaniya) 유전인데, 2,200km²(참고로 제주도 1,848km²) 면적에 매장량이 약 370억 배럴이다.[15]

해양유전개발 현황

1970년대에 해양유전은 비전통적 탄화수소(non-conventional hydrocarbon)로 분류되었는데, 이는 기술 부족으로 인해 수심 200m보다 깊은 바다의 석유가스는 생산이 너무 어렵고 과도한 비용을 필요로 했기 때문이다.[16] 석유개발 서비스기업인 테크닙의 분석에 따르면, 드릴링 기간을 30~100일로 보면 해양유전의 경우, 탐사비용이 800만~2,000만 달러가 소요되는 반면, 육상유전은 약 200만~500만 달러가 든다고 보았다[17].

또한 해양유전은 해상구조물이 비용의 큰 비중을 차지하고 있다.[18] 특이한 점은 예전에는 콘덴세이트 같은 비전통적 탄화수소는 매장량 산출에 포함시킨 데 반해, 채굴이 어려운 해저석유자원은 매장량(proven reserve)에 포함하지 않았다는 것이다. 이유는 매장량의 정의 자체가 현재 또는 가까운 미래에 경제적, 기술적 관점에서 채굴 가능해야 한다는 점을 담고 있기 때문이다.[19]

하지만 최근 기술의 발전은 심해시추의 중요성을 더하고 있다. 심해지역 공당 시추비용이 줄어들었고, 탐사성공률이 육상과 얕은 바다

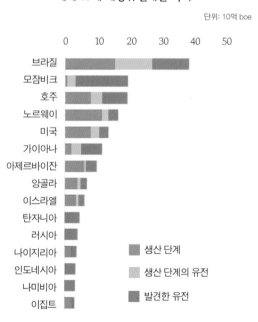

세계 15대 해양유전개발 국가

단위: 10억 boe

출처: 세계지식포럼 2024, 바다와 유전 세션(9월 10일) 발표자료

처음 공부하는 석유·가스 산업

보다 높아져서, 심해와 초심해에서 발견된 석유가스가 경제성이 있는 것으로 판단되는 비율이 각각 45%, 55%나 된다고 한다. 또한 유정 1개당 초심해 유정은 얕은 바다보다 4배, 육상보다 6배의 매장량이 발견된다고 한다.[20] 이러한 가운데, 기존의 산유국과 다른 국가들이 해양유전개발에서 두각을 나타내고 있다.

2

해양유전개발의 순서

해양유전개발의 순서는 육상유전과 크게 다르지 않다. 다만, 상대적으로 어려운 작업환경에서 추가적인 설비와 비용, 주의가 요구된다. 다음에서는 유전개발의 일반적 내용의 순서에 따라 정리하면서 해양에 특수한 내용을 설명하고자 한다.

광구취득

광구취득 단계에서는 석유가스가 발견될 만한 해양광구를 탐색한 후, 광구에 대한 탐사권과 개발권을 확보하는 것을 목표로 한다.[21] 통상 역사적으로 많이 나왔다고 하는 곳(이란, 아제르바이잔 등)이나 지질 측면에서 좋은 분지(남미 북동부의 분지 등)을 고려하면서, 유망성 여부를 판단을 위해 해당 또는 인근 지역의 기존 조사 결과 등을 분석한다. 가이아나 스타브룩 해상광구의 경우, 그 남쪽에서 있었던 예전 탐사에서 석유가스의 존재 가능성은 확인했기 때문에 엑슨은 이를 바탕으로 광구를 확보하고 탐사를 진행했다. 이와 함께, 경제성 확보 및 정치적 리스크 여부를 평가하기 위한 정보도 수집 분석하게 된다.

광구를 취득하는 방법에는 해당 소유권자와의 직접 협상과 공개 경쟁방식이 있다. 직접 협상의 경우, 비공개적으로 이루어지기 때문에 해당 광구 소유권자(주로 정부)는 특정 기업을 유치할 수 있고, 참여기업은 유망광구를 불확실성 없이 취득할 수 있는 장점이 있으나, 가격에 대한 불확실성이 존재하는 단점이 있다. 반면 공개입찰의 경우 투명성을 확보할 수 있으나, 유찰(입찰 무효)될 가능성이 있다. 이미 다른 주체가 광구에 대한 탐사, 개발, 생산권리를 보유하고 있는 경우, 해당 자산 또는 권리 일부 내지 지분을 사는 방법(Farm-in)이 있으며, 해당 자산을 보유하고 석유개발활동을 수행하는 기업을 인수(M&A)하는 방법이 있다.[22]

한국이 2010년대 해외유전개발을 하면서 M&A가 선호되었는데, 석유가스생산이 진행 중인 생산광구 지분 확보를 통해 신속하게 지분석유를 늘리고자 함이었다. 에너지안보의 수치목표인 자주개발율(국내기업이 개발한 석유가스/국내석유가스 수요)을 높일 수 있기 때문이다. 당시는 석유기업 M&A도 국가 간 경쟁이 치열해 성공사례와 실패사례가 혼재했다.[23]

탐사 단계

탐사 단계는 해저 하층토 아래에 석유가 있는지 파악하고 얼마나 매장되어 있는지 확인하는 단계이다. 대표적인 작업으로는 지표지질조사, 물리탐사와 탐사시추, 평가시추 등이 있다.[24]

지표지질조사 작업은 지층이 언제 만들어졌는지, 근원암과 저류층이 발달해 있을 가능성, 화산활동·습곡·단층과 같은 시각운동이 있었던 흔적과 지층의 형태 등을 조사해 석유가 부존할 가능성을 예측하는 단계이다. 지질조사는 항공사진을 찍고 지표사진을 판독한 후 직접 탐사를 통해 퇴적분지에 있는 암석층의 종류, 습곡과 단층, 균열대 등을 직접 탐사한다. 지질학자들이 현장답사에서 확보한 각종의 정보를 지표조사에 활용한다.

물리탐사는 여러 가지 측정을 통해 지하에 어떻게 암석이 분포하는지, 퇴적분지가 있는지 여부를 판단해 석유 부존 가능성이 높은 유망구조를 찾아내는 작업이다. 주요 방법으로는 중자력 탐사, 탄성파 탐사 등이 있으며, 자료를 취득하고 전산 처리 및 해석하는 과정을 거친다. 중자력 탐사는 자력이 반응하는 정도의 차이를 활용해 중력과 자력값을 측정하고 이를 통해 지하의 암석분포와 퇴적분지의 존재를 판단하는 것이다. 지하에 분포하는 암석의 밀도와 자력의 물성 차이를 이용해 지하의 암석을 분포하고 퇴적분지가 존재하는지를 판단하는 방법이다. 탄성파 조사는 지표 또는 해상에서 인위적으로 탄성파(진동이나 충격으로 발생하는 파동)를 발사하고 지하지층의 다른 매질의 경

유전 구조(배사구조 기준)

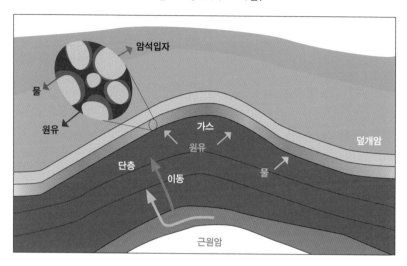

암석입자

물

원유

가스

원유

덮개암

단층

이동

물

근원암

계선에서 탄성파가 반사되어 돌아오는 시간과 에너지를 저장하고, 전산 처리와 해석을 거쳐 석유 부존 가능성이 높은 유망구조의 이미지를 도출해내는 것이다. 데이터처리 기술의 발전과 이것을 3D 데이터에 적용함으로써 해양석유가스 발견이 예전보다 용이해졌다고 한다.

탐사시추

탐사시추는 물리탐사에서 유망하다고 판단한 구조를 직접 파서 석유가 있는지, 상업성이 있겠는지를 판단하기 위한 정보를 수집하는 단계이다. 시추공 내에 측정 장비를 들어가게 하고 지층에서 자연적으로 발생되는 물리현상을 기록하고, 인공적 음파, 중성자, 전자 등을 발사한 후 이에 대한 반응을 기록하고 해석하게 된다. 이를 통해

중자력 탐사[25]

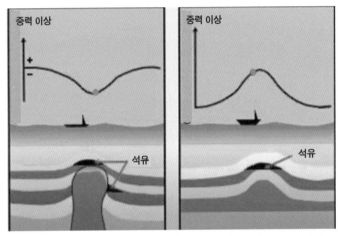

출처: https://www.youtube.com/watch?v=sf2uv83GuxU

탄성파 조사[26]

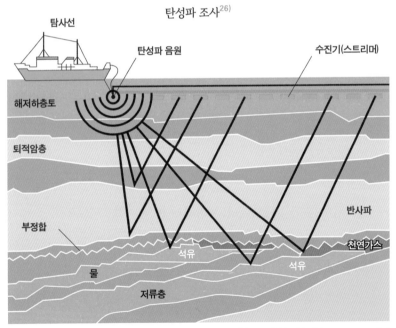

출처: https://petroleumexplorers.blogspot.com/p/normal-0-false-false-false-en-us-x-none.html

석유매장량, 저류암에서의 흐름, 석유의 질을 파악할 수 있게 된다. 탐사시추로 부존 여부와 부존량을 확인해야 경제성 판단 후 매장량 (reserve) 항목으로 분류할 수 있으며, 탐사시추가 수행되지 않은 상태에서는 자원량(resource) 항목으로 분류한다. 한국 석유개발 역사에서 우리의 대륙붕에서의 탐사시추 횟수가 2024년 3월 말까지 총 47회에 이른다.[27] 2024년 12월부터 2025년 1월까지 시드릴사로부터 빌린 드릴십인 웨스트 카펠라호를 통해 대왕고래구조에서 하는 것이 탐사시추이다.

시추정의 구분

시추정은 석유개발 단계에 따라 탐사정, 평가정, 생산정으로 구분된다. 탐사정(exploratory well)은 새로운 석유가스(유층)를 찾기 위해 굴착한 유정이다. 평가정(appraisal well)은 발견된 석유가스의 가치평가를 위해 시굴하는 것으로서 유전의 개략적인 윤곽을 평가하고 매장량 규모를 산정하기 위한 것이다. 경우에 따라서는 평가정을 생산정으로 전환할 것을 생각하고 미리 준비하는 경우도 있다. 생산정은 이미 발견되고 평가가 완료된 유정에서 최대한 석유, 가스를 생산하기 위해 굴착하는 것이다. 그리고 주입정이 있는데, 최초 생산 이후 유정의 압력이 하락하면 압력을 유지하기 위해 물이나 가스 등을 주입하기 위해 파는 것이다.

그리고 시추 각도에 따라서 수직정, 수평정으로 분류하고 중간 정도를 경사정이라 분류한다. 수직정(vertical well)이 통상이나, 수평 유정

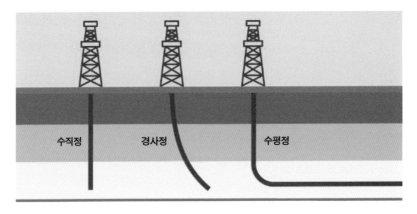

시추 각도에 따른 시추정

수직정　　경사정　　수평정

(horizontal well)은 수직정이 충분한 석유가스를 생산하지 못하거나 불가
능할 때 사용하는 대체 방법이다. 수직이 아닌 각도로 드릴링하면 수
직정이 할 수 없는 방식으로 저류층(reservoir)에 접근할 수 있다. 방향
성 드릴링 장비의 발전으로 단일 위치에서 여러 각도로 다양한 유정
을 시추할 수 있게 되어, 멀리 떨어져 있고 깊은 곳에 있는 저류층의
석유가스를 더 쉽게 채굴할 수 있게 되었다. 탐사정은 대개 수직정으
로 하고, 얇은 저류층이나 수압파쇄(프레킹)를 요하는 셰일오일, 셰일가
스는 수평정, 저류층이 여러 개로 지하에 흩어진 경우 또는 해양석유
가스전처럼 광대한 지역에 제한된 숫자의 생산정을 뚫을 수밖에 없는
경우에 하나의 시추정으로 개발해 생산효율을 높일 수 있다.[28]

개발 단계

석유개발기업에서는 발견된 유전에 대한 최종투자결정(Final Investment Decision, FID)을 통해 생산에 들어갈 것인지를 정하고 승인이 되면 생산정을 뚫는 개발 단계에 들어간다. 최종투자결정을 위한 이 사회에서는 현재 상태, 장애요인, 해소방안 등을 검토해 결정하게 된다. 세부 검토내용에는 산유국 정부의 생산계획과의 상충 가능성(특히 OPEC 회원국일 때), 매장된 석유가스 개발 시 파이프라인 또는 FPSO(부유식 생산저장하역설비) 이용 가능성 등이 있다. 발견에서 최종투자결정, 최종투자결정에서 생산까지의 기간은 천차만별이다.

개발 단계는 상업성이 확인된 석유가스전에 대해 탐사 단계에서 취득한 정보를 종합 분석해 최대한의 생산을 위한 준비를 하는 단계이다. 유전을 평가하고, 개발계획을 수립하며, 생산시설을 건설하고, 생산정을 뚫는 작업이 여기에 해당한다. 예를 들어 동해유전에서 대형석유가스전이 확인될 경우, 이를 육상으로 옮기는 파이프라인 설치 또는 FPSO의 도입, 육상 석유가스 생산처리시설 부지 마련(토지 매입 및 지상권 사용료 협의) 및 설계 등이 있을 수 있다.[29]

유전평가는 유전 및 가스전에 대한 평가로 탐사 단계에서 확보한 지질자료, 지구물리자료 및 시추 결과 분석자료 등 모든 자료를 활용한다. 이를 통해 저류층의 특성을 파악하고 다양한 개발 시나리오를 만들고, 이에 따른 매장량 및 생산량을 예측하고 개발계획을 세우게 된다. 이를 위한 과정 중, 저류층 특성화 과정은 확보된 각종 정보(지

2010년 이후 발견된 해양유전의 개발 기간

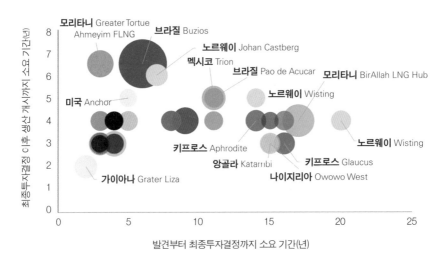

출처: 세계지식포럼 2024, '한국 산유국의 꿈' 세션 발표자료(리스타드 유전개발 총괄 Espen Erlingsen)

질, 물리적인 특성)를 기반으로 통계적 기법을 써서 저류층 특성을 밝히는 것이다. 저류층 시뮬레이션은 가상의 저류층 모델을 만들고 이 모델을 이용해서 가상의 생산 시나리오에 따라 시간대별 생산량을 예측해본다.

생산정 시추는 생산설비를 현장에서 조립, 설치하는 작업이다. 그후 유정완결을 하게 되는데, 이것은 시추를 마친 생산정에 생산설비를 설치하는 작업이다. 유정완결에서는 생산정의 아래 부분에 튜빙(생산된 석유와 가스를 땅 밖으로 내보내기 위해 유정 내에 설치한 소구경 강관)과 스크린 등의 생산설비를 설치하고 생산정과 저류층을 연결하는 작업을 하는 것이다. 해저생산설비에는 습성 트리라고 불리는 해저생산설비, 해상에서 생산물을 처리하는 해상플랫폼, 해상에서 1차적으로 처리된 석유가스를 수송하기 위한 해저파이프라인, 해상에서 받은 석유가스를 공정 처리하는 육상처리시설 등이 있다.[30]

유전평가 결과를 토대로 유전개발계획(개발 시나리오 및 생산 예측)을 수립한다. 유전개발계획은 개념 설계(최적의 개발구도 만들기) → 기본 설계(구체적인 계획 수립)→ 세부 설계(기본 설계를 기반으로 한 각 생산시설별 구체적 설계와 계획)로 이루어진다. 개발 단계는 어느 곳을 뚫을 것인지 정확도를 높여가는 과정이라 할 수 있다.

개발 단계에서 다양한 생산설비를 설치하게 된다. 우선 눈에 띄는 설비는 바다 속 해저땅 위에 '습성 트리'라는 별칭의 생산시설인데, 밸브와 같은 장치들을 상자 속에 장착하고, 석유의 생산량을 컨트롤하고 온도와 압력을 재는 장치이다. 이외에도 저류층에서 생산된 유체를 생산시설로 보내는 플로우라인(Flowline), 생산제어 시스템(Master Control Station), 해저장비에 연결되어 전원을 공급하거나 장비를 제어하고 모니터링 장비의 신호를 전송하는 해저주통제선(Umbilical) 등이 해저에 설치된다.

육상처리시설에서는 생산된 석유와 가스에서 물을 분리하고 처리하는 공정이 이루어지며, 이를 위한 발전시설과 가압기 등이 설치된다. 육상처리시설을 새로이 설치하기 위해 해안가 사유지를 수용해야 할 수도 있는데, 이때는 산업부가 중앙토지수용위원회의 공익성 심사 과정을 거쳐서 수용권을 부여받게 된다.[31] 얕은 바다의 경우, 해상플랫폼에서 수분을 1차로 제거한 석유가스를 해저 파이프라인 등을 통

개발 단계의 주요 설치시설

해저 습성 트리(해저생산시설)

출처: 베이커 휴즈 홈페이지 (https://www.bakerhughes.com/
druck/news/standardisation-subsea-oil-gas)

해상플랫폼(동해-1 가스전 생산시설)

출처: 한국석유공사 보도자료
https://m.knoc.co.kr/sub11/sub11_1jsp?num
=12&mode=view&grp=null

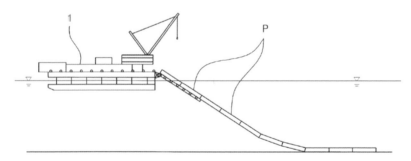

해저 파이프라인 부설(현대중공업 특허 사례)

육상처리시설(동해가스전 사례)[32]

출처:https://www.knoc.co.kr/sub03/sub03_1_4_1.jsp

해 수송할 준비를 완료한다. 심해에서 FPSO 또는 FLNG(부유식 석유·가스 생산, 저장, 하역설비)를 이용하는 경우에는 FPSO에서 처리공정을 수행하며, 운반선에 하역하는 작업까지 수행한다.

생산 단계

개발 단계가 완료되면서 본격적인 석유가스의 생산 단계에 돌입하게 된다. 생산 단계는 최적생산조건에서 최대한의 석유가스를 채굴할 수 있도록 하는 것이 중요하다. 이를 위해 저류층 관리(reservoir management), 회수증진(enhanced oil recovery), 생산시설 유지관리 등을 하게 된다. 저류층 관리는 생산정 아래의 저류층의 변화를 꾸준히 관찰하고 분석해서 장단기 생산량을 예측하고, 종합분석을 통해 생산공정을 최적화하는 것이다.[33]

생산 초기 단계에는 석유층 밑에 존재하는 물의 압력에 의해 석유가 자연스럽게 땅 위(해저하층토 위)로 올라오지만, 이러한 자연적인 압력으로 생산되는 석유는 전체의 20% 내외에 불과하다. 이는 시간이 갈수록 지하의 자연압력이 감소하면서 생산량이 감소하기 때문이다. 따라서 일정 수준 이상으로 생산이 된 후에는 다양한 방법을 통해 생산량을 증대시키는 회수증진 기술이 필요하게 된다. 회수증진(Enhanced Oil Recovery, EOR)에는 추가시추(생산정 간 추가적인 시추), 수(水) 주입법(저류층에 물이나 가스를 주입해서 약해진 압력을 보충), 가스 주입법, 화학물질 주입법(외부 화학 물질을 지하로 주입시켜 땅 속에 남아있는 원유의 움직임을 증진시키는 방법), 열 주입법(뜨거운 열로 원유의 끈적함을 낮춰 이동을 쉽게 방법) 등이 있다.

생산공정은 해저생산시설 → 해상플랫폼 → 해저파이프라인 → 육상처리시설 순으로 진행된다. 해저생산정의 초크 밸브(choke valve, 일종의 수도꼭지 역할을 함)를 열어 생산된 원유는 생산배관(플로우라인)을 통해 해상플랫폼으로 이동한다. 해상플랫폼에 도착한 석유에는 여러 불순물이 포함되어 있기 때문에 분리장치로 석유와 가스에서 물을 분리한다. 하지만 아직도 석유에 작은 물 알갱이와 가스 알갱이가 들어있기 때문에 석유를 보내는 과정에서 문제가 생길 수 있다. 그렇기 때문에 제거장치와 안정화장치를 통해 석유의 상품성을 제고한다.

이렇게 처리된 석유는 해상에서 직접 팔거나 해저파이프라인으로 육상으로 이송해 판매한다. 분리된 가스는 멀리까지 보낼 수 있도록 압력을 높여주고 이송 중 얼음덩이가 발생하지 않도록 가스 내 수분 알갱이를 제거하는 작업을 한다. 그리고 가스 안에 황화수소와 같은 부식을 발생시키는 물질이 포함되어 있는 경우에는 이를 제거해야 한다. 가스와 석유가 분리되어 육상시설로 옮겨진 후 가스는 2차 수분 제거와 이슬점 강하/열량조정 과정을 거치게 되고, 원유는 가스성분을 제거하는 안정화 과정을 거쳐 각각 판매처로 보내진다.

생산시설의 유지관리와 관련해 생산물 처리시설의 유지보수와 환경오염 방지가 중요하고 이상 징후를 제때 감지하고 설비를 최적상태로 유지하고, 노후 설비를 교체하는 것이 중요하다. 마지막으로 생산이 종료된 후 폐공 처리까지 생산 단계에 포함된다.

3

기술과 장비

　해양시추가 육상시추와 다른 점은 시추탑(rig)이 설치되는 방식이다. 해양유전에서는 해저에 고정식 또는 부유식의 플랫폼에서 작업이 이루어진다. 이와 함께, 파도가 치는 망망대해에서 시추플랫폼에서 직접 눈으로 보기 어려운 해저의 바닥을 뚫고 시추하는 것은 특수한 기술과 장비를 요구한다. 해양시추에 특화된 서비스를 제공하는 기업이 시추선 등의 설비를 보유하면서 대여하기도 하고, 해양시추의 일부 공정에 서비스를 제공하기도 한다.

시추선의 종류

　시추를 위한 시추선은 다음과 같이 구분된다. 해저에 위치가 고정된 형태에는 플랫폼(platform)과 승강식(jack-up)이 있는데, 승강식은 얕은 바다에서 사용된다. 이동성 있는 플로터(floater)에는 드릴십(drill ship)과 반잠수식(semi-submersible)이 있는데, 다이나믹 포지셔닝으로 깊은 바다에서도 위치를 유지한다. 여기에 악조건에서 작업이 가능하도록 한 것을 '하쉬 인바이러먼트(harsh environment, 혹독한 환경)'로 추가 분류하기도 한다.

고정형 1. 플랫폼

해저면에 설치된 철골구조물(jacket)이 해수면상의 데릭(derrick, 시추선의 중앙부 갑판에 세워진 탑으로, 드릴 스트링(drill string)을 올리고 내리는 데에 쓰이는 권양장비(기중기)를 지지함)을 지탱하는데, 위치를 고정시켜 시추를 진행한다. 고정물 위에서 작업이 이루어져 해수와 파도의 영향이 적지만, 대신에 수심이 깊어질수록 건조비용이 급격히 증가하므로, 얕은 바다에서 주로 활용된다.

고정형 2. 잭업리그

잭업리그(Jack-up rigs)는 해저로 내려가는 다리가 장착된 이동식 자체 승강 시추플랫폼이다. 잭업 장비는 무거운 리프트 용기 또는 예인선 견인으로 시추현장에 동원되고 가끔 자체동력으로 움직이는 잭업도 있다. 시추현장에서는 다리가 해저에 닿을 때까지 다리를 내리고 예상되는 환경력(파도)에 따라 갑판을 해면에서 50~100피트의 높이로 들어 올린다. 시추작업이 완료된 후 선체를 부유 흘수로 낮추고 다리를 들어 올리고 장비를 다른 시추현장으로 재배치할 수 있다. 잭업은 보통 450피트(137m) 이하에 적합하며 80~110명의 승무원으로 운영된다.

플로터1. 시추바지선

바지선(부피가 크거나 무거운 것을 나르는 평평한 배) 위에 시추장비를 설치한 시추리그이다. 주로 호수, 강, 늪, 얕은 바다에서 이루어지며, 앵커로 위치를 고정시킨다. 러시아 천연가스 전문가인 백근욱 박사에 따르면, 러시아의 북극지역인 Arctic LNG-2 개발지역은 영구동토층(permafrost) 지역과 수심이 얕은 지역을 아울러 개발해야 해서 지반강화

선박 내 Moon Pool이 없고(상) 있고(하)의 구조 차이

출처:https://www.joet.org/m/journal/view.php?number=302

다이나믹 포지셔닝 쓰러스터

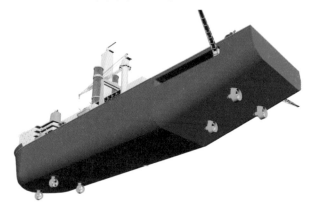

작업을 대신해 대형 바지선을 동원해서 생산단가를 낮추는 획기적인 생산방법을 도입했다.

플로터 2. 시추선

시추선은 1,000피트(304m)에서 12,000피트(3,657m) 범위의 수심에서 근해를 시추할 수 있는 자체 추진 선박이다. 시추선은 이동성과 큰 운반 능력으로 인해 원격 위치에서 시추하는 데 적합한데, 한국 동해유전 탐사시추를 위해 용선하는 웨스트 카펠라호가 여기에 해당한다.[34] 위성 GPS를 활용하고, 8개의 앵커 또는 다이나믹 포지셔닝 쓰러스터를 병행함으로써, 시추선의 위치를 시추정 상부수역에 유지하고 시추를 진행한다. 드릴십 갑판 중앙에 '문풀(moon pool)'이라 불리는 수영장 사이즈의 큰 구멍을 통해 시추가 이루어지는데, 특히 라이저(Riser,

해양 시추장비의 종류

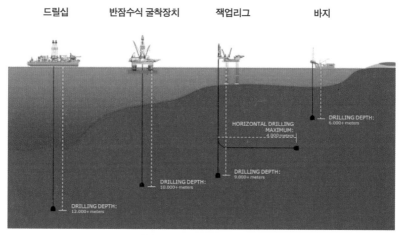

드릴십　　　반잠수식 굴착장치　　　잭업리그　　　바지

HORIZONTAL DRILLING
MAXIMUM:
4,000 meters

DRILLING DEPTH:
6,000+ meters

DRILLING DEPTH:
9,000+ meters

DRILLING DEPTH:
10,000+ meters

DRILLING DEPTH:
12,000+ meters

출처: https://www.subsea.org/maersk-giant-rig-owned-by-maersk-contractors/

해저 케이블관), BOP(심해 유정입구에 설치하는 블로우아웃 방지장비), 드릴 파이프(Drill Pipe) 등 각종 기계장치들이 해저로 오간다.[35) 운항 국가에 따라 시추선은 120명에서 160명의 승무원으로 운영된다.

플로터 3. 반잠수식 굴착장치[36)

반잠수식 굴착장치(Semi-submersibles)는 기둥과 교주로 구성된 하부 선체에 연결된 상부 작업 및 거주 공간 갑판으로 구성된다. 이러한 굴착장치는 하부 선체가 흘수선 아래에 있고 상부 갑판이 수면 위로 돌출된 '반잠수' 부유 위치에서 작동한다. 반잠수식 굴착장치는 계류되거나 예인선으로 특정 위치에 배치될 수 있다. 반잠수식 굴착장치는 앵커나 무어링라인(mooring line)으로 유정 위에 위치를 유지하며, 일반적으로 1,000피트(304m)에서 10,000피트(3,040m) 범위의 심해 또는 초심해에서 운용된다. 예전에 한국석유공사가 보유했던 두성호가 반잠수식 굴착장치이다. 운항 국가에 따라 반잠수식 굴착장치는 일반적으로 110명에서 130명의 승무원으로 운영된다.[37)]

하쉬 인바이러먼트

하쉬 인바이러먼트의 굴착장치에는 북해와 캐나다에서 볼 수 있는 기상 조건에 대응할 수 있도록 여러 가지 설계 수정이 반영된 반잠수정과 잭업이 모두 포함된다. 일반 환경의 오일 리그와 비교했을 때, 재보급의 필요성을 줄이기 위한 가변 하중 증가, 파도 간극을 늘리기 위한 에어 갭 증가, 자동화 증가, 바람 및 파도 하중을 줄이기 위한 다리 또는 기둥의 형상 변경, 다리 또는 기둥 사이의 더 큰 간격 등이 포함된다. 하쉬 인바이러먼트의 리그는 일반 환경의 리그보다 더 크고 무겁고 건조비용이 더 많이 든다.

시추기술

드릴링은 라이저(riser)라고 불리는 유연한 강철 파이프라인 안에서 이루어지도록 한다. 우선 라이저로 해저면에 만든 유정과 시추선을 연결한다. 만약 강한 폭풍이 몰아칠 것이 예상되면 미리 라이저를 시추선/플랫폼과 분리하기도 한다. 한국 동해유전 첫 시추 시기를 12월과 1월로 잡은 이유는 태풍을 피하기 위함이다. 라이저는 ROV(Remoted Operated Vehicle)가 무거운 해저라인을 연결하기도 하고, 수심 1,000피트까지 잠수할 수 있는 잘 훈련된 잠수사가 맡아 정밀하게 작업하기도 한다.

해저시추에서 어려운 점은 뽑아 올린 석유가 해저 땅속 파이프를 타고 올라오면서 지열로 인해 파라핀이나 가스하이드레이트가 되지 않게 하는 것이다. 또한 석유가 생산튜브에서 단열되고 보온되도록 하기 위해 많은 에너지를 필요로 한다. 부동액을 원유에 넣어 낮은 온도에서도 보다 원활하게 흐르도록 하기도 한다.

드릴링할 때 유의할 것은 드릴링 과정에 쓸 드릴링머드의 점도를 육지에서보다 더 정확하게 통제해야 하는데, 과도한 압력은 드릴파이프 주변의 암석을 부술 수 있고 석유가스의 블로우아웃을 야기할 수도 있기 때문이다.

유정 헤드(well head)는 시추선에 있을 수도 있고(dry tree), 바다 속 해저면(wet tree)에 있을 수도 있다. 여러 소규모 생산유전에서 생산할 때에는, 여러 파이프라인을 하나의 생산플랫폼으로 연결할 수 있어 해저면 유정헤드가 선호되기도 한다.

시추선 대여기업

석유산업의 서비스기업 중에는 시추선 대여를 전문으로 하는 기업들이 있다. 보유 시추선 기준 10개의 회사는 전 세계 시추선의 절반을 보유하고 있고, 전 세계 해양시추작업은 56%를 담당했다. 통상 시추선 대여기업의 주가는 유가와 밀접하게 관련된다. 시추선 대여업이

세계 10대 시추선 대여 업체 현황(2023년 말 기준)[38]

시추선 현황 (단위: 척)	운영	기타	건조	총 수	활동 지역						
					멕시코만	남미	북해	서아프리카	중동	아태	기타
China Oilfield Services Ltd (COSL)	58	8	1	67	0	1	3	1	11	51	0
Advanced Energy System (ADES)	46	0	0	46	0	0	0	0	43	2	1
Valaris	27	18	0	45	9	7	11	5	4	7	2
Transocean	22	17	0	39	10	6	6	1	0	7	9
Shelf Drilling	32	4	0	36	0	0	4	6	13	11	2
ADNOC Drilling	32	4	0	36	0	0	4	6	13	11	2
Nobel Drilling	20	11	0	31	4	7	11	5	1	3	0
Borr Drilling	22	0	2	24	0	7	1	3	5	8	0
ARO Drilling	13	3	1	17	0	0	0	0	17	0	0
Enterprise Offshore Drilling	6	10	0	16	15	0	0	0	0	0	1
10위권 총 보유 척수	278	75	4	357	38	28	36	21	129	90	15
전 세계 총 시추선 척수	495	198	35	728	47	97	61	43	204	218	58
10위권 회사의 보유비율	56.20%	37.90%	11.40%	49.00%	80.90%	28.90%	59.00%	48.80%	63.20%	41.30%	25.90%

출처: Westwood의 RigLogix에 근거한 〈offshore magazine〉(2024년 6월 11일자) 자료

라는 단일업종, 시추선이 비싼 자산이라는 특성으로 인해 저유가시기에는 시추선을 보관 처리(cold stacking)하기도 하고, 주문한 시추선 계약 취소, 회사 파산 처리 등의 어려움을 겪기도 한다.

최근 상대적으로 고유가가 지속되면서 2023년에 활동하는 시추선의 숫자가 33척 증가했다. 지역별 용선 현황을 보면, 중동지역이 적극적인 생산기반 확충을 추진하고 있어 시추선 수요의 큰 부분을 차지하고 있고, 북해 지역은 영국의 횡제세인 에너지이익부과금(Energy Profit Levy)의 영향으로 수요가 일부 감소했다고 한다. 남미지역에서는 해당 지역기업과의 협력을 중시해 상위 10개 업체의 활동비율이 적다.

기업 중에서 최대 선단을 보유한 중국유전서비스(China Oilfield Services Ltd., COSL)는 중국국영석유기업인 CNOOC의 자회사이다. 시장 분석 기관인 웨스트우드는 시추선 용선 수요는 당분간 중동 중심이 되면서, 서아프리카와 남미의 수요가 증가할 것으로 보고 있다.

INSIGHT

라이저 시스템이란? [39)]

라이저 파이프는 드릴링 파이프기 그 안을 통해 작업하는 대구경 '튜브'다. 드릴링머드(시추이수)은 이 파이프 내부로 흘러 들어갔다가 시추선으로 돌아와 절단된 암석 파편을 청소하고 여과한 다음, 화학 혼합물과 밀도를 조정한 후 재사용한다.[40)]

시추현장 지질상황에 맞게 정밀하게 조정된 드릴링머드는 시추공에서 절단 암석 파편을 제거하고 드릴 비트를 냉각하며 형성 압력을 억제하는 데 도움이 된다. 이를 통해 라이저 드릴링은 형성 압력(formation pressure)을 제어할 수 없는 '라이저리스 드릴링'과 비교할 때보다 더 깊은 깊이에 도달할 수 있다.

드릴비트로 절단된 암석 파편은 시추이수와 함께 시추선에 회수된다(그렇지 않으면, 암석 파편이 비트에 끼여 드릴링이 중단될 수 있다). 절단 파편은 시추공 상태를 평가하고 추정하는 데에도 사용된다.

라이저 시스템

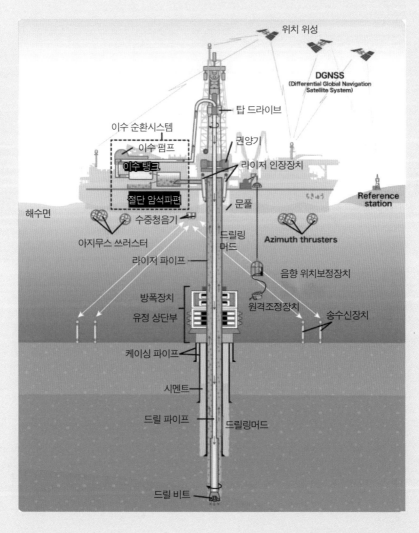

위치 위성

DGNSS
(Differential Global Navigation
Satellite System)

탑 드라이브

이수 순환시스템

이수 펌프

권양기

이수 탱크

라이저 인장장치

절단 암석파편

Reference
station

해수면

수중청음기

문풀

아지무스 쓰러스터

드릴링
머드

라이저 파이프

Azimuth thrusters

음향 위치보정장치

방폭장치

원격조정장치

송수신장치

유정 상단부

케이싱 파이프

시멘트

드릴 파이프

드릴링머드

드릴 비트

한국이 직접 보유했던 해양시추선 두성호

두성호는 1982년부터 2017년까지 활동한 국내 유일의 시추장비로서 반잠수식이다. 대우조선해양이 건조해 1984년 5월 인도하고 한국석유시추㈜가 운용했다. 1970년대의 두 차례 오일쇼크는 에너지안보의 중요성을 일깨웠고, 우리나라가 직접 생산한 시추선으로 석유를 안정적으로 공급하고 국가를 발전시켜야 한다는 취지하에 542억 원을 들여 건조되었다.

1994년에 한국석유공사가 한국석유시추㈜를 인수한 이후 매출액 8,594억 원의 성과를 올렸다.[41] 두성호의 석유가스 발견 확률이 세계 평균(30%)보다 높은 51%나 되어 행운의 시추선(lucky rig)라고 불리기도 했다. 우리 대륙붕에서 약 20공의 시추작업을 했는데, 1998년 7월에는 우리나라 최초의 가스전인 동해-1 가스전을 탐사시추하는 데 성공해 한국을 95번째 산유국의 반열에 올려놓았다(동해가스전은 2004년부터 2021년까지 가스생산). 2017년 8월까지 121공을 시추한 두성호는 2016년까지 평균 영업이익률은 42%에 달했다.

대우조선해양은 2014년 두성호를 건조한 공로를 인정받아 한국석유공사의 감사패를 받기도 하고, 2013년에는 세계 석유업체인 쉘이 평가한 시추선 안전·작업평가 부문에서 3위를 차지한 바 있다.

시추선의 수요는 유가와 밀접한 관계가 있는데, 2017년 유가가 하락하자 시추선에 대한 수요가 급감했고 운영에 너무 많은 비용이 들어서 매각하기로 했다. 2017년 유가 하락 등으로 시추선에 대한 수요가 없고 운영에 드는 비용이 많아 매각하기로 했는데, 중고선으로 매각하고자 했지만, 쉽지 않아 폐선으로 중미 지역에 위치한 회사에 511만 달러에 매각되었다.

두성호의 모습

출처: 〈한국석유개발공사 15년사〉

시추 시 위험요소와 환경

해양유전개발은 석유가스라는 인화성 물질의 통제 실패 시 유출, 폭발에 따른 인명피해, 대규모 해양오염 등을 유발할 수 있다. 게다가 육지로부터 멀리 떨어진 해상에서 제한된 공간의 플랫폼이라는 특수한 작업환경은 리스크를 증폭시킨다. 장기간의 루틴화된 작업의 특성 등에 기인한 인적 요소와 함께, 거친 해양환경에 맞지 않는 구조물 디자인이 사고의 원인이 될 수 있다.

위험상황

시추작업 진행 중에 발생할 수 있는 상황에는 일수현상(lost circulation), 시추관 고착(stuck pipe), 유해가스, 유정폭발(blow-out) 등이 있

딥워터 호라이즌 사고 이후에도 끊이지 않는 멕시코만 시추선 사고(2015년까지)

광구	날짜	위치	수심	Kick	인적요소	BOP	운영사	시추계약자
BP Exploration & Production, Inc. - Macondo	2010. 4.20	멕시코만	4,992 피트	o	o	o	BP Exploration &Production, Inc.	Transocean
Mariner Gulf of Mexico LLC	2012. 5.15	멕시코만	49피트	o	×	×	Mariner Gulf of Mexico LLC	Chet Morrison Contractors, Inc.
Black Elk Energy Offshore Operations	2012. 9.27	멕시코만	182 피트	o	o	×	Black Elk Energy Offshore Operations	Nabors Offshore
Cobalt Internationa	2013. 2.28	멕시코만	5,510 피트	o	×	×	Cobalt International	Ensco International
Pisces Energy LLC	2013. 4.10	멕시코만	262 피트	o	o	×	Pisces Energy LLC	Rowan Drilling
Energy Resource Technology	2013. 7.7	멕시코만	146 피트	o	×	×	Energy Resource Technology	N/A
South Timbalier	2013. 7.24	멕시코만	154 피트	o	o	o	Walter Oil & Gas Corp	Hercules Offshore
Walter Oil & Gas Corp	2013. 12.20	멕시코만	375 피트	o	×	×	Walter Oil & Gas Corp	Rowan Drilling
Vermilion	2014. 1.30	멕시코만	262 피트	o	×	×	Energy Ventures, LLC	Rowan Louisiana

출처: 강민승, 〈Deepwater Horizon 사고 사례 분석을 통한 심해시추선 사고의 인적요인에 관한 연구〉 pp.55~60

다. 무엇보다도, 시추 시 시추정 내 압력관리에 문제가 있을 시 지층 압이 시추관 내부보다 높아지면 지층 유체가 시추정 안으로 유입되는 킥(kick)이 발생하며, 이를 통제하지 못할 경우에는 유정폭발(blow-out)이 발생한다. 시추작업 중 주요 위험요소인 킥의 발생을 인지하고 통제하는 작업을 유정통제(well control)라고 하며, 대표적인 통제장비로 방폭장치(Blow-out Preventer, BOP)를 설치한다. 유정폭발이 발생할 경우 인력, 재산손실, 법적, 재정적 제재 등 큰 문제를 기저오기 때문에 유의해야 한다. 시추선업체 또는 시추선의 신뢰도와 관련해서도 시추 시 위험요소에 대한 대응능력이 시추 시 유전 발견 성과보다도 더 중요하게 여겨진다. 미국 멕시코만에서의 딥워터 호라이즌호 기름유출 사고라는 대형사고가 있은 후에도 멕시코만에서 계속 인적과실, 킥, BOP 문제 등으로 유사사고들이 발생하는 것을 볼 때, 지속적인 관리와 주의가 요구된다.

이외에도 기반암을 구멍 낼 수 있는지, 저류층 유체의 간극 압력, 깊이 등 지질학적 불확실성이 있고, 시추비트의 병목 등 예상치 않은 상황과 어려움이 시추작업을 지체시킬 수 있다. 시추비용의 3/4은 시추기간에 비례하는데, 시추선 용선 비용과 작업 감독비용이 그러하다.

생산이 장기간에 걸쳐 이루어지는 경우, 멕시코만 같은 곳에서는 허리케인 시즌(6월 1일부터 11월 30일)에 일시적으로 생산플랫폼을 닫을 수도 있다. 일시 작업 중지(shut-in)는 호주 북서대륙붕이나 북해에서 강력한 폭풍의 결과로 발생하기도 한다.[42] 기후변화의 영향 등으로 높은 파도의 빈도가 증가함에 따라, 플랫폼의 에어갭(해수면과 플랫폼 갑판 간의 거리)는 이전 35피트에서 55피트로 높이고 있다. 파도가 플랫폼 상부를 파손시킬 가능성뿐만 아니라, 강한 파도는 해저의 물 덩어리의 압력을 증가시켜 머드 슬라이드(일종의 해저 산사태)를 발생시키고 생산파이프라인과 다른 해저면의 시설들을 손상시킬 수도 있다.[43]

딥워터 호라이즌 사고(2010년)[44]

석유개발사에서 최악의 참사 중 하나로 기록되는 것이 2010년 미국 멕시코만(Gulf of Mexico)에서 490만 배럴의 석유가 멕시코만에 방출되어 오염시켰던 딥워터 호라이즌 유류 오염사고(Deepwater Horizon Oil Spill)이다. 딥워터 호라이즌은 당시에 시추선 대여업체인 트랜스오션(Transocean)이 석유메이저 BP의 루이지애나주 인근 멕시코만에서의 해양석유시추를 위해 대여해준 반잠수식 시추플랫폼의 이름이다. 2010년 4월 20일에 가스 누출에 의한 블로우아웃과 잇따른 폭발과 화재로 11명의 작업자가 사망하고 17명이 부상당했다. 플랫폼은 4월 22일 침몰했는데 이때 유류 유출사고가 발생했다. BP는 유정을 아예 막고자 노력했는데, 9월 19일이 되어서야 봉인할 수 있었다. 루이지애나, 미시시피, 알라바마, 플로리다주의 해역 약

180,000㎢에 해양오염이 발생했고, 멕시코만에 있는 16,000종의 해양생물들 중 절반에 직·간접적 피해가 발생했으며, 수천 마일의 해안이 오염되었다. 미국 해양의 1/3에서 어업이 잠정 금지되었고, 미국 정부는 2010년 11월까지 모든 시추작업을 중지시켰다(drilling moratorium). 다양한 조사가 이루어졌고, 주로 BP가 비난의 대상이 되었다. 2010년 9월에 미국 지역법원은 BP의 행위가 경솔했고(reckless), 당시에 이 생산작업에 참여한 석유개발 서비스기업 Halliburton(cementer)과 Transocean은 부주의(negligent)했다고 결론내렸다.[45] 법원은 책임의 67%는 BP에, 30%는 Transocean에, 3%는 Halliburton에 분배했다. 시추선을 용선했던 BP는 Clean Water Act(미국 수질관리법) 위반으로 620억 달러의 배상금을 지불했다.

2010년 멕시코만 딥워터 호라이즌호의 화재

출처: https://safety4sea.com/cm-learn-from-the-past-deepwater-horizon-oil-spill/

딥워터 호라이즌호 사고와 생태계에의 영향

출처: https://www.bbc.com/future/article/20231002-
the-photo-of-the-deepwater-horizon-bird-that-shocked-the-world

사전대응

해양석유 및 천연가스 생산기업은 오염, 유출 및 해양환경에 대한 중대한 변화를 방지하기 위해 예방 조치를 취해야 한다. 해양 굴착장치는 허리케인을 견딜 수 있도록 설계되었다. 해상석유 및 천연가스 유정이 더 이상 경제적일 만큼 충분히 생산적이지 않으면 해당 규정에 따라 밀봉된다.

깊은 바다에 시추할수록 해양라이저를 비롯한 장비들의 용량이 커지고, 해양환경과 관련해 더 많은 비용을 투자해야 한다. 특히 안전과 환경규제가 강화될수록 유정제어의 중요성이 더해지고 있다. 킥의 방지와 감지, 시추공의 폐쇄, 킥의 다양한 방지방법이 잘 적용되어야 한다.

　시추 추진과정에서 시추제안서를 제출하고 허가를 받아야 하는데, 여기에는 시추에 대한 기본 내용과 함께 위험요소와 대책, 환경영향 평가를 담게 된다. 또한 머드액은 해양시추에서 많은 역할을 하는데, 자연환경이나 인체에 해를 주지 않아야 한다. 환경문제를 고려해 합성머드액을 주로 사용한다.[46] 머드액은 유정제어와도 밀접히 관련되어 있어 주의 깊은 감독관리가 요구된다.

딥워터 호라이즌 사고 이전의 유정제어 사고 사례

운영권자	작업 장소	연도	피해액 (백만 달러)
Amoco	멕시코만, Eugene Island 273	1960	20
Phillips	북해 Ekofisk 플랫폼	1976	56
Gulf Oil	앙골라	1978	90
Pemex	멕시코 Ixtoc 유정	1978	85
Amoco	Tuscaloosa event	1980	50
Apache	텍사스 Key1-11 유정	1982	52
Mobil	노바스코시아, 웨스트 벤처	1985	124
Total	인도네시아, Bekepai 플랫폼	1985	56
Petrobras	브라질, Enchove 플랫폼	1988	530
Oxy Oil	북해 Piper Alpha 플랫폼	1988	1,360
Saga	북해 2/4-14	1989	284
Kuwait Oil	AI-AWDA 프로젝트(이라크의 쿠웨이트 침공 시 방화)	1991	5,400
BP	멕시코만 Macondo 유정 (Deepwater Horizon호)	2010	62,000

출처: 최종근, 《해양시추공학》

국제법적 측면

　해양유전개발에 대한 관심은 빠른 속도로 증가한 반면, 국가 간 해양경계획정은 빠른 진전을 보이지 않았다. 항행로 또는 어족자원 서식지 정도로 보았던 해양의 의미가 석유가스 등 에너지 자원의 보고로서 새롭게 인식되면서, 7광구가 있는 동중국해나 동남아시아 인근의 남중국해에서 보는 것처럼, 국가들은 더 넓은 해양을 확보하려 경쟁하고 있고, 쉽게 경계설정 합의에 도달하지 못하기 때문이다. 해양경계의 이슈는 해양석유개발기업에게는 개발된 석유가스의 소유권, 처분권과 연결되어 있어 매우 민감한 사안이 되었다.

해양경계획정

　육상유전의 자연스러운 확장으로 해양유전의 개발이 일어난 것이고, 이는 국가 간 해양경계획정의 문제와 밀접하게 연관되었다. 1960년대 중동전쟁의 발생으로 유가의 상승과 새로운 석유 공급원의 필요성이 증가하면서 많은 국가들은 해양에서의 석유개발에 경쟁적으로 뛰어들게 된다. 1960년대 이후 바다 밑 해저지형인 대륙붕의 경계획정이 이슈가 되었고, 1980년대 새로운 UN 해양법체제가 출발하면서 EEZ(배타적 경제수역)는 해안선에서 200해리까지, 대륙붕은 350해리까지 그을 수 있게 되었다. 이에 국가들은 보다 넓게 해양경계를 획정하려고 하고, 이에 따라 특히 인접국가와의 거리가 400해리를 넘지 않는 국가들 간에 해양 경계 다툼이 빈번해졌다.

바다로 인접한 국가들 간의 원만한 합의에 의하는 경우도 있고, 공동개발에의 합의, 국제재판을 통한 해결을 이룬 경우 등이 있다. 1965년의 노르웨이와 영국 간의 대륙붕 경계획정은 국가 간 합의의 대표적 사례이다. 당시 냉전시기에 NATO 회원국이었던 두 나라는 안보협력이라는 대의를 위해 지리적 요소의 유불리를 배제하고 북해를 사이에 두고 중간선으로 경계를 획정했다.[47]

제3국의 조정으로 해양경계를 합의하는 경우도 있다. 이스라엘과 레바논은 양측의 모호한 해양경계선으로 인해 1948년 이래 줄곧 분쟁이 있었는데, 이스라엘 해양에서 대형유전이 발견되자 양측의 해양경계분쟁이 심화됐고, 이에 2020년부터 2022년까지의 미국의 중재로 양측이 만족하는 결과를 얻었다. 여기에는 미국의 적극적인 중재가 주효했는데, 병목 상태였던 중재를 2021년 10월에 특사로 파견된 미국 국무부 관리인 아모스 호치스테인(Amos Hochstein)의 역할로 2022년 10월 합의에 이르렀던 사례가 있다.[48]

하지만 국제사법재판소에서 경계를 결정하는 경우도 많아졌다. 대표적인 판례로 1969년 국제사법재판소의 판결과 1986년의 판결이 있다. 1969년의 중간선 원칙에 따른 경계획정을 주장한 네덜란드와 덴마크가 육상영토의 자연연장을 주장한 서독이 ICJ에서 다퉜는데, 서독이 승소해 중간선 원칙에 기반한 것보다 좀 더 넓은 대륙붕경계를 갖게 되었다. 1986년에는 육상영토의 자연연장설을 주장하는 리비아와 중간선원칙을 주장하는 몰타가 ICJ에서 다퉜는데, 몰타가 승소했다.

국제법원이 항상 최종의 경계획정을 정해준다고 보기는 어렵다. 동티모르와 호주 간에 해양경계 획정에 대한 상설중재재판소의 판결

2022년 미국 중재로 이스라엘 - 레바논 해양경계 합의

출처: https://www.gisreportsonline.com/r/israel-lebanon-maritime/

라인 23을 양측의 해양경계로 한다. 카나 유망구조에 대해서 이스라엘이 배타적 개발권을 갖고, 카리시 유전 전체는 이스라엘의 통제 하에 들어가고, 카나 유전은 분할하되, 그 개발은 레바논의 통제 하에 놓이게 된다. 메이저 석유기업 토탈은 카나 유전에서 가스를 탐사할 수 있는 허가를 받게 되고, 이스라엘은 미래 수익의 일부(로열티)를 받게 된다.

은 중간선 원칙에 기반해 해양경계를 획정하고 공동개발의 여지를 두어 이를 양국이 받아들였지만, 남중국해에서 중국과 필리핀 간 중재재판의 결과 필리핀에 유리한 결정이 나오자, 중국은 중재재판의 결과를 받아들이지 않았다.

이처럼 국가 간에 해양경계는 민감한 사안으로서 명확하게 합의되지 않은 상황에서 석유가스를 탐사하기 위한 해양시추는 국가 간의 대립적 구도를 만들기도 한다. 시추선 웨스트 카펠라가 2017년 키프로스 해안에서 시추할 때, 이에 부정적이었던 튀르키예의 군함이 인근을 순찰했고, 이에 키프로스에서 해양탐사개발권을 가진 자국 석유개발기업들을 보호하기 위해 프랑스는 군함을 인근에 배치하고, 미국은 키프로스의 해양자원 확보 노력을 지지했다. 웨스트 카펠라가 2020년에 남중국해의 분쟁수역에서 시추할 때, 중국의 해경함정과 탐사선이 웨스트 카펠라 주변을 순찰했고 미국, 호주, 말레이시아 군함들이 이에 대응한 활동을 펼치기도 했는데, 웨스트 카펠라는 시추활동을 정상적으로 수행했다.

하지만 개입의 양상은 다양하다. 과거 서해에서는 한국이 잠재적 경계선(중간선)의 한국 측 수역에서 석유탐사를 하고 있을 때, 중국 해군함정이 위협을 가하고 해저전기케이블이 절단되는 의문의 사고가 발생해 우리 탐사활동이 중단된 바 있다. 또한 1970년대 닉슨 대통령이 중국과의 외교정상화를 추진할 시기에는, 미국은 자국의 시추선이 중국과 분쟁이 발생할 시 보호하지 않겠다는 선언을 하기도 했다.

한국 유일의 국내대륙붕 개발 성공 사례:
동해가스전 개발 사례[49)]

석유공사는 1998년 7월 6 -1광구 중간에 위치한 고래V조 구조물에 대한 탐사시추에 성공했다. 1970년대 쉘이 탐사 이후 지지부진했던 탐사에서 돌파구는 1990년대에 엑손이 개발해 석유업계 전체로 확산된 시퀀스 층서 해석 기술이었다. 이를 바탕으로, 1970년대 초 쉘이 탐사하면서 간과했던 6-1광구 내 비변형 층서트랩 지역을 목표로 층서형 집적형태로 된 유망구조를 탐사했고, 1998년이 되어서야 상업성 있는 가스전 발견에 성공했다.[50)] 이후 1999년까지 개발에 대한 타당성 조사와 세 차례의 평가 시추가 이어졌다. 연구 결과를 바탕으로 2001년 6월 동해 -1 가스전 개발이 시작됐고, 한국 정부로부터 개발허가를 받았다. 생산 설비의 건설은 2002년 3월 15일부터 2년이 걸렸으며, 2004년 7월 11일부터 생산이 시작되었다.

2015년에는 동해 -1 가스전에서 남서쪽으로 5.4㎞ 떨어진 동해 -2 가스전(Gorae VIII structure) 개발을 위해 유정을 구축했다. KNOC는 동해 -1 플랫폼과 연결된 해저 생산설비 및 파이프라인 설치 후 2016년 7월 동해 -2 가스전에서 생산을 성공적으로 시작했다. 최종 생산물 중 천연가스는 한국가스공사가, 컨덴세이트는 S-Oil이 구매하는 것으로 계약이 체결되었다. 마침내 동해-1, 2 가스전은 2021년 12월 31일에 생산이 종료되었다.

동해 -1, 동해 -2 가스전의 생산설비는 해저생산제어 시스템, 해양플랫폼, 상부설비,

동해가스전 개발 역사

일자	내용
2000년 2월~2000년 8월	개발 계획 수립 및 환경 영향 평가 실시
2000년 9월~2001년 11월	프론트엔드 엔지니어링 및 상세 설계 구축
2001년 6월	산업통상자원부로부터 채굴 허가를 받음
2001년 12월 31일	조달 및 건설 계약에 서명
2004년 07월 11일	동해-1 유전 3생산정(DH1, 1P/2P/3P)에서 첫 가스 시작
2009년 11월	추가 가스정 'DH1 4P'부터 생산 시작
2011년 9월	동해-2 개발을 위한 6-1C 블록 양허 계약 체결
2015년 12월~2016년 6월	동해-2 생산유정 시추 및 생산설비 설치
2016년 7월	동해-2 필드 1 생산정(DH2 1P)에서 생산 시작
2021년 12월 31일	동해-1, 2 생산 종료

수출파이프라인, 육상가공설비로 구성되어 있다. 해저생산관리 시스템에는 가스생산을 제어하는 5개의 해저 습성 트리가 있었다. 가스를 해양플랫폼으로 운반하고 플랫폼에서 전력과 화학약품을 보내는 5개의 플로우라인이 연결되었다.

해양플랫폼은 4개의 다리가 있는 163미터 높이의 재킷으로 구성되었다. 직경이 72인치인 8개의 파일이 있는 3층 상층 데크, 그리고 152미터 높이의 해저 구역으로 구성된다. 이 플랫폼은 초당 50미터의 풍속과 최대 17.5미터의 파도(과거 100년 동안의 기록 감안)를 견디도록 설계되었다. 이 시설은 리히터 규모 6.5의 지진을 견딜 수 있도록 설계되었다.

가스 파이프라인은 해양플랫폼에서 육상 시설까지 68㎞(지하 61㎞, 지상 7㎞)를 연결했다. 가스는 7㎞ 길이의 파이프라인을 통해 한국가스공사의 시설로 운송되었다. 육상 처리 시설은 처리 시설, 전기 장비 및 사무실 영역으로 구성되었고, 일일 최대 처리 용량은 7,500만 입방 피트였다.

동해-1, 2 가스전 개념도

출처: https://www.knoc.co.kr/ENG/sub03/sub03_9_3_1.jsp

4부

실현되는
산유국의 꿈

1

웨스트 카펠라가 온다

한국 동해심해가스전(대왕고래) 시추를 위해 시추선 '웨스트 카펠라 (West Capella)'호를 활용할 예정이다. 웨스트 카펠라의 성공적인 시추를 기대하는 국민의 입장에서 이 시추선은 어떤 배이며, 어디서 활동했는지, 그리고 2024년 12월과 2025년 1월에 걸쳐 한국에서 어떻게 활동하게 될 것인지도 궁금해진다. 웨스트 카펠라호에 대한 상세 내용을 소개한다.

웨스트 카펠라호에 대해

웨스트 카펠라호는 동시에 두 개의 시추작업이 동시에 가능한 듀얼 드릴링(dual activity drillimg) 설비가 탑재된 초심해 시추선이다. 삼성중

출처: https://oilandgascourses.org/oil-and-gas-activities-in-indonesia-in-2022/

공업이 건조해 인도한 이 자체 추진 선박은 파나마 깃발을 달고 항해
한다. 웨스트 카펠라의 최대 시추 깊이는 37,500ft(11,430m)다.[1] 시드릴
(Seadrill) 파트너스의 전신인 아쿠아드릴(Aquadrill) 소유 시기에는 '카펠
라'라는 이름으로 불렸다.

영국의 시드릴이 소유하고 있는데, 시드릴은 지난 2005년 노르웨
이 출신의 선박왕 존 프레드릭센(John Fredriksen)이 설립한 해양시추업체
이다.[2] 특히 심해유정을 시추해 석유·가스 존재 여부를 확인하는 작
업에 특화된 업체이다. 2023년 4월 초, 웨스트 카펠라를 소유하고 있
던 아쿠아드릴을 합병해 자회사로 만들었고, 아쿠아드릴의 소유로서
밴티지드릴링(Vantage Drilling)에서 2021년부터 관리 운영하던 웨스트 카
펠라는 하버에너지의 인도네시아 프로젝트 종료 후 인수하게 된다.[3]

2024년 8월의 선단 현황보고서에 따르면 12척의 드릴십, 3척의 가혹한 환경(Harsh Environment)에 가능한 드릴십, 4척의 잭업을 소유하고, 2척의 잭업을 관리하고 있다.[4) 대여방식은 기간을 정하고 1일당 용선료로 계산하며, 턴키방식은 없다.

시드릴 현황

2023년 기준	매출	수익	수주액	직원
금액	15억 달러	3억 달러	30억 달러	2,500명

재원과 구조

웨스트 카펠라는 삼성중공업(SHI)이 건조해 2008년 인도했다. 삼성중공업은 2004년부터 설계부터 기자재 공급, 건조, 인도까지 일괄턴키 방식으로 시추선을 발주해왔는데, 웨스트 카펠라도 삼성중공업이 설계한 시추선이다.[5) 총 톤 수는 5만 9,626톤이며, 배수량(displacement)은 8만 7,700톤이다.[6)

웨스트 카펠라는 길이 748.07ft(228m), 너비 137.8ft(42m), 높이(선체 아래부터 갑판까지 상하 폭) 62.34ft(19m)의 규모로, 선박 규모 중 아프라막스(Aframax)에 맞추어 만들어졌다고 한다.[7) 흘수(배에서 물에 잠기는 부분의 높이)는 필요에 따라 달라질 수 있는데, 항해 중에는 약 8.5m이며 밸러스트를 채우고 다이나믹 포지셔닝으로 드릴링할 때 12m이다. 이 선박은 최대 3만 8,000배럴의 연료유를 저장할 수 있다.

이 선박은 2만 40톤의 적재량(variable deck load)을 가지고 있으므로 많은 양의 소모품을 운반할 수 있다. 이를 통해 시추해역에서의 가동 시간이 증가하고 선박이 항구를 자주 방문해야 하는 횟수가 줄어든다. 4개의 핸들링 크레인이 장착되어 작업을 지원한다. 데릭(배 갑판 중앙부

정면에서 본 웨스트 카펠라

출처: https://www.balticshipping.com/vessel/imo/9372523#gallery-5

에 시추장치를 장착한 시추탑)은 높이가 약 60m이고 1,000톤의 정적 하중을 운반한다.

웨스트 카펠라에는 6,900㎾의 전력을 제공하는 디젤-전기 드라이브가 있다. 에너지는 각각 7,500㎾의 현대-바르질라(Wartsila) 디젤 엔진 6개와 1,600㎾의 비상발전기에 의해 생성된다. 선체 하부에 6대의 롤스로이스 쓰러스터가 있으며, 각 쓰러스터는 4,560㎾ 전기 모터로 구동된다.

주거 모듈은 최대 180명을 수용할 수 있고, 캐빈 외에도 휴식 공간 및 피트니스 센터를 제공한다. 헬리콥터 착륙장(직경 23.4m)은 보잉 CH-47 치누크 크기의 헬리콥터(동체 길이 15.54m)가 착륙할 수 있도록 만들어져 있다.

기술적 특징

심해시추를 위한 드릴십으로서 웨스트 카펠라는 특별한 구조를 갖고 있다. 이것은 배 위에 설치되어 있는 데릭(derrick)과 배 밑에 달린 6개의 추진기 등 위치유지장치이다.

우선 눈에 띄는 것은 배 중앙부의 탑 모양으로 있는 데릭인데, 시추를 하기 위한 각종 장비들이 있다. 이곳에는 드릴링 파이프를 회전시키면서 실제 시추를 할 수 있게 하는 탑드라이브(Top Drive, 파이프를 잡는 기계)와 드릴링 파이프를 결합하는 장비들이 있을 뿐만 아니라, 중요한 관이 조립되는 곳이기도 하다. 또한 라이저(Riser)라고 불리는 관(통상 120피트)을 여러 개 조립해 깊은 해저까지 연결하고 드릴링 파이프를 라이저 속으로 내려 해저하층토를 시추할 수 있도록 하는 곳이다.[8]

해저 지면에서의 본격적인 시추작업에는 머드라는 특수한 액체를 이용한다. 드릴용 파이프 끝을 통해 이 머드를 분사시켜 시추하게 된다. 이때 머드는 시추할 때 나오는 절단 파편물과 한데 섞여 배 위로 다시 수거된다. 보다 안전한 시추작업을 위해 지휘실에서는 심해용 무인잠수정을 통해 실시간으로 시추 상황을 확인한다.

드릴십은 깊은 바다 한가운데서 바람과 파도, 그리고 조류에 맞서

웨스트 카펠라의 구조

데릭높이 200피트
플레어 붐
구명정
라이저 파이프 랙
탑드라이브
데릭
승무원 생활공간
드릴링 파이프 잭
머드 등 화학물질
헬기더크
구명정
5.6m
아지무스 쓰러스트(총6대)

바탕 설계도 출처: https://www.seadrill.com/wp-content/uploads/2024/01/West_Capella.pdf

위치를 유지하면서 수천 미터 수심의 깊이로 파이프를 내려 시추하며 견뎌야 한다. 통상 1개의 추진기를 갖고 운항하는 다른 배들과 달리, 웨스트 카펠라에는 6개의 추진기가 있다. 웨스트 카펠라 앞쪽과 뒤쪽의 바닥에 각각 3개씩 총 6개의 아지무스 쓰러스트(Azimuth thruster)라는 추진기가 달려 있어, 각자 360도 회전하면서 작동해 해저하층토를 시추하는 동안 한 위치에 계속 머무를 수 있게 한다. 아지무스 쓰러스트 추진기의 힘은 개당 5,500㎾(약 7,000 마력), 조금 잔잔한 해상에서는 4,500㎾(약 6,000 마력)이다.

드릴십을 한 자리에 머물게 하기 위해서는 높은 추진력의 추진기 외에도 배의 정확한 위치를 확인할 수 있는 시스템이 필요하다. 배 자체에 해저에 설치된 음파 발생기의 신호를 받는 집음기를 통해 위치를 확인하는 방법과 인공위성 GPS시스템를 통해 위치를 확인하는 방법을 같이 사용한다. 이를 통해 드릴십은 자신의 위치를 정확하게 확인하고 높은 추진력의 추진기를 통해 선박의 위치를 고정시키게 된다.

운영과 활용

웨스트 카펠라는 동남아시아, 아프리카, 지중해 등에서 활동한 이력이 있다. 첫 시추작업은 나이지리아 에지나(Egina) 해양유전개발 과정에서 토탈이 용선했는데, 2009년 3월부터 5년간 9억 7,000만 달러

웨스트 카펠라 활동 내용

빌린 석유기업	시추 지역	용선 기간	비고
Total	나이지리아 Egina 해양유전	2009년 3월 ~ 2017년	웨스트 카펠라의 최초 작업
Total, ENI	키프로스 해역	2017년 7월 ~ 2017년 10월	튀르키예가 민감하게 반응
페트로나스	가봉	2017년 10월 ~ 2017년 12월	
렙솔	가봉(Luna Muetse (E13)광구, Ivela-1 탐사 유정(수심 2,665m)	2018년 1월 말 ~ 2월	석유발견 성공(4/18)
렙솔	아루바	2018년 6 ~ 7월	
Sabah Shell Petroleum Ltd(Shell 자회사)	말레이시아 해역	2018년 10월 ~ 2019년 6월	
페트로나스	남중국해 분쟁수역	2019년 9월 ~ 2020년 4월	12/6-9 중국 해경선박 2척이 웨스트 카펠라 인근 순찰 항해, 두 달간 대치
페트로나스	말레이시아	2020년 10월 ~ 2021년 초	
PTTEP	말레이시아 해역	2021년 7월 ~ 2022년 5월	
Premier/Repsol	말레이시아 해역	2022년 1 ~ 3분기	
ENI	모잠비크 Angoche Basin	2023년 4 ~ 5월	
무바달라에너지, 하버에너지	인도네시아 수마트라섬 북부 해상의 사우스 안다만 해상유전	2023년 7월 ~ 2024년 11월	용선계약 당시 Aquadrill 소유로 되어 있다. 명칭도 카펠라라고 함. 당초 계약기간보다 2개월 연장
한국석유공사	한국 동해	2024년 12월 ~ 2025년 1월	

출처: 〈Offshore Energy〉, 〈Global News Wire〉 등 관련 기사

의 용선계약에 따라 이루어졌다. 특이한 것은, 이 용선계약이 웨스트 카펠라가 아직 조선소에서 건조 중이었던 2007년 9월에 체결되었다는 점이다.[9] 가장 최근에는 무바달라 에너지 컨소시움의 인도네시아 북수마트라 해상광구에서 가스전 탐사작업을 했는데, 2023년 12월에 라야라 가스전(1207m 수심, 4,208m 깊이 시추, 약 6Tcf 천연가스 매장)을, 2024년 5월에는 탕굴라 가스전(1,200m 수심, 3,400m 깊이 시추, 약 2Tcf 매장)을 발견했다.[10] 2008년 건조 이후, 웨스드 카펠라는 다양한 지역에서 활동했는데, 상세한 내용은 표와 같다.

국제정치 속 웨스트 카펠라

2017년에는 튀르키예와 키프로스 간 분쟁과 관련되었다. 한국가스공사가 ENI와 함께 해양유전에 참여하고 있기도 한 동지중해의 섬나라 키프로스는 그리스계와 튀르키예계 간의 갈등이 계속되었고, 북부지역이 키프로스에서 사실상 분리되어 튀르키예의 영향권 안에 있었다. Total과 ENI가 키프로스 주변해역 Block 11의 오네시포로스 유정에서 탐사를 위해 웨스트 카펠라를 대여해 탐사했는데, 튀르키예는 웨스트 카펠라를 감시하기 위해 두 척의 선박과 잠수함을 보냈다. 키프로스가 단독으로 개발해서는 안 된다고 보았기 때문이다. 프랑스 해군은 선박 2척을 키프로스 수도 니코시아에 인접한 라르나카 항에 정박시켜 키프로스 자원개발에서 자국의 이익을 보호하겠다는 메시지를 보냈다.[11] 미군은 호위함과 잠수함을 지중해 동부에 배치해 '석유 수송의 안전을 보장'했다고 밝혔으며, 그리스군도 대기하고 있었다. 많은 전문가들은 미국의 지원을 키프로스와 그리스에서 미국의 에너지기업 엑슨모빌의 장래 이익과 연관 있다고 보았다. 당시 키프로스 해역에서의 탐사 활동을 더욱 복잡하게 만드는 것은 웨스트 카펠라의 시추현장 도착 시점이 UN이 2015년부터 지원했던 키프로스 통일 회담이 결렬된 지 불과 며칠 만이었던 점이다. 21%의 다소 괜찮

웨스트 카펠라 인근을 순찰하는
미군 해군 7함대 전투함 가브리엘 기포드호(2020년 5월 12일)

출처: https://www.c7f.navy.mil/Media/News/Display/Article/2184969/us-navy-maintains-persistent-presence-near-west-capella/

은 탐사성공률(chances of discovery) 속에서 시추를 진행했는데, 7월 12일부터 9월 8일까지의 탐사시추에서 상업성이 없기는 했지만, 인근의 대형가스전인 이집트 조르 가스전의 가스와 유사하다는 것이 확인되는 성과를 거두었다고 한다.[12]

2019년에는 중국과 말레이시아, 베트남 간의 갈등, 미국의 개입이 나타나는 남중국해 분쟁에 휘말렸다. 2019년 9월~2020년 5월까지 말레이시아 국영석유기업인 페트로나스는 웨스트 카펠라를 용선해 남중국해 분쟁수역에 투입했다. 말레이시아와 베트남의 영유권이 겹치고, 중국이 주장하는 EEZ 경계 내의 ND-1 블록의 아르파이마(Arpaima) 유정과 ND-2 블록의 랄라(Lala) 유정의 탐사시추를 2019년 12월부터 실시했다(분쟁지역임에도 페트로나스가 강행한 이유를 베트남 남콘손 인근의 '붉은 황제' 유정에서 2018년에 중국에 의해 탐사가 중단될 때까지 렙솔이 발견한 플레이를 겨냥한 것으로 보는 시각이 있다).

2020년 4월과 5월에 걸쳐 중국 해양경찰함 2척의 호위를 받는 중국 해양탐사선 하이양 디지8호(2019년에는 베트남 인근을 해양조사)가 4월 15일에 웨스트 카펠라호 인근에 도착해 16일부터 해저 탐사를 시작했고, 중국 해양경찰선이 웨스트 카펠라 주변을 순찰했다. 이에 말레이시아 해군 KD 클라탄(KD Kelatan)이 출동했고, 4월 18일 미국 해군함정 3척이 인근에서 호주 군함과 함께 합동군사 훈련 차 웨스트 카펠라 인근을 순찰하고 거기에 미군 폭격기가 인근 상공을 비행해, 인근에서 감시하던 베트남 선박까지 포함해 5개국의 대치가 있었다. 5월 12일 웨스트 카펠라가 임무를 마치고 해역을 떠난 후, 하이양 디지8

호도 15일에 떠났다. 큰 사고 없이 사태는 마무리되었으나, 그 의미에 대한 해석은 다양하다. 인도-태평양의 해양안전을 수호했다는 미국 측의 설명도 있고, 미군 함선 수의 부족으로 인해 태평양에서의 활동 (presence)에 한계가 있는 상황에서 남중국해의 미국 우방들로서는 중국과의 협력 없이 남중국해에서의 자원개발은 어렵다는 메시지를 남긴 것 아니냐는 설명도 있다.[13]

미래 계획

웨스트 카펠라는 인도네시아 북수마트라의 사우스 안다만 광구에서 라야라 가스전의 평가정 작업을 마치면 한국으로 이동해 한국의 동해 6-1광구와 8광구 지역에서 탐사시추를 진행할 예정이다. 2024년 11월 중에 동남아시아에서 출발해, 동해심해가스전 시추사업 모기지로 선정된 부산신항 다목적 부두에 12월 10일경 도착하고 1주일 이내 기간에 각종의 준비작업이 이루어질 것으로 보인다.[14] 부산신항 다목적 부두는 폭 400m, 수심은 15m로서, 웨스트 카펠라의 선체 길이 228m, 운항 시 홀수(잠기는 부분) 8.5m 및 배 하부의 아지무스 쓰러스트(직경 4.5m) 아래 면까지 폭 5.6m를 고려하면 입항에 큰 무리는 없을 것으로 보인다.[15] 다목적 부두에 선적이 필요한 각종의 설비와 자재를 준비하는 회사들이 미리 창고나 야적공간에 준비 상태를 해놓고 신속하게 실을 수 있도록 준비할 것이다.

부산신항 다목적 부두의 위치

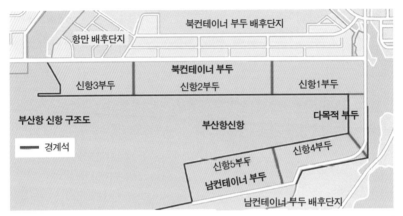

출처: https://www.busan.com/view/busan/view.php?code=20161127000118

웨스트 카펠라호가 들어오면, 외항선박으로서 선박대리점을 통해서 항만입출항 신고, CIQ(Customs, Immigration and Quarantine, 세관, 출입국관리 및 동식물검역) 절차를 대응하게 된다. 비행기로 한국으로 이동한 웨스트 카펠라호의 시추작업 승무원들이 부산에서 승선하게 되는데, 사전에 별도의 비자를 취득할 것이다.

탐사시추를 위한 각종의 파이프, 머드와 화학약품, 물, 연료 등을 선적하게 된다. 승선자 중에는 승무원만이 아니라, 탐사시추현장에서의 신속하고 중요한 의사결정, 돌발상황에 대한 대응을 위한 한국석유공사 관계자 등이 포함될 가능성이 높다. 웨스트 카펠라호 승무원들은 지시받은 것만을 철저히 실행할 뿐이기 때문이다. 통상 3교대(오전·오후·휴가)로 전체 승무원의 일정이 구성되지만, 동해에서 40일이라는 상대적으로 짧은 기간의 작업에서는 휴가조 없이 2교대로 운영될 가능성이 높다.

시추지점은 사전에 공유수면 점사용허가를 받아야 하고, 활동의 영향범위에 따른 환경성 검토를 하는 해역이용협의를 거치게 될 것이다.[16] 웨스트 카펠라가 시추지점으로 이동 후 1주 정도 각종 준비를 하고, 드릴비트를 작동시켜 탐사시추를 진행하게 된다. 시추를 마치면 시추정을 정리하는 데 1주일 정도 소요된다. 드릴 작업은 2.5주가 걸리는데, 시추과정에서 기계적 문제가 발생하지 않으면 넉넉한 시간이나, 만약 문제가 발생한다면 40일 이외에 추가 작업을 검토할 필요가 있을 수 있다. 또한 신속한 인원과 자재의 공급을 위해 부산신항 이외에 좀 더 가까운 지역에 운영 중심 항만의 지정을 검토할 필요가 제기되기도 한다. 또한 헬기로 응급대응을 할 수 있어야 하는데, 여기에는 ㈜헬리코리아가 선정되어 있다.

경제적 효과

한국석유공사는 2024년에 한국동해유전 탐사시추를 위해 시드릴과 시추선 웨스트 카펠라 용선계약을 체결했다. 시드릴의 보도자료에 따르면, 계약 규모는 3,200만 달러(440억 8,000만 원)이다.[17] 계약기간은 2024년 12월부터 2025년 1월까지 동해 대왕고래사이트에서 40일간 시추작업을 진행하는 데 1일 54만 5,000달러(약 7억 원)의 용선료를 지불하는 것으로 알려졌다.[18] 총 계약금액에 이동비용(약 100만 달러)은 포함되어 있고, 추가 서비스는 포함되지 않는다.[19] MPD(Managed Pressure Drilling, 압력관리 드릴링), 로깅(logging, 전기 등을 통해 지질구조를 분석하는 작업) 등 서비스나 파이프, 식자재, 머드 등의 자재들은 석유공사가 다른 서비스기업을 통해 별도로 준비하게 된다.

성공적인 시추결과가 나온다면, 한국 경제에 새로운 모멘텀을 제공할 수 있을 것이다. 국가적으로뿐만 아니라, 포항 등 인근 지역경제에도 긍정적 효과가 기대된다. 포항시민의 72%가 긍정적 효과를 기대하고 있으며, 특히 대왕고래 프로젝트 보조항만인 영일만항 인근 물류상업지구를 중심으로 효과가 파급될 것으로 예측되고 있다. 비수도권도시로서 인구유입 및 고용증가에서 효과가 나타날 것으로 기대하고 있다.[20]

2017년 한국의 유일한 반잠수식 두성호 매각 이후, 운영권자로서의 시추선 활용에 대한 노하우가 충분히 축적될 기회를 갖지 못했다. 웨스트 카펠라호의 심해시추작업을 통해 시추선 활용의 노하우를 축적할 수 있을 것이다.

웨스트 카펠라호의 첫 시추는 한국 동해유전 개발의 이정표가 될 수 있다. 탐사 결과 매장량을 확인하게 되면 동해유전의 잠재력이 현실화되는 것이다. 그간 적폐와 낭비라는 이유로 위축되었던 대륙붕 석유개발에 새로운 모멘텀이 생기는 것이다. 이와 함께, 대륙붕 개발을 국민이 다 함께 인내하며 기다리는 것임을 알게 된다면 7광구에 대한 국민의 시각도 좀 더 긍정적일 수 있을 것이다.

시추선 6세대, 7세대, 8세대

딥워터 아틀라스(Deepwater Atlas)와 딥워터 타이탄(Deepwater Titan)은 모두 20,000psi의 유정 제어 기능과 340만 파운드의 호이스팅 용량을 제공하는 업계 최고 등급의 장비를 갖춘 최초의 8세대 시추선이 되었다고 한다. 예를 들어, 7세대 굴착 장치는 250만~280만 파운드의 호이스팅 용량과 15,000psi의 유정 제어 시스템을 제공하는 동시에 최대 1만 2,000피트의 수심에서 작동한다. 웨스트 카펠라와 같은 6세대 굴착 장치는 최대 200만 파운드의 호이스팅 용량을 제공하며, 1만 피트 수심에서 작업할 수 있다. 5세대부터는 자동화 정도의 차이일 뿐, 세대 구분이 의미 없다고 보는 시각도 있다.

2

대왕고래 프로젝트 성공하면
수혜기업은?

동해심해가스전 사업(대왕고래 프로젝트)이 성공한다면 수혜 가능성이 있는 기업을 정리해보았다. 상장사를 기준으로 정리했기 때문에, 해당 기업이 비상장사인 경우, 상장사인 모회사에 대해 기술했다.

에너지기업

대왕고래 프로젝트에서 한국석유공사와의 협력 및 자문, 생산물의 활용 등에서 긍정적인 효과가 예상되는 기업들이 있다. 주된 생산물과 관련된 한국가스공사와 동해심해가스전 개발전략회의에 참여하는 3개 민간 에너지기업이 이에 해당한다.

한국가스공사

한국가스공사는 천연가스를 도입해 판매하는 기업으로 해외천연가스생산지로부터 액화천연가스(LNG) 형태로 도입해 전국 배관망과 탱크로리 등을 통해 국내의 발전사와 도시가스사로 천연가스를 공급한다. 그리고 국내가스 수급 안정성 확보를 위해 해외에서 자원개발 및 LNG 생산 사업 등을 추진하고 있다. 또한 해외 P2G(Power to Gas), 냉열 등 친환경 신규 LNG 사업 발굴도 같이 하고 있다.[21]

한국가스공사는 국내 유일의 천연가스 도매사업자로서, 자가소비 목적의 직수입 물량을 제외하고는 국내 천연가스 시장을 100% 점유하고 있다. 따라서 대왕고래 프로젝트 성공 시 생산될 천연가스를 도입가격보다 저렴하게 공급받을 수 있다면, 가스공사의 채산성 개선에 도움이 될 것이다. 이는 동해에서 천연가스생산 시 파이프라인으로 직접 공급받는다면, 해외도입 LNG에 비해 액화비용, 기화비용, 해상수송비용이 절감되어 생산기업과 협상을 통해 해외 LNG보다 저렴한 천연가스를 공급받을 수 있을 것이다. 동해-1, 동해-2가스전 사업 시 생산된 천연가스를 공급받은 바 있다.

GS

2012년 GS그룹은 에너지사업 중간지주회사로서 GS에너지를 출범했다. GS에너지는 종합 에너지기업으로서 전력과 지역난방, 정유와 화학, 가스, 해외자원개발 등의 기존 에너지사업뿐만 아니라, ESG 신사업을 통한 포트폴리오를 키워가고 있다. GS에너지는 정유회사인

GS칼텍스(50% 지분) 및 열병합발전기업인 GS파워(51%) 등의 국내외 자회사를 보유하고 있다.[22] GS에너지는 동해심해가스전 개발전략회의에 참여하는 3개 민간 에너지기업 중 하나이며, GS의 자회사인 GS 글로벌은 그룹에서 해외자원개발을 담당한다.

포스코인터내셔널

대우의 종합상사인 대우실업으로 시작해 1996년 ㈜대우인터내셔널로 분할출범했고 2010년 포스코그룹에 편입되었다. 포스코인터내셔널은 무역과 자원개발, 인프라개발, LNG 터미널 운영 등의 사업을 하고 있다. 포스코인터내셔널의 사업 중 에너지부문(천연가스, LNG 등)의 매출은 회사 전체의 10.5%이다. 2023년도에 6,151억 원의 매출, 1,233억 원의 비용을 나타낸 미얀마 A-1/A-3 가스전은 성공적인 사업이라 할 수 있는데, 2024년 7월에 4단계 개발을 공식화했다.[23] 인천에 LNG복합화력발전시설(3,412MW 발전용량), 광양 국가산업단지에서 저장용량 73만kl LNG 저장탱크 5기를 운영하고 있다. 2023년 1월 1일 포스코에너지㈜를 흡수합병했다.[24] 포스코인터내셔널은 동해심해 가스전 개발전략회의에 참여하는 3개 민간 에너지기업 중 하나이다.

SK이노베이션

SK이노베이션은 SK어스온 등 9개의 주요 자회사를 보유하고 있는 종합에너지기업이다. 2023년 기준으로 석유사업(62%)이 가장 비중이 크고, 화학사업(14%), 윤활유 사업(6%), 배터리 사업(17%), 석유개발 사

주요 에너지 상장기업 현황

2023년	매출	당기순이익	직원 수
한국가스공사	44조 5,559억 원	△7,474억 원(적자)	4,163명
GS (GS 에너지)*	25조 9,784억 원 (6조 5,190억 원)	1조 5,787억 원 (1조 142억 원)	85명 (195명)
포스코인터내셔널	33조 1,328억 원	6,804억 원	1,701명
SK이노베이션	77조 2,884억 원	5,548억 원	1,610명

* 비상장 자회사

출처: 각 사 2023년도 사업보고서

업 및 기타 사업(1%)으로 구성되어 있다. SK어스온은 1980년부터 시작된 SK그룹의 자원개발기능을 SK이노베이션으로부터 2021년 10월 1일자로 물적분할한 석유가스 상류기업으로 100% 자회사이다. 2023년부터 석유를 생산하는 남중국해 17/03 광구는 독자적인 기술력으로 탐사, 개발, 생산까지 이어진 첫 번째 운영권 광구였다. 2023년 말 기준으로 8개국 10개 석유광구 및 4개 LNG 프로젝트를 진행 중이며, 2022년 말 확인 매장량 기준 총 3.3억 배럴의 석유를 확보하고 있다. 2023년 기준 석유 분배 물량은 일산 약 5만 boe이다. 2023년 4분기 누적 기준으로 석유개발 사업은 1조 1,261억 원의 매출을 시현했다. SK어스온은 동해심해가스전 개발전략회의에 참여하는 3개 민간 에너지 기업 중 하나이다.

정유업

정유, 석유화학, 윤활사업은 자본집약적인 장치산업(전체 자산에서 유형자산의 비중이 약 45%)이다. 그래서 초기 투자비용이 크고 규모의 경제가 작용하는 등 진입장벽이 높은 사업이다. 국내 정유산업은 S-Oil, SK에너지(주), GS칼텍스(주), HD현대오일뱅크(주) 4개 정유사 중심으로 구성되어 있다. 정유사업은 제조원가에서 석유가 차지하는 비중이 90%로 비중이 월등히 높고, 100% 해외에서 수입하며 특히 중동 지역에 수입물량이 편중(2023년 전체 석유 도입량의 72.11%)되어 있어 중동 지역의 지정학적 리스크에 노출되어 정유사의 수익성에도 부정적인 영향을 미칠 수 있다. 이러한 가운데, 국내 대륙붕에서의 석유가스공급은 안정적인 사업운영의 지렛대가 될 수 있다.

S-Oil

S-Oil은 당초 이란 국영석유회사 NIOC와 쌍용이 1976년 합작설립했다. 1991년에 아람코가 35%의 지분을 인수해 공동운영하다가, 쌍용지분 28.4%가 한진을 거쳐 2015년 전량 아람코에 매각됨으로써 아람코가 S-OIL의 최대주주가 되었다. 2023년 말 기준 63.4%의 지분을 아람코의 자회사(Aramco Overseas Company, AOC)가 보유하고 있다. 현재 석유제품과 가스 및 윤활기유, 화학제품 등을 판매, 석유 및 석유제품의 수출입업을 담당하고 있다. S-Oil의 매출액에서 70% 이상으

로 가장 높은 비중을 차지하는 정유 부문에서는 높은 고도화설비 수준, 대규모의 정제시설, 안정적인 내수 유통망 등을 바탕으로 견고한 시장지위와 사업경쟁력을 보유하고 있고, 사우디아람코와의 장기계약(2012년 2월 체결, 계약기간 20년)에 의거해 원료인 석유의 대부분을 구매하고 있다.[25]

SK이노베이션

SK이노베이션은 SK에너지 등 9개의 주요 자회사를 보유하고 있는 종합에너지기업이다. 자회사 중 SK에너지는 1962년 설립된 우리나라 국영정제기업인 유공을 기반으로 한다. 사업 파트너였던 걸프오일이 1980년에 지분을 정리하자, 민영화 과정에서 선경(SK의 이전 명칭)에 매각되었다. SK에너지는 주요사업이 석유사업이며 무연휘발유, 등유, 경유, 납사와 같은 석유제품을 제조해 판매, 수출하고 있다. 주요 원재료인 석유는 중동 산유국 등 전 세계 각처에서 수입하고 있다. 주요 판매경로는 크게 대리점, 직매, 수출이며, 무연휘발유가 전체 매출액 중 가장 큰 비중을 차지한다.[26]

GS

GS그룹은 자회사인 GS에너지의 자회사로 GS칼텍스를 갖고 있다. GS칼텍스는 1967년 락희화학과 칼텍스의 합작으로 설립된 국내 최초의 민간 정유회사인데, 1986년부터 한국 측 단독 경영체제가 확립되었다. GS칼텍스는 정유제품, 석유화학 제품, 윤활유를 제조해 판매하고 있으며, 하루 80만 배럴의 정제 설비와 고도화 설비를 갖추고 있다. 원료인 석유와 납사는 쉐브론(칼텍스의 모회사)을 통해 확보한다. 2023년 기준 사업 부문별 매출의 비중은 정유사업이 80%로 압도적이며, Chevron U.S.A. Inc.는 매출액의 10% 이상을 차지하는 주요 매출처이다.[27]

HD현대㈜

HD현대㈜는 선박건조업(HD현대중공업㈜, ㈜현대미포조선, 현대삼호중공업㈜), 정제처리업(HD현대오일뱅크㈜) 등의 기업들을 자회사로 지닌 지주회사이다. 자회사 중 HD현대오일뱅크는 1969년 쉘과 합작회사로 설립된 극동쉘이 모체이며, 1993년 현대그룹에 편입되었다. 오일뱅크는 휘발유와 경유 같은 석유제품을 제조해 판매하는데, 충남 대산에 일산 69만 배럴 규모의 석유정제설비와 고도화 설비를 갖추고 있다. 정유사업이 큰 비중을 차지하고 있고, 매출액 중 10%를 넘는 주요 고객은 아람코 싱가포르 판매법인(Aramco Trading Singapore Pte. Ltd.)이다. 석유의 주요 매입처는 멕시코 국영석유기업 페맥스(PEMEX)의 판매자회사인 PMI Comercio Internacional 등이며, 석유 장기 구매계약을 HD현대오일뱅크의 주주인 Aramco Overseas Company B.V의 자회사들과 체결하고 있다. 이외에 카타르에너지와는 콘덴세이트 관련 계약을 체결해 도입하고 있다.[28]

정유업 주요 상장기업 현황

2023년	매출	당기순이익	주유소 수[29]	직원 수
S-Oil	35조 7,266억 원	9,488억 원	2,216개 소	3,242명
SK이노베이션 (SK에너지)*	77조 2,884억 원 (43조 6,254억 원)	5,548억 원 (1,581억 원)	(2,904개 소)	1,610명 (2,614명)
GS (GS칼텍스)*	25조 9,784억 원 (45조 9,728억 원)	1조 5,787억 원 (1조 539억 원)	(2,104개 소)	85명 (3,242명)
HD현대(주) (HD현대오일뱅크)*	61조 3,313억 원 (28조 1,078억 원)	7,858억 원 (1,556억 원)	(2,377개 소)	54명 (2,162명)

* 비상장 자회사

출처: 각 사 2023년도 사업보고서

조선플랜트업

대왕고래 프로젝트가 성공할 경우 석유생산설비, FLNG 등 해양 플랜트의 수요가 발생할 것이고, 전 세계적 수요와 결합되어 해양플랜트 분야는 긍정적 영향을 받을 것이다. 해양플랜트 분야는 조선업과 유사하지만, 상대적으로 요구되는 설비의 사양이 설치 지역이나 석유가스생산 조건에 따라 복잡하고 방대해 표준화된 설계 적용이 어렵고 주요 기자재 적용 사양이 매 공사마다 상이해, 제작기간이 길고 공사금액도 큰 특성이 있다.[30]

HD현대중공업

HD현대중공업은 1972년 설립되었으며 울산에 본사를 두고 있다. 2024년 기준 〈포브스〉 선정 글로벌 2000에서 1,046위에 랭크되어 있다. 창립 이후 10년 만에 세계 조선소 중 1위(선박 수주 및 건조량 기준)로 발전하며, 2012년 선박 건조량 1억 기가 톤 달성 세계 최초, 2015년 선박 2,000척 건조 세계 최초 달성 등의 기록을 갖고 있다.[31] 2023년 말 기준 대형 건조 도크(10개 소)와 초대형 골리앗 크레인(9기) 등 설비를 확보하고 있다. 최근 저탄소 선박 기술에 집중해 2024년에 세계 1위 선사인 머스크(Maersk)의 세계 최초 메탄올 추진 초대형 컨테이너선을 성공적으로 인도하는 등 해양 모빌리티 시장에서 선도적 역할을 하고 있다. 또한 2024년부터 미국 해군함정의 보수 및 군함 건조에 대해 논의가 이루어지고 있다.[32]

해양유전과 가스전에서 석유와 천연가스를 생산하는 다양한 형태의 해양플랫폼은 전체 매출의 약 10%(2023년 기준)를 차지하는데, 설계부터 제작, 시운전까지 수행하고 있다. HD현대중공업은 동해-1 가스전 사업에서 생산플랫폼 및 해저 파이프라인 건설을 담당했으며, 2019년에 세계에서 가장 큰 반잠수식 시추선 '웨스트 볼스타(West Bollsta)호'를 인도했다.

삼성중공업

삼성중공업은 1974년 설립 이후 세계 유수의 선사로부터 선박과 해양설비를 수주해 첨단기술과 생산자동화를 통해 모든 프로젝트를 성공적으로 인도했다. 부유식 LNG 설비(Floating Liquefied Natural Gas, FLNG), 부유식 생산저장하역설비(Floating Production Storage Offloading, FPSO) 드릴십 분야에서 세계 최대 건조 실적을 보유하고 있다. 전 세계 운영 시추선 중 46.5%가 삼성중공업에서 인도한 선박이고, 여기에는 동해 심해가스전 1차 탐사시추를 수행하는 시드릴 소속의 웨스트 카펠라도 포함된다.[33] 고정식 해양설비, 인장계류식 플랫폼(Tension Leg Platform, TLP), 부유식 해상구조물 등 해양플랜트 시장에서도 메이저 석유기업의 선박주문을 받고 있다.

한화오션

한화오션은 고정식 플랫폼(Fixed Platform), 부유식 석유생산저장 하역설비(FPSO), 석유 시추설비(RIG, Drillship) 등 해양석유개발설비와 LNG 운반선, 컨테이너선 등 선박과 잠수함 등 군함을 건조하는 기업이다. 1973년 경남 거제시 옥포항 부근에 설립된 대한조선공사를 대우조선이 인수한 후, 지난 50여 년 동안 조선 해양 분야에 활동했는데 2023년 5월 한화오션으로 변경되었다. LNG 생산과 정제, 운반에 필요한 기술과 경험을 접목해 세계 최초로 FLNG(Floating Liquefied Natural Gas)를 건조, 인도했다. 매출의 약 25%가 해양플랜트와 특수선(군함)이다. 종속회사로 선박블럭 및 부품을 제작하는 한화해양공정(산동)유한공사와 선박블럭 및 기자재 등을 제작하는 한화오션에코텍(주)가 있다. 2024년 인재유출 차단을 위해 조선업본부를 거제에서 부산으로 이전하는 것을 검토하는 것으로 전해졌다.[34]

조선플랜트업 주요 상장기업 현황

2023년	매출	당기순이익	직원 수
현대중공업	11조 9,639억 원	246억 원	13,277명
삼성중공업	7조 9,072억 원	△890억 원(적자)	9,640명
한화오션	7조 4,083억 원	1,600억 원	8,892명

출처: 각 사 2023년도 사업보고서

강관업

강관산업은 철강산업의 한 분야로서, 산업활동에 필요한 기초소재를 공급하는 기간산업이다. 석유개발업, 건설, 조선 등 많은 산업에서 강관이 사용되고 있다. 강관 중에서도 유정용 강관은 석유, 가스의 채굴에 사용되는 고강도의 강관인데, 굴착할 때 사용하는 드릴 파이프(drill pipe)와 뚫는 유정의 보호를 위해 사용하는 케이싱(casing), 채굴된 석유가스를 산출층으로부터 지상(또는 해상의 시추플랫폼)까지 운반하기 위해 사용하는 튜빙(tubing)으로 나뉜다.

POSCO홀딩스

POSCO홀딩스는 총 191개의 자회사를 가진 지주회사로서 철강부문, 무역부문, 건설부문 등 6개 부문으로 구분된다. 철강부문의 자회사인 (주)포스코는 1968년 4월에 포항종합제철주식회사로 창립되었으며, 대일청구권자금과 정부출자를 활용해 1973년 제철소가 완공되었다. 이후 계속 확장되었고, 1980년대에는 광양제철소도 건립했다.

2022년 3월 지주회사체제로 전환했고 철강부문을 담당하는 ㈜포스코의 100% 주식을 POSCO홀딩스가 보유하고 있다. ㈜포스코는 설립 시에는 국영기업이었으나, 2000년에 민영화가 완료되었다가 지주회사체제로 전환되었다.[35] 포항과 광양에 제철소가 있으며 인도국영석유공사 IOCL(Indian Oil Corp. Ltd)이 수입하는 석유와 가스를 내륙으로 운송하는 대규모 파이프라인을 건설하기 위한 대량의 API 강재 X65, X70을 외국 회사로는 유일하게 공급한 바 있다.[36] 본사는 포항에 위치하고 있다.

현대제철

1953년 6월 대한중공업공사로 설립되어 2024년 기준 전기로와 고로 제강을 통해 강관, 자동차부품, 후판 등을 생산하고 건설, 자동차 및 조선산업 등에 공급하고 있다. 전기로를 사용하는 제강사 중에서 국내 최대 생산능력을 갖고 있고, 국내에서 두 번째 고로 시설을 2010년 당진 일관제철소에 설치했다. 현대제철은 5,246억 원의 출자(현금 140억 원, 현물액 5,106억 원)를 통해, 100% 지분을 갖는 비상장 자회사인 현대스틸파이프를 2024년 1월에 출범해 강관사업을 독자운영하고 있다.[37] 현대스틸파이프는 송유관(Line Pipe) 5L, 유정관(Casing and Tubing) 5CT, 송유관(Line Pipe) 5L, 구조관(Structural Steel Pipe) 2B에 API 인증을 보유하고 있다.[38]

동국제강

철강 제조기업으로서 1960년대부터 사업을 시작해 국내 민간 최초로 50톤 용광로를 운영했다. 전기로를 통해 양질의 형강과 봉강의 대량생산시대를 열었으며, 2010년 국내 유일 친환경 에코아크 전기로를 가동해 탄소 중립 기술 향상에 기여하고 있다. 시스템 중 2W-0036, 2H-0047가 미국 석유협회(API) 인증을 획득했다.[39]

세아제강

1960년 부산철관공업으로 시작해 1967년에는 국내 최초로 강관을 수출했고, 1979년에는 케이싱 및 튜빙, 송유관 등에 미국 석유협회(API) 인증을 획득했다.[40] LNG 플랜트와 선박, 석유화학플랜트에 쓰이는 극저온용 배관 등을 생산한다. 스테인리스 강관 생산에 사용되는 전기융합용접(EFW 용접)에 대한 기술개발을 통해 LNG, 화학 및 정유 플랜트, 해양 플랜트(FPSO 등), LNG 선박 등 고품질이 요구되는 특수 강관에 대한 경쟁력을 강화하고 있다. 서울에 위치한 본사와 포항의 R&D센터를 포함해 4개 공장(포항과 군산은 탄소강관, 순천은 탄소강관과 STS강관, 창원은 특수관)이 있다. 2023년 전체 생산 능력은 160만 톤이며 생산실적은 92만 톤이다.[41] 세아제강지주가 50.11%의 주식을 보유하고 있다.[42]

휴스틸

1967년 설립된 한국강관㈜을 모체로 ㈜신호스틸을 거쳐 2001년

신안그룹 인수 후 2002년부터 ㈜휴스틸이라는 명칭을 쓰고 있다. 2023년 12월에 수출 3억 달러를 달성했다. 생산시설로는 당진, 대불(탄소강관)과 대구(스테인리스 강관)에 공장이 있다. 휴스틸의 2023년 전체 생산능력은 111만 톤, 생산실적은 47만 톤이다. API 등 각종 인증 및 규격(Lloyd, 아람코 등)을 획득함으로써, 세계적인 석유 메이저인 쉘의 공급업체로 등록되었고, 벡텔(미국 대형 건설사)와 윌리엄스(미국 에너지 회사), 싱크로드(캐나다의 에너지회사)의 공급업체로 승인되었다.[43]

넥스틸

넥스틸은 강관을 생산하고 판매하는 것을 주요사업으로 하고 있다. 주요 제품은 석유가스개발과 관련해 유정에서 석유가스를 채유하는 데 사용되는 미국석유협회(API) 인증 유정관(OCTG Pipe), 송유관(Line Pipe)이며, 이를 미국 등 전 세계에 수출하고 있다. 이밖에 조선업이나 건설업에서 사용되는 구조용 강관도 생산하고 있다. 2007년에는 미국석유협회(API)로부터 API 5CT, 5L 승인 인증서를 획득했다.[44] 2024년 10월에 대왕고래 프로젝트의 강관 공급업체로 선정되었다.[45]

주요 강관업체 상장기업 현황

2023년	매출	당기순이익	직원 수
POSCO홀딩스 (㈜포스코)*	77조 1,271억 원 (38조 9,715억 원)	1조 8,458억 원 (1조 1,796억 원)	530명 (17,772명)
현대제철 (현대스틸파이프)*	25조 9,147억 원 (103억 원)	4,429억 원 (10억 원)	11,833명 (944명)
세아제강	1조 8,609억 원	1,888억 원	762명
동국제강	2조 6,321억 원	1,422억 원	1,522명
뉴스틸	7,648억 원	721억 원	556명
넥스틸	6,190억 원	1,295억 원	399명

* 비상장 자회사

출처: 각 사 2023년도 사업보고서

부록

미국 에너지 정책 변화 예측

트럼프 2기 행정부의
에너지 정책은 어디로 가는가?

트럼프 2기 행정부의 에너지 정책은 보수적인 공화당과 진보적인 민주당의 가치 차이가 에너지라는 구체적인 정책 대상에서 나타나는 것이다. 기본적으로 기후변화에 대한 다른 시각에서 시작하는 에너지 정책의 차이는 정책 세부내용에서 명확한 차이를 드러낸다. 트럼프 2기 행정부는 상원, 하원까지 공화당이 다수가 된 것, 즉 입법부와 행정부가 같은 당이 다수가 된 단일정부(unitary government)가 된 것을 계기로, 바이든 행정부의 에너지 정책이 갖는 진보적 색채를 변경할 것으로 보인다. 그 배경과 정책 방향을 살펴보자.

진영 간 인식의 차이

기후변화에 대한 인식 차이
기후변화의 심각성에 대한 인식에 있어, 청정 에너지로의 에너지 전환(energy transition)의 필요성을 절실하게 느끼는 바이든 정부와 달리, 트럼프 행정부는 기후변화를 상대적으로 심각하게 보지는 않는다. 트럼프 당선자는 자신의 책《불구가 된 미국》에서 밝히듯, 기본적으로 기후변화는 인적요인 때문에 생긴 것이라고 믿지 않는다. 그가 보기에, 기후론자들이 처음에는 지구가 따뜻해지고 있다고 '지구온난화'라고 했다가, 기후가 떨어지자 이번에는 '기후변화'라고 하면서 자꾸 말을 바꾼다고 생각한다. 심지어는 기온이 너무 높은지 너무 낮은지 구분할 수 없게 되자, '극단적인 기상상태'라고 한다고 본다. 트럼프가 보기에는, 미국 최대 토네이도는 1890년대에 있었고 허리케인이 많이 발생한 시기는 1860년대와 1870년대인 것을 볼 때, 극단적인 기상상태는 그리 새로운 것이 아니다.[1]

화석연료에 대한 입장 차이

화석연료 사용 규제 및 신재생에너지 생산지원, 전기차 보조금 등 변화를 모색하는 바이든 행정부와 달리, 트럼프 행정부는 화석연료에 대해 관대한 입장이다. 바이든 행정부에서는 화석연료는 땅에 묻어두자(개발하지 말자)고 해 석유가스 파이프라인 건설의 반대논리로 이용되었다. 이와 대조되게 트럼프 당선자가 보기에는, 미국에 풍부하게 존재하는 '액체 금(liquid gold)' 화석연료를 활용함으로써 에너지 저비용 구조를 만들 수 있다. 이를 통해 일반 시민의 가계지출부담을 줄이고, 기업의 경쟁력을 제고하며 미국의 에너지 안보를 강화할 수 있다고 본다.

보수성향의 정책제안서인 〈Project 2025〉에 따르면, 바이든 행정부는 기후변화에 맞선다는 명목으로 풍력과 태양광 프로젝트에 납세자의 돈을 쏟아붓고 화석연료 사용은 중지시킴으로써 에너지 고비용을 조장하고, 중국에 의존하게 만들었다고 본다. 에너지 고비용 구조로 저소득층과 한정된 자산만 있는 시니어 계층에 피해를 주었고, 일자리를 창출해야 할 기업의 경쟁력을 떨어뜨렸으며, 미국의 에너지 안보를 약화시켰다고 본다.

트럼프 2기 행정부의 정책 방향을 어떻게 예측했나

2024년 대선 선거공약

트럼프가 선거운동기간 중 직접 발표한 〈아젠다 47(Agenda 47)〉에서 에너지 공약 2개를 발표한다. 하나는 '미국은 지구상에서 가장 저렴한 에너지와 전기를 보유해야 한다(America Must Have the #1 Lowest Cost Energy and Electricity on Earth)'이고, 다른 하나는 '미국을 다시 에너지 독립국으로 만들겠다(President Trump on Making America Energy Independent Again.)'이다. 물가안정과 산업경쟁력 제고, 많은 전력을 소모하는 AI 등 첨단산업을 위해 에너지가격 안정이 필수적이므로 저비용 에너지개발을 적극 지원할 것으로 보인다.[2]

트럼프 1기 행정부의 정책추진 내용: 민주당 정부와의 비교

트럼프 당선자는 1기 행정부 당시 기존 오바마 행정부의 규제들을

트럼프 대선 캠프의 공약이 언급한 에너지 정책 비교

	트럼프 1기 행정부 (2017년 1월 20일~2021년 1월 29일)	바이든 행정부 (2021년 1월 20일~2025년 1월 29일)
총 에너지 비용	100	139(트럼프 1기를 100으로 볼때의 상대적 수준)
가정 에너지 요금	100	125(트럼프 1기를 100으로 볼 때)
전기 요금	100	123(트럼프 1기를 100으로 볼 때)
휘발유 가격	1.41달러/갤런	3.80달러/갤런
전략비축유 확보량	6억 3,800만 배럴	3억 4,676만 배럴

출처: 〈Agenda 47〉

완화하면서 미국을 순수 에너지 수출국으로 전환하고 하루 1,200만 배럴을 생산하는 세계 최대 석유가스생산국이 되었다는 점에 대한 자부심이 크다. 트럼프 대선 공약집 〈Agenda 47〉에 따르면, 1기 행정부 당시, 전기가격은 중국 수준으로 저렴하여 중국과 경쟁이 가능할 정도였다고 한다. 트럼프는 2017년 집권 직후 파리기후협약에서 탈퇴함과 동시에 오바마 행정부에서 유전개발을 금지했던 지역에서의 석유가스탐사 및 개발을 재차 허용했다. 알래스카의 북극 야생동물보호구역(Arctic Wildlife Refugee, ANWR)에서 석유가스생산을 위한 토지 임대를 허용했고, 키스톤 XL 파이프라인과 다코타 엑세스 파이프라인 건설을 승인했다.[3] 이러한 정책 차이는 다시 규제를 강화한 바이든 행정부와 비교되는데, 트럼프 1기 행정부의 정책이 미국 가정으로 하여금 전기요금과 주유소 가격을 합쳐 연간 2,500달러를 절약할 수 있게 했다고 할 정도로 에너지의 '저렴함(affordability)'을 중요시하고 있다.

크리스 라이트(Chris Wright)[4]
에너지부 장관 내정자

더그 버검(Doug Burgum)[5]
내무부 장관, 국가에너지위원회 의장,
NSC 위원 내정자

경력[6]	경력[7]
* MIT 기계공학 학사 * UC 버클리, MIT의 전기공학 석사 * Pinnacle Technologies의 CEO(1992~2006년) : 셰일가스생산 시작, 수압파쇄 관련 혁신적 성과 * Liberty Resources와 Liberty Midstream Solutions의 CEO(2010~2024년) * 차세대 소형 모듈형 원자로 회사인Oklo Inc.(NYSE: OKLO) 이사회 소속 * 글로벌 광업 로열티 회사인 EMX Royalty Corp.(NYSE-A: EMX)의 이사회에 소속 * Bettering Human Lives Foundation의 창립 이사 * 석유업계에서 영향력이 큰 Harold Hamm이 적극 추천	* 노스다코타주립대 자유전공 학사 * 스탠포드 MBA * 마이크로소프트 수석부사장(2001~2007년) * 넓은 연방토지를 보유한 노스다코타주 현직 주지사(2선, 2016~2024년) * 온실가스 배출량 감소를 위한 탄소 포집 기술을 홍보했으나, 화석연료로부터의 전환은 아님 * 희토류 금속채굴, 석유 및 천연가스 시추와 같은 에너지 관련 활동을 위해 토지관리국의 토지를 개방할 것을 촉구 * 대선기간 동안 트럼프와 석유사업가들 사이의 연락책 역할
정책 방향성	정책 방향성
* 관료주의를 철폐하고 경제의 모든 부문에 걸쳐 민간 부문 투자를 강화함으로써 '미국의 에너지 패권으로 가는 길'을 감독 * 에너지부의 기후변화 대응 관련 지원과 연구를 축소 내지 중단할 것으로 예상됨	* 국유지, 공유지와 해양에서 시추할 수 있는 더 많은 기회를 열 가능성이 높음 * 미국에서 '모든 형태의 에너지의 허가, 생산, 분배, 규제, 운송에 관련된 모든 부서와 기관'으로 구성된 국가에너지위원회(Council of National Energy)를 지휘할 예정. 관료주의 철폐, 민간 부문 투자 강화, 규제보다는 혁신에 초점을 맞추게 될 것[8]

에너지 정책 관련 장관 지명자들의 견해

트럼프 당선자는 셰일프래킹회사의 CEO인 크리스 라이트(Chris Wright)을 에너지부 장관(Secretary of Energy)으로 지명했고, 더그 버검(Doug Burgum) 노스다코타 주지사를 연방토지에서의 시추허가와 관련된 내무부 장관(Secretary of Interior)으로 지명했다. 라이트의 에너지부 장관 임명은 트럼프 2기 행정부에서 화석연료산업의 주도적 역할을 예상케 하고 있고, 버검이 갖게 될 에너지 차르(Energy Tsar)로서의 역할은 정책의 파급력을 크게 할 것으로 보인다.

트럼프 2기 행정부의 예상되는 변화들

석유가스 산업 관련 규제완화

바이든 행정부 당시 2022년 유가 급등으로 연방정부 소유 부지 내 시추 허용 및 임대가 재개되기는 했으나, 채굴이익부담금과 로열티를 인상하는 등 직간접적 규제는 오히려 강화되었는데, 트럼프 2기에서는 해당 정책의 폐기는 물론 석유 및 가스시추 관련 규제가 완화되는 등 지난 1기와 유사한 움직임이 예상된다. LNG 터미널 허가절차를 간소화하고 장기수출허가를 2050년까지 연장을 허용하면서, 자유무역협정이 없는 국가(NATO 회원국 등)에 대해서도 LNG 수출을 승인하게 될 가능성이 높다. 이는 소비자 선택권(가스버너의 사용, 자동차 종류의 선택권 등) 보호, 지정학에서 에너지 역할 강화(LNG 수출승인, LNG 수출 허가

중지 해제 등), 연방토지 임대규제 완화, 허가시스템 개혁, 세제개편 등이 '미국 에너지 리더십 확보 및 인플레이션 감소를 위한 API(미국석유협회)의 5가지 정책 로드맵'으로 제안된 것과 같은 맥락이다.[9] 규제완화의 정도는 증산에 따른 가격하락부담을 상쇄할 정도의 대규모 생산이 가능한 수준일 가능성이 높다.

국제석유시장 관련 외교정책: 이란과 러시아

이란의 석유가스생산은 바이든 대통령 취임 후 증가해 2020년 1월에 약 270만 배럴이었던 것이 2024년 6월에는 400만 배럴로 증가했는데, 제재 회피가 능해지고 제재 이행이 느슨해졌기 때문이다. 단기적으로는 1기 때의 이란 최대압박전략(Maximum Pressure strategy)를 재개해 이란 석유 수요처와 수송부문에 대한 경고로 제재를 강화하고 이란의 수출을 감소시킬 것으로 보이는데, 이는 세계에너지기구(IEA)가 예측한 OPEC 석유 수요 감소분과 비슷해 상쇄효과가 있을 것으로 예측된다.[10]

러시아와 관련해서는, 1기 행정부 당시 노드스트림-2 파이프라인을 반대해 러시아의 에너지 수출을 제약한 바 있지만, 2기 행정부에서는 제재가 일부 완화되어 러시아가 기존보다 1일 50만 배럴 이상의 생산을 추가할 것으로 예상된다. OPEC이 할당된 쿼터보다 더 많이 생산하고 있는 이라크와 UAE(총 71만 배럴/일 초과 생산)에 대한 규율 적용에 성공할 것인지와 연계해 세계 석유가스 시장가격이 어느 정도 하락할 것인지 영향을 미칠 것으로 보인다.

이에 덧붙여, 중국-러시아 에너지 관계에 정통한 백근욱 박사가 언급한 두 가지 포인트를 소개한다. 우선 러시아의 Arctic LNG-2 생산 천연가스는 미국 셰일가스에 비해 가격경쟁력이 매우 좋은데, 제재 완화 내지 해제가 이 대형가스전의 생산도 허용하는 방향으로 갈지이다. 또 하나는 러시아 천연가스의 중국 공급이 가격에 대한 협상 결렬로 잘 진행되지 않고 있지만, 중국과 러시아 지도자 간 과감한 결정이 있을 경우, 미국 셰일가스에 비해 저렴한 러시아 PNG가 중국 시장을 선점할 가능성을 배제할 수 없다는 점이다. 이것은 Power of Siberia-2 파이프라인의 건설로 현실화되는 사안인데, 국가 간 천연가스 경쟁이 예상된다.[11]

미국 에너지 관련 조직의 변화[12]

에너지 정책 관련 조직들에 대한 구조조정, 역할 재조정이 예상된다. 에너지 관련 기구로는 에너지부(Department of Energy, DOE), 내무부(Department of Interior, DOI), 연방에너지규제위원회(Federal Energy Regulatory Commission, FERC), 원자력규제위원회(Nuclear Regulatory Commission, NRC) 등이 있는데, 에너지 문제의 복잡성을 극복하기 위해 국가에너지위원회(National Energy Council)를 창설할 예정이고, 이를 총괄할 에너지 차르로는 내무부 장관 지명자인 더그 버검을 지명했다.[13]

에너지부는 미국의 에너지 외교를 담당하고, 트럼프가 보충하겠다고 밝힌 전략비축유를 관리하며, 에너지 기술 발전을 위한 보조금 및 대출 프로그램 운영, 노후화된 미국 핵무기 단지, 원자력 에너지 폐기물 처리, 17개의 국립 연구소 감독을 담당한다. 향후 에너지 안보에 다시 집중하면서 화석연료탄소관리실(Office of Fossil Energy and Carbon Management, OFECM)이 강화되고, 기후변화대응을 위해 2021년에 설립된 청정에너지시범사업실(Office of Clean Energy Demonstration, OCED)과 청정에너지의 전력망 접근성 제고를 목표로 하는 전력망배치실(Grid Deployment Office, GDO)의 구조조정이 예상된다. 이와 함께, 1기 트럼프 행정부 때와 같이 탄소 포집 시범 프로젝트 프로그램(25억 달러)과 같은 기후변화 및 신재생 관련 연구지원을 특정이익 지원으로 보고 삭감할 가능성이 높다.

연방에너지규제위원회(FERC)는 파이프라인 건설 승인, LNG 수출 시설의 건설 및 운영을 허가·승인하는 기관인데, 석유가스산업 규제 완화로 가용자원이 풍부해지면 파이프라인 건설과 수출시설의 추가적인 인허가가 요구될 것이다. 승인과정에서는 환경규제기관의 환경영향검토 후 사업타당성이 인정되면 공용수용권(eminent domain)을 부여해 사유 토지의 매입을 지원하게 되는데, 승인이 많아지면서 적정한 보상을 위한 추가적 논의가 예상된다.[14]

내무부는 연방 소유 토지 관리를 통해 석유가스생산에 영향을 줄 수 있다. 연방정부는 미국 내륙 및 육상 광물 매장지의 61%를 소유하고 있는데, 미국 석유의 22%와 천연가스의 12%만이 이들 연방 토지와 수역에서 생산된다고 보고 있다. 내무부는 육상 7억 에이커, 해양 17억 6,000만 에이커, 총 24억 6,000만 에이커(참고로 미국 육상면적은 22억 에이커)의 에너지광물자원 광구를 관리한다. 연방토지 및 해양의 석유, 천연가스생산에는 토지관리국(Bureau of Land Management), 해양에너지관리국(Bureau of Ocean Energy Management), 안전 및 환경집행국(Bureau of Safety and Environmental Enforcement)이 관련된다.

토지관리국에서는 미국 내 2억 4,500만 에이커의 공공 토지와 7억 에이커의 지하연방광물자산에 대한 자원을 관리하고 보존하며, 여기에는 에너지 및 광물개발을 포함한다. 해양에너지관리국은 약 3,500만 에이커의 연방관할 대륙붕(Outer Continental Shelf, OCS)에 대해 미국 내 석유생산의 24%와 천연가스 공급의 8%에 해당하는 광구를 대여하고 신재생에너지 관련한 허가를 하고 있다. 이와 함께 안전 및 환경집행국(Bureau of Safety and Environmental Enforcement)은 17억 에이커의 연방관할대륙붕에 있는 해양석유 및 가스시추시설을 규제하고, 기름유출 대응을 감독한다.

향후 정책으로는 2023~2028 임대 프로그램에 따라 허용된 최대 범위까지 해양석유 및 천연가스생산을 위한 임대를 수행하고, 지역청이 신속하게 시추 허가를 완료하도록 요구할 것으로 보인다. 이와 함께 석유가스산업이 알래스카 경제의 절반을 차지한다는 명분으로, 알래스카 국립석유보호구역(National Petroleum Reserve-Alaska)에서 계류 중인 미국 최대 규모의 석유 및 가스계획인 '2020 Willow EIS'를 승인을 검토하는 등 알래스카에서의 석유생산의 증대 가능성이 예상된다. 또한 인디언 보호구역에서의 석유가스개발도 검토 대상으로 제안되고 있다.[15]

트럼프 당선자가 관료주의 타파를 주문하고 있는 가운데, 내무부를 트럼프 행정부가 추진하는 대폭적인 직업공무원 물갈이, 'Schedule F'의 대상으로 보고, 연방정부 공무원을 주 공무원들로 대체하라는 'Project 2025'의 제안은 논란의 소지가 있을 것으로 보인다.

한국에 미치는 영향

미국이 석유가스생산을 대폭 증가시킨다면 세계 석유가스시장에 영향을 주어 유가의 하락을 유도하고 인플레이션 요인을 일부 감소시킬 수 있을 것이다. 다만, 유가의 수준은 미국 셰일석유가스의 생산을 유지할 만한 수준을 유지할 것으로 보인다.

대미 무역흑자를 의도적으로 줄이기 위해 미국산 셰일석유가스를 수입한다고 할 때, 국내 수요에 맞추어 물량을 확보하는 것은 어렵지 않을 것으로 예상된다. 에너지 외교를 담당하는 에너지부(DOE)를 통해 미국의 메이저 석유회사의 동해심해가스전 탐사개발에 참여를 주고받는 에너지 협상을 하는 것도 한미 간 협력을 새로운 차원으로 끌어올릴 수 있는 기회로 볼 수 있을 것이다.

　　석유가스 산업에서 사용되는 단위 용어가 생소해 보이는 독자들을 위해 이 책에 주로 언급되는 단위에 대해 설명한다.

부피와 무게의 단위

Acre-Foot 에이커-풋. 미국에서 유효생산 구간(pay zone)의 두께는 피트로, 저류암(reservoir)의 분포면적은 에이커로 표시한다. 에이커-풋은 1에이커의 면적과 1피트의 두께를 가진 저류암의 부피를 의미한다. 특정 저류암에서 회수되는 원유나 가스의 추정량은 원유의 경우 배럴(barrel)/에이커-풋, 가스의 경우 Mcf/에이커-풋으로 표현된다. 일반적으로 상업적인 원유의 회수율은 50~500배럴/에이커-풋, 10~1,000Mcf/에이커-풋이다.

bbl barrel, 배럴. 유전에서 생산되는 석유의 일일 생산량에 대한 일반적인 측정 단위. 화씨 60도에서 1톤은 6.297배럴의 무게이다. 1배럴(barrel)의 부피는 다양한 단위로 다음과 같이 연결된다. 1 barrel= 42 US gallons = 34.9726 UK gallons = 9,702입방인치 = 5.6146입방피트 = 158.987리터= 0.158987입방미터

b/d barrel per day, 일산 생산량을 배럴로 표시할 때 사용.

boe barrel of equivalent, 석유환산배럴. 석유와 천연가스의 양을 한꺼번에 계산할 때 사용한다. 참고로 석유 1배럴은 천연가스 5,648입방피트(간단하게 1boe=6,000 입방피트(6Mcf)로 계산하기도 한다.

boed barrel of equivalent per day. 일당 석유환산배럴.

Bcf Billion cubic fee. 대규모 천연가스 생산량에 대한 측정 단위로 1Bcf는 10억(10⁹) 입방피트. 입방피트는 미국, 캐나다, 영국에서 주로 사용되는 부피의 단위이다. 1입방피트는 한 변의 길이가 1피트(0.3448m)인 정육면체의 부피이다.

Bcm Billion cubic meter. 천연가스 생산량 측정 단위로 1Bcm은 10억(10⁹) 입방미터. 입방미터는 우리나라, 프랑스 등 도량형을 쓰는 나라에서 사용되는 부피의 단위이다. 1입방미터는 한 변의 길이가 1m인 정육면체의 부피이다. Bcf와 Bcm은 천연가스생산량, 수입터미널과 파이프라인을 논의할 때, 일반적으로 사용된다. Bcm과 MMt는 액화플랜트를 논의할 때 더 일반적으로 사용된다. 1Bcm=35.3Bcf, 1Bcf=0.028Bcm

$$\boxed{\text{거리와 면적의 단위}}$$

Acre 에이커, 미국에서 가장 널리 사용되는 땅의 넓이 단위. 한 변이 210피트인 정사각형의 넓이(44,100평방피트)는 1에이커(43,560평방피트)보다 약간 넓다. 1에이커는 4,046.86㎡이고, 1평방마일은 640에이커이다.

fathom 패덤. 물의 깊이를 표시할 때 쓰는 단위로 1패덤은 1.8m 또는 6피트에 해당한다. 원래는 성인 남자가 두 팔을 벌린 길이에서 유래한다.

joint 조인트. 시추관(drill pipe)이나 케이싱(casing) 또는 튜빙(tubing)의 한 구간을 말하는데, 통상 30피트(9.144미터)이다.

nautical mile 해리. 바다에서의 거리를 뜻하는 것으로 1해리는 1,862m이다. 참고로 육상에서의 1마일은 1,609m이다.

Mcf thousand cubic feet, 1,000입방피트. 미국에서 천연가스의 부피 측정 시 가장 많이 사용되는 단위이다(참고로 M은 1,000을 뜻하는 로마 숫자).

MMbtu million Btu. 천연가스의 에너지 함량에 대한 측정 단위로 10⁶ Btu에 해당한다. LNG와 천연가스의 가격책정에 일반적으로 사용된다. Btu는 1기압에서 물 1파운드의 온도를 1℃ 높이는 데 사용되는 열에너지의 양으로서, 커피 한 잔을 끓이는 데 60Btu가 필요하고 2000년대 초의 미국의 일반가정이 연간 9,800만 Btu를 사용한다고 한다. 1,000입방피트(Mcf)의 천연가스는 약 1MMBtu의 에너지를 함유하고 있다. Btu는 British Thermal Unit의 약자이다.

MMt million metric tons. LNG 플랜트의 용량을 논의할 때 일반적으로 사용되는 단위. 연간 단위는 MMt/y 또는 MMtpa(million metric tons per annum)으로 표현하기도 한다. 1Bcf/d는 연간 10Bcm 상당의 가스에 해당하고, 이는 톤으로 환산 시 7.2MMt/y(7.2MMtpa)의 LNG에 해당한다. 일당 생산량인 1Bcf/d는 연간 생산량 약 10Bcm/y에 해당하고, 약 7.2 MMt/y(연간 720만 톤) 상당의 LNG(액화천연가스)에 해당한다.

Tcf trillion cubic feet. 10의 12승 입방피트. 일반적으로 가스매장량 또는 국가의 가스 소비량을 나타내기 위해 사용된다.

therm 10만 Btu에 상당하는 단위.

석유가스 산업을 이해하려면 다음의 용어들을 알고 있어야 한다. 여기서는 이 책에 나오는 용어 위주로 설명하지만 전문용어는 더욱 많다.

가스기둥 gas column. 가스 집적체가 가스-물 경계면이나 가스-원유 경계면 위로 올라온 수직 높이를 말한다. 상업적 가스전에서는 가스 기둥이 수 피트이기도 하고 가끔 수천 피트에 이르기도 한다.

가스캡 gas cap. 액체 탄화수소로 포화된 저류암 위쪽에 있는 천연가스의 집적체를 말한다.

공극률 porosity. 암석 내부에서 기공과 같은 공극의 부피비율을 말한다. 상업적으로 생산가능하다고 보는 저류암은 공극률이 약 5-35%이다. 공극률이 높을수록 공극 안에 더 많은 원유 또는 가스가 자리 잡을 수 있고 저류암의 질도 그만큼 좋아진다고 본다.

광권중개인 landman. 미국에서 광구의 리스(lease)계약을 협상해주고 계약된 소유권 권리(title)의 결함을 수정보완해주기도 하고, 정부의 규제가 변경될 때 조치 및 보고하는 과정에서 석유개발회사를 지원해주는 석유회사의 직원 또는 대리인을 말한다. 참고로 미국의 일부 대학에서는 석유부동산경영(petroleum land management) 분야의 학사 과정을 개설하고 있다.

국제에너지기구 International Energy Agency, IEA. OECD 산하의 정부 간 조직으로, 전 세계 에너지 부문 동향을 바탕으로 정책을 권고하고, 분석 결과와 데이터 정보를 제공한다. 1973년 석유파동 이후 1974년 11월 18일에 설립되었으며, 안정적인 에너지 공급 보장, 에너지 효율성 촉진, 에너지 안보 보장, 기술 연구와 혁신 장려를 통해 미래의 충격을 방지하기 위해 설립되었다.

근원암 source rock, 기원암. 셰일이나 석회암 같은 퇴적암이 있는 지하에서 동식물의 유기탄화성분이 수백만 년 동안 고압과 고온의 환경에 있으면, 석유 및 가스로 변형된다. 근원암에서 형성된 석유와 가스는 물보다 가볍기 때문에 위로 이동하게 되고, 근처 공극성 암석으로 빠져나갈 길이 없으면 갇히게 된다.

보통의 유전, 가스전은 이러한 축적물로 만들어진 것이다.

기반암 basement. 화성암 및 변성암과 같이 석유 발견 가능성이 낮은 암석을 가리킨다. 퇴적암 (sedimentary rock) 지층 아래에 존재하는 암석이다.

대륙붕 continental shelf. 수심이 약 200m 정도의 대륙(육상)과 연결된 해저지형으로서 퇴적과 침식이 지속적으로 이루어지면서 만들어졌다. 1945년 트루먼 선언 당시에는 대륙붕 수심을 100패덤(약 180m)로 보았고, 정확히 수심이 특정되지는 않는다. 1950년대에 우리나라에서는 해붕(海棚)이라 표현했다. 영해의 밖에 있는 비교적 얕은 해저 부분으로서, 석유나 천연가스 같은 에너지자원이 부존되어 있을 가능성이 높다.

데릭 derrick, 유정탑. 탑처럼 격자 구조로 이루어진 길쭉한 피라미드 형태의 철골구조물로서, 시추과정에서 데릭은 시추관을 올리고 내리는 데 사용된다. 심도가 얕은 유정에서는 이동성 좋은, 작은 사이즈의 데릭이 이용되지만, 심도가 깊은 유정에서는 이동성이 제한되고 시추 파이프와 케이싱이 길어짐에 따라서 무게를 지탱할 수 있도록 데릭의 구조는 거대해진다. 해상의 데릭은 시추선이나 고정된 플랫폼에 반영구적으로 설치된다. 이동성은 구조 자체의 문제가 아니라 지지하는 선박의 문제가 된다. 시추선은 보다 빨리 먼 거리를 이동할 수 있다. 플랫폼에 고정된 시추 리그는 대개 궤도를 따라 플랫폼 주변을 이동하게 되는 반잠수형 해양굴착장치이며 더 이상 필요 없을 때에는 해체한 후에 다른 장소로 바지선을 이용해 이동하게 된다.

독립계 석유회사 independent oil company. 전통적으로 메이저 국제석유회사에 속하지 않는 모든 석유회사를 지칭한다. 예로는 아파치(Apache), 아나다코(Anadarko), 머피(Murphy), 드본(Devon) 등이 있다.

동반가스 Associated Gas. 저류암 내에 자연적으로 발생하는 천연가스로, 석유와 함께 존재해 가스캡 (Gas cap)을 이루거나 석유에 용해되어 있다.

두바이유 Dubai Crude. 수에즈운하의 동쪽 지역에서 거래에서 활용되는 참조 원유.

로열티 royalty, 광구 사용료. 조광제도 하에서 광권 소유자(일반적으로 국가)가 석유가스 탐사 및 생산 권리를 부여하고, 이에 대한 대가로 매출(석유가스 가격에 기반)의 일정 비율에 해당하는 로열티를 지급 받는다. 이 로열티는 종종 석유 가격의 12.5%(즉 1/8)로 고정되지만, 원유 가격과 유전의 특성에 따라 달라질 수 있다. 광권 소유자 또는 관리자로서는 아무런 비용을 부담하지 않으면서 받는 몫이다.

매장유망지 prospect. 자연적으로 형성되어 상업적으로 채취할 수 있는 만큼의 원유와 가스가 집적된 곳으로 그 분포 범위를 비교적 명확하게 정의할 수 있는 가설적인 지역을 말한다. 한 개 이상의 지질도로 설명된다. 매장유망지의 면적은 한 개의 유정으로도 충분히 생산해낼 수 있는 10에이커 정도의 넓이일 수도 있고, 수십 평방마일에 걸쳐 있어 매장유망지의 가채매장량을 모두 생산하기 위해 수십 개의 유정이 필요한 경우도 있다.

메이저 major. 전통적으로 석유에 관한 상류와 하류 통합사업을 수행하는 종합석유회사를 말한다. 과거에는 세븐 시스터즈로 알려진 기업이 이에 해당했다.

메탄 methane. 가장 단순한 탄화수소로 무색무취의 가스이며, 100입방피트 연소 시 1,012Btu의 열에너지가 발생한다.

물리검층 logging. 유전에서는 시추작업이나 원유 및 가스정을 완결하는 데 지질 형성의 어떤 전기적, 음향적, 방사성 특성을 기록하는 것을 의미한다. 원래는 어떤 일이나 과정과 성과에 대한 기록이기 때문에, 시추업자는 시추기록(driller's log)을 통해 시추과정 동안 겪게 되는 모든 기계적 작동을 기록한다. 이수검층기술자(mud logger)는 매일 굴착되고 있는 암석의 종류와 탄화수소의 징후가 보일 가능성을 추정하는 데 활용 가능한 모든 정보를 계속 기록하게 된다. 유선(wireline) 검층은 전기케이블의 끝 부분에 센서를 장착하고 시추공 안쪽으로 탐사장비를 내려 각종 정보를 획득하는 과정이다. 유선검층을 통해 굴착된 암석이 어떤 종류인지, 그 암석에 들어 있는 유체는 무엇인지, 또는 시추공이 어떤 상태인지에 관한 정보를 제공하는 다양한 특성들을 측정한다. 이때 확인하는 특성들은 시추공의 지름, 굴착된 암석이 나타내는 전기저항력(저항 또는 전자로그), 굴착된 암석이 갖는 밀도(밀도 로그 또는 중성자 로그), 굴착된 암석의 기울어짐 또는 하강(경사계로그), 시추공의 온도(온도로그 등) 등이 있다. 유선 검층을 통해 저류암 내의 유체가 회수될 때까지 시추공에 의해 굴착된 암석 내에 들어있는 석유가스의 질과 양에 대한 기본적인 정보를 제공받는다. 시추정이 굴착작업 이후, 사업 진행을 위한 추가 자금 투입을 검토할 때에 자주 유선검층자료를 활용한다.

미국석유협회 America Petroleum Institute, API. 석유 생산장비의 표준을 정하고 작업과정에 대한 표준을 정하는 석유산업단체이다.

배타적 경제수역 Exclusive Economic Zone, EEZ. 1982년 유엔해양법협약에 규정된 배타적 경제수역(EEZ)은 주권국가가 영해기준선으로부터 200해리(약 370㎞)까지 수역에서 물과 바람을 이용한 에너지생산, 천연가스와 석유를 포함한 해양자원의 탐사 및 이용에 관한 배타적 권리를 갖는 해역이다.

보너스 bonus. 탐사 및 채취권을 받는 석유기업이 국가에 지불해야 하는 고정 금액이다. 보너스는 세 가지 유형이 있는데, 계약이 체결될 때 지불하는 서명 보너스(signature bonus), 상업적으로 유용한 유전, 가스전의 발견이 발표될 때 지불하는 발견 보너스(discovery bonus), 그리고 특정 생산 한도를 초과할 때 지불하는 생산 보너스(production bonus)이다. 한국 정부는 2024년말 해저광물자원법 시행규칙에 보너스를 명문화할 계획이다.

부유식 생산저장하역설비 Floating Production, Storage and Off-loading, FPSO. 해양유전해역에서 물 위에 뜬 상태에서(Floating), 원유를 생산해서 끌어올리고(Production), 배의 거대한 탱크에 저장하고(Storage), 운반 탱크선을 통해 저장한 기름을 하역하는(Offloading) 역할을 하는 선박이다. FPSO는 일반적으로 엔진이 없어 자력으로 항해가 불가능하므로 예인선으로 이동한다.

부유식 천연가스생산저장하역설비 FLNG. LNG를 위한 FPSO이다. FLNG는 천연가스를 생산, 정제하고 액화 후 저장하고 하역하는 등 모든 과정을 바다 위에서 처리 가능하다. 그래서 별도의 파이프라인을 설치할 필요가 없고, 육상액화저장설비도 필요 없다.

브랜트 Brent. 북해에서 생산되는 원유로서 유럽과 타 지역에서의 원유가격 결정에 영향을 준다.

산출시험 Drill-Stem Test, DST. 시추정이 가능성 있는 유효구간(pay-zone)으로 굴착될 때, 굴착을 계속하기 전에 그 구간에서 유동을 발생시켜 보는 것이 바람직할 수 있다. 그 구간을 시험하려면 굴착을 멈추고 연결된 시추관을 시추공으로부터 꺼낸다. 시추동 끝에 연결된 시추비트를 제거하고 특별한 시험장치를 부착하여 시추공 내에 다시 내린다. 이때, 막음 장치들(packers)을 시추공 내에 장착해 저류암의 유체가 직접 시추관(drill stem)으로 흐를 수 있게 만든다. 이렇게 해 회수된 지층 내 유체의 질과 양은 산출시험 도중에 측정된 압력과 함께 산출시험 구간의 상업적인 생산가능성 여부를 알려준다. 산출시험의 대안은 계획된 굴착심도(total depth)까지 굴착을 계속한 다음에 시추공 검층을 실시하는 것이다. 만일 그 검층결과가 양호한 생산구간임을 나타내면 케이싱이 설치된다. 그 다음 케이싱에 뚫은 천공(perforation)을 통해 체크할 수 있다. 이 방법이 굴착도중에 산출시험을 실시하는 것보다 더 보수적인 과정임에도 불구하고 훨씬 비용이 많이 든다.

상류 upstream, 업스트림. 석유가스의 탐사와 생산(exploration and production, E&P)를 뜻하며, 석유가스를 찾고 채굴하는 활동을 뜻한다. 중류(midstream, 미드스트림)은 석유가스의 수송과 관련된 부문으로, 파이프라인, 유조선, 유조차 등이 관련된다. 하류(downstream, 다운스트림)은 석유가스의 정제와 마케팅, 저장까지 의미한다.

석유수출국기구 Organization for Petroleum Exporting Countries, OPEC. 산유국들이 메이저에 대한 발언권을 높이기 위해 창설한 조직이다. 원유가격이 하락하는 것을 막기 위해 1960년 9월에 이라크 정부가 개최한 바그다드 회의에서 사우디아라비아, 이란, 이라크, 쿠웨이트, 베네수엘라의 5대 산유국 대표가 모여 만든 협의체로 시작되었다. 초기에는 공시가격이 내려가는 것을 막고 산유국 간의 협조와 이를 위해 정보를 수집하고 교환하는 목적으로 만든 카르텔 성격의 기구였다. OPEC은 1973년의 욤키퍼전쟁을 계기로 석유파동을 주도하고 석유가격을 올리는 데에 성공한 후부터 유가에 영향을 주기 위한 생산쿼터를 조절하는 생산 카르텔로 역할한다.

선물가격 future price. 1985년에 원유(crude oil), 1990년에 천연가스(natural gas)에 대한 선물계약이 도입된 뉴욕상업거래소(New Yok Mercantile Exchange, NYMEX)에서 정하는 선물가격이다. 선물계약은 미래의 어떤 시점(18개월 후까지)에 특정한 양을 특정한 가격에 사거나 팔겠다는 계약이다. 원유의 선물계약은 미국의 경우 오클라호마주 쿠싱에서 인도되는 1,000배럴의 서부 텍사스 중질유(West Texas Intermediate, WTI)를 기준으로 거래하면, 가격은 배럴당 달러로 매겨진다. WTI 현물시장(spot market)에서 가장 활발하게 거래되는 것은 미국산 경질 저황 원유(domestic light, sweet crude)이다. 가스 선물계약은 루이지애나주 이라스(Erath) 근처의 헨리 허브(Henry Hub)에서 약정된 달에 인도되는 10,000 MMBtu의 가스를 기준으로 계약되며, 가격은 MMBtu(백만Btu)당 달러로 시세가 매겨진다.

셰일혁명 Shale Revolution. 셰일혁명은 20세기 후반에 미국 기업들이 짐토나 진흙으로 구성된 혈암(셰일)에서 셰일오일과 셰일가스의 상업적 생산을 위해 수압 파쇄와 수평 시추를 결합하고자 노력하면서 시작되었다. 2000년대 초반에 이러한 기술이 보편화되면서 생산량이 급증했고, 2024년 미국은 하루에 약 1,300만 배럴의 석유와 30억 입방미터(3Bcm)의 천연가스를 생산해 세계 최대의 생산국이 되었다. 오랫동안 주요 석유 수입국이었던 미국의 외국 석유 수요는 2008년부터 감소하기 시작했는데, 이는 미국의 셰일유전이 본격적으로 개발되기 시작되었을 때였다. 2019년에는 반세기 만에 처음으로 수출량이 수입량을 초과해서 순수출국이 되었다. (미국 국내에서 소비하는 것보다 더 많이 생산하지만, 해외에서만 생산되는 일부 유종이 필요하기 때문에 여전히 수입 원유가 존재한다). 셰일혁명 덕분에 2023년 미국은 약 650억 달러의 순 에너지 흑자를 기록했다. 셰일혁명과 관련한 주요 인물로는 '셰일혁명의 아버지'인 해롤드 햄(Harold Hamm)과 '셰일혁명의 어머니'인 조지 미첼(George Mitchell)이 있다.

수평시추 horizontal drilling. 지표면으로부터 시추정을 뚫고 중간층까지 수직으로 내려가다 적당한 각도로 방향을 바꾸어 수평적으로 뚫고 들어감으로써 특정한 저류암(reservoir)이나 저류암 구간을 뚫는 시추기술로서, 파쇄기법(프랙처링)과 함께 셰일혁명의 핵심기술이다. 이는 수평적으로 분포하는 저류층을 수직 방향으로 시추하는 것은 비효율적이기 때문에 생긴 것이다. 1929년 텍사스, 1944년 펜실베이니아에서 사용했던 기록이 있고, 1980년대에 프랑스 석유회사인 엘프 아쿼테인이 프랑스와 이탈리아에서 여러 저류층을 수평적으로 시추하여 생산량을 만족스럽게 증가시킨 적이 있다. 21세기에 미국에서 셰일에서 석유가스를 생산하는 데에 유용하게 활용되고 있다.

시간지체 lag time. 시추 암편이 시추공의 바닥으로부터 잇 순환시스템에 의해 지표(또는 시추선 갑판)까지 운반되는 데 걸리는 시간으로서, 시추공 깊이가 증가함에 따라 증가한다.

시멘트 cement. 지표에서 혼합된 유체 시멘트를 케이싱이 설치된 시추공의 바닥 부분까지 주입해 케이싱의 아래쪽 끝 부분에서 케이싱(casing)과 시추공(borehole)사이의 도넛 모양 환체공간(annulus)

을 채우게 된다. 이 시멘트가 굳게 되면 케이싱은 그 자리에 고정되고 시추공을 지지하게 된다. 이 기술은 1903년에 시추공의 지층수 문제를 해결하기 위해 개발되었다.

시추공 borehole. 시추로 생기는 공(구멍)이다. 시추공의 가장 아래 부분을 공저(bottom-hole)이라고 부른다.

시추관 drill pipe. 관의 양쪽 끝에 나사홈이 파여 있는 길이 30피트 정도의 초고강도 특수 강철 파이프를 말한다. 직경은 굵은 것은 6.5인치부터 가느다란 것은 직경 2.5인치도 있다.

시추동 drill string, 연결된 시추관. 상하 시추관의 나사 홈을 서로 맞물려 연결시킨 다음, 시추공 안으로 내려보낸 전체 시추관의 조립부이다. 시추동은 시추탑/시추설비의 켈리로부터 시추공의 바닥에 있는 시추비트까지 이어져 있다.

시추비트 drill bit. 굴착되는 동안 암석을 작은 조각으로 분쇄할 수 있는 텅스텐 카바이드 또는 산업용 다이아몬드 돌기가 박힌 도구이다. 유정굴착에 사용되는 비트의 직경은 굴착심도에 따라 달라지는데, 시추공 상부(지표 부근)에서는 22인치 이상의 비트를 사용하고 깊은 곳에서는 4인치 이하의 작은 비트가 사용된다. 미국 걸프만과 세계의 많은 연약지층에서는 대부분의 육상유전과 달리 퇴적층이 충분히 압축되지 않아서 시추하기가 어렵다. 연약지층에서는 암석을 분쇄하는 것이 아니라 시추공 바닥에 구멍의 파야 하는데, 이때 쓰는 시추비트는 강철로 되어있다.

시추설비 drilling rig. 석유나 가스를 찾기 위한 시추에 사용되는 지표(또는 갑판) 설비이다. 이것은 시추관(drill pipe)를 올리고 내리는 윈치(도르래 시스템), 시추동과 시추비트를 회전시키는 회전 테이블, 윈치와 회전 테이블을 움직이는 엔진, 그리고 시추 이수(머드)의 흐름을 제어하는 펌프 등을 지탱하는 타워 구조의 유정탑(데릭)으로 구성된다.

시추이수 drilling mud. 지층 압력을 지지하고 비트의 윤활작용과 비트의 냉각, 공저나 비트 주변으로부터 굴착 암편(cutting)을 제거하여 지표로 운반, 시추공 붕괴 예방을 목적으로 사용하는 액체이다. 물(해상유전의 경우 해수), 점성도를 조절하는 벤토나이트 점토(bentonite clay), 무게를 조절하는 중정석(barite), 기타 화학첨가제를 섞은 혼합물을 쓴다. 심도가 깊어질수록 파편을 제거하는 것은 진흙과 물만으로는 불가능하기 때문에 이수의 점도와 농도는 중요하다. 또한 굴착심도가 깊어질수록 압력이 높아지기 때문에 시추공 내에서 이수기둥(mud column)에 의한 압력은 시추도중에 굴착해야 할 암층 내의 예상 자연압력보다 커야 한다. 너무 낮은 이수 무게를 유지한 채 시추하면 유정폭발(blowout)이 발생할 수 있다. 이와 함께 공극이 큰 지역에서는 이수의 유출이 발생하는데, 주변 지층의 구멍들을 막아 이수 손실을 막기 위해 석유산업 초기에는 짚, 나무껍질 조각, 목화 의복을 쓰기도 했으며, 할리우드에서 버려진 필름 조각(캘리포니아 지역), 호두와 피칸 열매 껍질(텍사스, 루이지애나)까지 쓰이기도 했다.

시추중 검층 logging while drilling, LWD 또는 시추중 측정(measurement while drilling, MWD). 시추정을 뚫는 동안 시추공 내 주변 지층의 여러 가지 변수들을 측정하기 위해 개발된 기술이다. 기존의 검층은 시추동을 시추공 밖으로 꺼내야 했는데 이러한 사전작업 없이 수행하는 것으로서, 특히 시간이 엄청난 비용이 되는 해상유전에서 의미가 크다. 시추공 내의 측정기기에 의해 측정된, 또는 비트로 바로 위쪽에 설치한 검층장비로 측정된 자료가 여러 가지 전기적 또는 물리적 시스템을 통해 지상(갑판)으로 전달된다. 수평시추(horizontal drilling) 기술에서도 중요한 역할을 담당한다. (저자 확인)

시추증속 drilling break. 굴착률의 갑작스러운 증가를 말한다. 보통 이런 현상은 시추비트가 연약한 암석을 뚫고 있음을 가리킨다. 암석의 연약함은 탄화수소를 포함할 수 있는 공극의 공극률(porosity)이 증가한 것으로 추정된다.

암편 cutting. 시추과정에서 시추비트(drill bit)의 분쇄운동으로 깨진 손톱 정도 크기의 조그만 돌 조각이다. 시추이수의 순환을 통해 이 암편들이 지표(또는 갑판)까지 올라온다. 암편과 함께 지표로 올라온 이수는 이수분리기에서 암편이 제거된다. 암편의 공극(porosity)을 직접 보기 위해 현미경을 사용한다. 암편을 자외선 아래에 놓아두면 암편의 공극 내에 들어있는 탄화수소는 특이한 형광(flouorescence)을 나타낸다. 그 색깔은 원유의 밀도나 화학적 특징에 관한 정보를 제공한다.

암편 끌어올리기 bottoms-up. 시추과정에서 발생한 암편(cutting)을 끌어올리기(circulate) 위한 일시적 굴착 중지로서 깊은 유정굴착의 경우 수시간 중지된다. 지질학자들이 암편을 분석해 굴착을 더 진행할지 결정한다. 암편에서 석유나 가스의 흔적(shows)이 발견될 경우에는 주상시료(core) 채집, 산출시험(drill stem test, DST)을 실행한 후 굴착 진행 여부를 결정하게 된다.

액화석유가스 liquefied petroleum gas, LPG. 액화석유가스는 원유 처리과정을 거친 가스를 액화해 생산한다. 프로판과 부탄으로 구성된 가스는 표준 온도와 압력에서 가스 상태로 존재하지만 적절히 압력을 변화시키면 핵화될 수 있으며, 고압탱크와 실린더를 이용해서 쉽게 운송할 수 있다. LPG는 천연가스 파이프라인 배급망이 설치되지 않은 지역(특히 시골)에서 간편하고 유용한 에너지원이다.

와일드캣 wildcat. 인근 지역에서 원유와 가스가 생산된 적이 없는 저류암에 시추된 탐사정이다. 이전에 시추가 시도된 지역에서 아주 멀리 떨어진 지역에 뚫는 시추공을 '미탐사등급(rank wildcat)' 시추공이라 한다. 이러한 시추공은 리스크가 크고 성공확률이 낮지만, 탐사 성공 시 투자수익률은 매우 높다.

완결 completion. 성공적인 시추정의 굴착 후에 해당 유정에서의 상업적인 생산준비에 필요한 모든 작업을 '완결'이라 한다.

원유 crude oil. 지표면으로 나오면서 자연적인 액체 상태로 존재하는 탄화수소의 혼합물이다. 녹색 계통의 원유는 파라핀(wax) 성분이 많이 들어있고, 검정색 계통의 원유는 주로 아스팔트 성분을 더 많이 가지고 있다. 근원암(source rock)이 다르면 생성되는 원유의 종류도 달라진다.

원유기둥 oil column. 저류암에서 원유와 같이 물이 접한 면에서부터 위로 석유가 저장되어 있는 수직 높이(두께)를 말한다. 상업적인 유전에서 원유기둥은 5피트에서 드물게는 수백 피트에 이른다.

유전 oil field. 상업적으로 생산되는 원유의 집적지 또는 그 상부의 토지 구역으로서, 가스집적지는 가스 전(gas field)이라고 한다. 유전의 규모는 수 에이커에서부터 세계 최대유전인 사우디아라비아의 가와르 유전은 1,200평방마일(100마일×12마일)에 이르기도 한다.

유정폭발 Blowout. 갑작스럽게 제어되지 않는 유체(석유, 가스, 물 또는 이수)가 지상으로 분출되는 현 상으로, 시추공이 암석층을 관통할 때 지층압력이 이수(mud) 기둥의 압력보다 클 때 발생한다. 제어가 어려운 유체의 분출은 매우 위험하며 만약 가스가 저류암에 있을 경우에는 폭발, 화재 등의 추가 위험이 따른다.

유정폭발 방지장치 Blowout Preventer. 시추정의 가장 상부에 설치되는 내구성이 큰 장비이다. 시추 관(drill pipe)과 케이싱(casing) 사이의 환체공간(annular space)을 막아서 시추 및 완결작업 도중 에 유정폭발의 가능성을 막는다. 파이프 물림장치(pipe ram), 전단력 물림장치(sheer ram) 또는 막음 장치(blind ram) 등이 작동되면 시추공으로부터의 흐름이 차단되어 분출이 방지된다.

유징 show. 시추하는 동안 기록되고 관찰된 원유나 가스의 징후를 말하는데, 지질학자는 경험적으로 유 징을 양호하다(good), 적당하다(fair), 불량하다(poor)로 구분한다.

유효생산구간 pay zone. 원유 또는 가스가 상업적인 양으로 생산가능한 지층의 구간.

이동 migration. 지하 깊은 곳에서 암층을 따라 원유와 가스가 이동하는 것.

이수검층기술자 mud logger. 화학 분석, 시추 암편의 현미경 관찰, 탄화수소의 징후(유징, shows)의 존재를 알아내기 위해 이수 시스템을 모니터하기 위한 장비들의 활용에 익숙한 전문가.

이수순환 circulation. 펌프를 사용하여 지표의 이수탱크로부터 시추유체(머드)를 계속 시추관(drill pipe)으로 주입해 시추 비트(drill bit)의 노즐을 거쳐 환체공간을 통해 다시 지표로 올라오게 하는 시추 유체의 순환과정을 말한다. 시추유체의 연속적인 순환으로 시추비트가 파쇄한 암편(cuttings)이 지표 (시추선의 경우 시추선 갑판)까지 운반된다. 암편과 함께 지표에 올라온 시추유체(이수)는 이수분리기에 서 암편이 제거된 다음 재사용된다. 개공구간에서 이수가 굴착된 주변 지층 내에 자연적으로 형성된 공 극 또는 파쇄대 또는 공동으로 침투되어 손실되는 것을 '순환손실(circulation lost)'이라 한다. 그러한 손실을 막아보려고 다양한 차단 또는 응결물질을 시추 이수(머드)에 첨가하기도 한다. 순환손실이 발생 하는 구간을 굴착하려면 다루기 어렵고 기계를 활용해야 할 때도 있다. 순환손실구간의 굴착에 성공적이지 못하면 시추공이 포기될 수도 있다.

인수의무계약 take-or-pay contract. 가스생산자와 구매자 사이의 장기계약을 말한다. 구매자가 생산자로부터 매년 최소량의 가스를 구매(인수, take)하거나, 가스를 인수하지 못할 경우 그 대금을 지급하기로(pay) 합의한 매매계약이다. 가스가 생산되지 않더라도 연간 최소 가스량의 금액을 지불하는 것에 동의한다. 반대로 시장 부재조항(market-out) 조항은, 가스가 생산되지 않으면 구매자의 가스 인수(take) 의무를 해제하는 합의사항이다.

저류암 reservoir. 충분한 공극률(porosity)와 투과도(permeability)를 보이고 있어 상당한 탄화수소를 포함하고 있는 암석을 말한다. 대부분의 상업적인 저류암은 사암(sandstone)과 석회암(limestone)층이다. 셰일 또는 화성암 저류암도 존재한다.

전기비저항 resistivity. 전기가 흐르는 것을 방해하는 물체의 특성을 말한다. 각기 다른 암석의 다양한 전기비저항은 암석의 공극에 들어 있는 유체의 종류에 따라 달라진다. 순수한 원유, 순수한 가스, 증류수 등은 매우 높은 전기비저항을 보이지만, 소금물은 매우 낮은 전기비저항을 보인다. 대부분의 건조한 암석은 전기를 통하지 않게 된다(즉, 무한대의 전기비저항 값을 가진다).

전략비축유 strategic petroleum reserve, SPR. 비상상황에 대비하기 위해 미국을 포함한 주요 국가에서 관리하는 전략 원유 비축분이다.

점성도 viscosity. 흐름에 대한 유체의 저항 정도, 즉 끈끈한 정도를 말한다. 꿀은 물보다 점성도가 높으며, 원유는 원유-가스 혼합물보다 점성도가 높다.

정향시추 directional drilling. 지표에 있는 천연적 혹은 인위적인 장애물(건물, 공원, 늪지대, 호수 등) 때문에 유정 시추설비(drilling rig)을 매장유망지의 바로 위에 설치할 수 없는 경우, 그 지점에서 떨어진 지점에 시추탑을 세워 시추에 들어갈 수 있다. 이 경우 시추공은 지하의 목표지점을 향해 일정한 각도로 비스듬하게(slant hole) 시추할 수 있다.

제거작업 fishing. 우연히 떨어졌거나 시추공 내에 남겨진 어떤 물체(fish)로서 기계적인 작업(시추, 물리검층, 완결 등)을 재개하기 전에 회수(제거)해야 할 물건을 찾아내고 회수하기 위한 작업공정을 말한다.

주상시료 core. 대개 특수한 시추비트를 활용해 채취하는 지름 4~6인치, 길이 30피트 정도인 원기둥 형태의 암석시료이다. 지질학자들은 지표로 끌어올린 주상시료를 면밀히 관찰해 탄화수소의 흔적(shows, 유징)이 있는지 검토한다. 시료 채취에 드는 시간과 많은 비용 때문에 미국에서는 가장 결정적인 지층구간에서만 주상시료를 채취한다.

천공총 perforating gun. 강철선(wirelike) 끝에 달아 케이싱이 된 유정안으로 내려지는 장치이다. 지상에서 전기를 이용해서 폭파시킬 수 있는 탄약이 포함되어 있다. 이것이 유효생산구간(pay zone)에 도달했을 때, 탄환(또는 형성장약)은 케이싱과 케이싱을 피복한 시멘트층을 뚫고 저류암(reservoir)으로 발사된다. 이렇게 만들어진 구멍은 유효생산구간의 유체가 시추공으로 유입되도록 한다.

천연가스 natural gas. 기체 상태의 탄화수소이다. 영하 162도로 온도를 낮춰 600분의 1 부피로 액화한 천연가스를 LNG(Liquefied Natural Gas, 액화천연가스)라고 하는데, 수입된 LNG를 항만의 수입기지에서 기체로 다시 전환해 파이프라인을 통해 가정까지 배송한다(1톤의 LNG는 46Mcf의 천연가스와 같다). 부피를 200분의 1 정도로 압축해 버스 등의 연료로 쓰는 천연가스를 CNG(Compressed Natural Gas, 압축천연가스)라고 한다. 파이프라인을 통해 처음부터 기체상태로 수송하는 천연가스를 PNG(Pipeline Natural Gas, 파이프라인 천연가스)라고 한다.

천연가스유체 Natural Gas Liquids, NGL. 생산된 천연가스에서 분리된 액상의 탄화수소를 말한다. 일반적으로 프로판과 이보다 무거운 탄화수소들로 이루어져 있다.

초과이윤세 windfall tax. 미국에서는 가스를 제외한 대부분의 원유의 미국 내 생산에 대해 미연방정부의 세수 증대를 위해 부과하는 세금이었다. 1980년대 미국에서 국내 유가에 대한 규제를 철폐하고 국제원유가격에 따른 유가 변동을 허용했을 때 미국 내 원유생산자가 초과이윤(windfall tax)을 누리지 못하게 하기 위해 이 세금을 만들었다. 미국의 초과이윤세는 1988년 8월 22일 레이건 대통령이 서명한 교역법안의 일부로 폐지되었다. 영국에서는 러시아-우크라이나 전쟁 이후, 석유기업, 원자력발전기업, 신재생발전기업의 과도한 이익에 대해 부과하고 있다.

층 formation. 뚜렷하게 구분되는 특징을 지닌 암석층으로 지도에 표시할 정도의 범위에 분포한다. 그 두께는 몇 피트에서 몇백 피트에 이를 수 있다. 여기서 뚜렷한 특징이란 암석층의 구성 광물, 조직(입자크기, 형태, 분포 및 배열 등), 인지할 만한 식물 또는 동물의 화석 등을 가리킨다.

케이싱 casing. 시추공의 벽면을 지지하여 시추공의 측면이 무너지지 않게 시추공 내에 설치한 큰 직경의 철재 파이프이다. 이것은 시추유체(석유 등)가 시추공으로부터 굴착구간의 공극이 있는 암석층으로 스며들어 손실되는 것을 막을 뿐만 아니라 벽면을 지지하며 암석층 내의 유체가 시추공 안으로 유입되는 것을 막는다. 케이싱의 각 구간은 대개 30피트 길이이며 각 케이싱은 시추공 내로 내려져 나사처럼 조여져 함께 결합된다. 케이싱이 공 내에 내려지면그 자리에 시멘트(cement)로 고정하는데, 이 시멘트는 케이싱의 바깥쪽과 시추공의 벽면 사이의 공간에 채워진다.

케이싱 설치공 cased hole. 케이싱(casing)이 갖춰진 시추공을 말한다. 만일 케이싱이 지표에서부터 굴착된 시추공의 전체 깊이인 시추공의 바닥까지 연장되지 않았다면 케이싱이 설치되지 않은 (uncased) 하부의 구간을 나공/개공(open hole)이라 한다.

크리스마스 트리 Christmas Tree. 생산 중인 유전의 케이싱(casing) 최상부에 밸브, 제어장치, 측정 장치, 파이프 연결부 등을 복잡하게 조립해 연결한 장치부이다. 이것은 석유와 가스의 유동을 제어한다. 이 복잡한 장치부의 실루엣이 어렴풋이 잘 장식된 크리스마스 트리를 연상시키기 때문에 이렇게 부르게 되었다. 해상유전, 해상가스전에서는 두 가지 종류, 건성 트리(dry tree)와 습성 트리(wet tree)에 연결 될 수 있다. 건성 트리는 해상플렛폼 위헤 설치되며 형태나 제어방법이 육상유전과 같다. 습성 트리는 바 닷속 유정의 정두(well head)인 바다의 바닥에 설치되는데, 바닷속 수압과 해수로부터 밸브와 같은 제 어장치들을 보호하기 위해 상자 속에 장착하고, 바다 위의 제어시설과 연결되며, 두 가지 방법(수압식, 전 기식)으로 제어한다. 제어에 문제가 생길 경우를 대비해 원격조정 가능한 장치를 설치한다. 생산파이프 라인은 습성 트리로 연결되어 수중의 장치나 파이프로 연결되거나 수직관을 통해 해상의 플랫폼으로 연 결된다. 수심이 깊은 곳의 시추공이 FPSO나 텐션레그플랫폼 같은 부유식 플랫폼에 연결되는 경우에 주 로 사용한다. 필드의 규모가 작아서 고정플랫폼을 설치하기 곤란한 경우에도 활용한다.

탄화수소 hydrocarbons. 수소와 탄소로 구성된 유기화합물의 한 부류이다. 원유(crude oil), 천연가 스(natural gas), 천연가스 응축물(condensate)은 메탄(CH_4)을 포함한 다수의 탄화수소 혼합물이다. 메탄은 가장 간단한 탄화수소이다.

턴키방식 turnkey, 일괄계약. 시추계약자가 확정된 금액으로 명시된 깊이까지 시추하고 적절한 장비를 장착해 운영권자(operator)가 밸브만 틀면 원유가 저장탱크에 유입될 수 있는 단계까지의 작업을 책임 지는 시추계약이다. 건축업자가 집을 다짓고 나서 구매자에게 열쇠(key)만 넘겨주는 것과 같은 방식의 계약이다.

통합관리 unitization. 개발의 효율성을 증진하기 위해 공동의 생산저류암 위에 자리 잡은 분리된 토지 (해양)구역의 권리를 통합하여 해당 저류암 개발을 하나의 사업으로 관리하는 것을 말한다. 원유 및 가스 를 생산하는 미국의 경우, 통합관리 대상 구역의 사업권자들 가운데, 60~80%의 동의에 기초해 의무적 으로 통합관리해야 하는 규정을 두고 있다. 이러한 통합규정(비용, 수익 그리고 사업계획 등)은 저류암 상태에 관한 광범위한 지질학 및 공학적 평가와 잠재적인 최적의 개발방식을 기초로 삼는다.

투과도 permeability. 유체가 암석 내부를 흐를 수 있게 하는 암석의 특성이다. 공극률(porosity)과 함 께 암석의 가장 중요한 두 가지 특성 가운데 하나이다. 상업적으로 생산가능한 저류암이 되려면, 원유 또 는 가스가 저류암에서 유정으로 잘 흐를 수 있어야 한다.

튜빙 tubing. 완결된 유정 안으로 내려지는, 양 끝에 나사홈이 파인 작은 직경의 관(파이프)를 말한다. 원유와 가스는 연결된 튜빙(a string of tubing)을 통해 생산되며, 연결된 튜빙은 유지보수 때문에 정 기적으로 제거하기도 한다.

트랩 trap. 암석보다 가벼운 탄화수소가 저류암에서 자연적으로 상부로 이동해 지표로 빠져나가지 못하게 막아주는 역할을 하는 비공극성 또는 비투과성 암석층이 저류암 상부에 자연적으로 발달한 지층배열 구조를 말한다. 대부분의 유전과 가스전은 원유 및 가스 집적체가 트랩 내에 존재하는 것으로 여겨진다.

파쇄법 fracturing. 유정으로부터 원유나 가스의 유동을 증가시키려고 취하는 작업과정이다. 파쇄 유체로는 비중이 높은 석유, 진하게 만들기 위해 다양한 화학물이 섞인 물, 또는 이산화탄소나 질소가 용해된 물을 사용한다. 이를 저류암(reservoir) 내로 강제 주입해, 그로 인해 발생하는 커다란 압력으로 저류암이 물리적으로 부서지거나 틈이 벌어지도록 한다. 보통 작고 균일한 모래 입자나 동일 크기의 플라스틱 환을 버팀매체 또는 균열지지제(proppant)로 쓰는데, 파쇄 유체(frac fluid)와 섞인 다음, 이 유체에 의해 균열 속으로 전달된다. 파쇄유체가 빠져나간 뒤에도 균열지지제는 균열 내에 그대로 남아 균열을 벌려줌으로써 지류암에서 원유 또는 가스가 잘 흘러나와 생산량을 증가시킨다. 이 과정을 수입파쇄법이라고 부른다. 프래킹작업 현장에는 대개 20여 대의 서비스회사 펌프 트럭이 유정현장으로 이동하고 일련의 파이프와 다양한 집합체가 되어 유정헤드와 연결된다.

프리솔트 pre-salt. 원래 표현은 pré-sal로서 소금 아래(below the salt)라는 뜻으로, 남미 브라질과 아프리카 앙골라 해안의 해양분지의 두꺼운 소금층 아래에 위치한 일련의 유전을 말한다. 석유가 소금에 의해 사실상 밀봉된 채, 'pre-salt' 해역(수심 4㎞ 이상에 있는, 두꺼운 소금층 아래 일련의 해저암석지대)에 있는 것이다. 카리오카-슈가로프(Carioca-Sugar Loaf) 유전의 경우, 길이 약 800㎞, 너비 200㎞의 두꺼운 소금층 아래에 있었다. 이는 pre-salt 석유 이전에 개발된 소금층 위의 post-salt 석유와 대비된다. 브라질 프리솔트 지역에서 탐사 성공률은 87%로, 탐사위험이 사실상 없다고 할 정도인데, 이는 석유업계 세계 평균인 20%에서 25%에 비해 높은 성공률이다.

플레이 play. 지질학적으로 서로 연관된 하나 또는 그 이상의 매장 유망지의 지리적 발달 양상.

현물시장 spot market. 당일에 거래가 성사되고 가격이 그 시간에 고정되는 시장이다. 거래되는 제품은 원유 및 정제제품이다. 운영자들 간의 거래에 대한 공식 기록은 없으나, 〈Platt's〉와 같은 전문 저널에서 추정치를 발표한다. 로테르담 또는 북서 유럽, 지중해, 걸프, 싱가포르, 카리브해, 미국 등 주요 소비 및 정제 지역에 대한 원유와 주요 제품의 현물 가격 추정치가 있다. 브렌트유, WTI, 두바이유 등 주요 원유의 현물 가격은 원유 가격의 지표로 작용하며 특정 지수 조항의 기준 가격으로 사용된다.

회수증진법 enhanced oil recovery, EOR. 저류암의 원유와 가스의 회수를 증진시키는 다양한 방법들을 말한다. 일반적으로 일차 회수 이후에 실행된다. 지층에서 방출되는 유체(석유 등) 부피의 비율에 따라 저류암 내의 압력이 떨어진다. 압력하강과 생산량 감소를 해결하기 위해 저류암 내에 인위적으로 밀어내는 힘을 공급하는 것이다. 통상 물 주입 방식(수공법)을 사용하나, 점성도가 높은 원유는 열을 주입하는 방식(지하연소, 스팀 주입)를 사용하기도 하고, 용해제 주입, 이산화탄소 주입 등의 방법이 있다.

$$\text{1부}$$

1) John A. Orban III, 《땅속의 검은 황금(Money in the Ground)》 (구미서관, 서울, 2008년) pp. 24~25

2) 오정환, 〈원유가스 탐사개발권의 취득에 관한 법적 연구: farm-out 거래를 중심으로〉, 한양대학교 박사학위 논문 (2011년), 미국의 리스방식을 소유자와 개발자 간 계약방식에서 컨세션의 하나로 보기도 한다.

3) 3개 분류는 Denis Babusiaux 외 2인, 《Oil and Gas Exploration and Production》 (Editions Technip, Paris, 2004), pp. 171~172

4) 영국에서 해양 석유가스전 관리(offshore oil and gas resulation)는 예전에는 Department of Trade and Industry(통상산업부)가 담당했으나, 정부조직개편으로 2024년 기준 Department for Energy Security and Net Zero(DESNZ, 에너지안보넷제로부) 에너지인프라국에서 담당한다.

5) Constitution of the Republic of Turkiye(튀르키예 헌법)

6) Spanish Constitution of 1978(스페인 헌법) 및 Ley 34/1998, de 7 de octubre, del sector de hidrocarburos(탄화수소에 관한 법률(1998년/34호 법률, 1998년 10월 7일)

7) Iraqi Constitution(이라크 헌법) 111조: 'Oil and gas are owned by all the people of Iraq in all the regions and governorates.'

8) 지식경제부, 지구시스템공학회, 〈광업권 등록 및 관리기준 합리화에 대한 연구합리화에 대한 연구〉 과제보고서, 2009년, p.33

9) 稲本 守(이나모토 마모루)외 2인, '海底鉱物資源開発をめぐる国際法と国内法:その現状と今後の課題 (해저광물자원개발 관련 국제법과 국내법: 현황과 향후과제)', 〈Journal of Tokyo University of Marine Science and Technology〉, Vol. 16, (2020) pp. 19~38

10) 한국의 광업법 2조에서는 석유를 천연가스를 포함한 개념으로 정의하지만, 해저광물자원법 2조에서는 석유와 천연가스를 별개의 개념으로 나열하고 있다. 광업법, 해저광물자원개발법 참조.

11) 류권홍, 《국제 석유가스 개발과 거래계약》 (한국학술정보, 파주, 2011), p. 49.

12) 대륙붕(大陸棚, continental shelf)이라 함은, 대륙의 자연적 연장으로서 수심이 비교적 얕고 경사가 완만한 해저와 그 하층토를 의미하는데, UN해양법은 연안에서 200해리까지 연안국의 대륙붕으로 본다.

13) 한일대륙붕공동개발협정 영문 원문의 서문은 다음과 같이 규정하고 있다. 'Desiring to promote the friendly relations existing between the two countries, Considering their mutual interest in carrying out jointly exploration and exploitation of petroleum resources in the southern part of the continental shelf adjacent to the two countries, Resolving to reach a final practical solution to the question of the development of such resources,' (양국 간에 존재하는 우호 관계를 증진하기를 희망하며, 양국에 인접한 대륙붕 남부에서 석유자원에 대한 공동 탐사 및 개발을 공동으로 수행하는 데 있어 상호 이익을 고려해, 그러한 자원의 개발 문제에 대한 최종적인 실천적 해결책에 도달하기로 결의하고,)

14) 김자영, '한일 대륙붕공동개발협정에 관한 연구', 《2016 국제법연구센터 정책연구용역》, (외교부 국립외교원, 2016) p.7

15) 최지현 외 3인, 《대륙붕 공동개발협정 사례 검토 연구》, (한국해양수산개발원, 부산, 2017년)

16) 최지현 외 3인, 《대륙붕 공동개발협정 사례 검토연구》, (한국해양수산개발원(KMI), 부산, 2017), p.12, 참고로 일본의 최초 해외석유개발 성공 사례인 아라비아오일사의 개발은 사우디아라비아-쿠웨이트 중립지대 해역에서 이루어졌다. 조광권(粗鑛權)이라 함은, 계약에 따라 남의 광구(鑛區)에서 광물을 캐내어 취득할 수 있는 권리를 말한다.

17) 박춘호, 'Oil under Troubled Waters: The Northeast Asia Sea-Bed Controversy(험한 바다 아래 석유: 동북아시아 해저자원 논쟁', 〈Harvard International Law Journal〉, Vol. 14. No.2

18) 오성익, '韓 '산유국의 꿈' 7광구 … 탐사 마지노선 1년 6개월 남았다', 〈매일경제〉(2024년 1월 11일자)

19) 시추(試錐)란 지하자원을 탐사하기 위해서, 또는 지층의 구조나 상태를 조사하기 위해 땅속 깊이 구멍을 파는 일을 말한다.

20) 박상현, 이상현, '한일, 7광구 개발회의 39년 만에 개최…"폭넓은 논의, 소통 지속"', 〈연합뉴스〉(2024년 9월 27일자), 협정 24조는 최소 연 1회 공동위원회를 개최하는 것으로 명시하고 있다.

21) 오다 시게루, '한일대륙붕협정의 체결' 〈쥬리스트〉(ジュリスト) 제559호 (1974.5.1. 간행, 동경) pp.98~103, (원전의 출처 일본식 표기는 小田滋 '日韓大陸棚協定の締結', 〈ジュリスト〉, No.559, 1974年, pp98~103)

22) 2018 TREATY BETWEEN AUSTRALIA AND THE DEMOCRATIC REPUBLIC OF TIMOR-LESTE ESTABLISHING THEIR MARITIME BOUNDARIES IN THE TIMOR SEA(2018년 호주와 동티모르 민주공화국 간 해양경계 설정 조약) 중 'ANNEX B: Greater Sunrise Special Regime(부속서B: 그레이터 선라이즈 체제)', https://cil.nus.edu.sg/wp-content/uploads/2019/02/2018-Timor-Sea-Treaty.pdf 참조.

23) 호주 입장에서 동티모르 파이프라인으로 가스를 보낼 때 더 많은 혜택을 받을 수 있음에도, 쉽게 결론내리지 못하고 있다. 그 이유 중 하나는 해저지형 구조의 차이(동티모르 앞바다에 깊은 바다 존재)로 호주행 파이프라인 건설이 상대적으로 용이하기 때문으로 보인다.

24) Selig Harrison, 〈Seabed Petroleum in Northeast Asia: Conflict or Cooperation?(동북아시아의 해양석유: 갈등 또는 협력)〉, Wilson Center, 2004, D.C. p.5

25) '국제유가하락세, 38개월 만에 최저', 〈동아일보〉(1993년 9월 11일자)

26) 한국해양수산개발원, 'KMI, 한일 대륙붕 공동개발 해법 모색', 보도자료(2018년 9월 19일자)

27) '한국, 관할권 배제선언으로 日제소 움직임 봉쇄', 〈서울신문〉(2008년 8월 5일자)

28) Yukio Tajima, 'China eyes Sea of Japan access via Russia-North Korea border river(중국이 러시아·북한 국경인 두만강을 통해 동해 접근에 주목하고 있다', 〈Nikkei Asia〉(2024년 6월 14일자), https://asia.nikkei.com/Politics/International-relations/China-eyes-Sea-of-Japan-access-via-Russia-North-Korea-border-river

29) Robert Rapier, 'Global Coal Consumption Returns To Record Levels(전 세계 석탄소비가 기록적인 수준으로 돌아왔다.', 〈Forbes〉(2023년 9월 4일자), https://www.forbes.com/sites/rrapier/2023/09/04/global-coal-consumption-returns-to-record-levels/

30) 고재원, '최대 140억 배럴 동해유전 韓日 경계선 걸쳐 있을 수도', 〈매일경제신문〉(2024년 9월 24일자)

31) 에니(ENI)는 이탈리아의 국영석유기업으로 탄생한 후발 메이저 석유가스기업이다. 자세한 내용은 후반부의 주요 석유기업 설명에서 소개한다. Bucarelli, M. 'At the origin of the energy policy of ENI in Iran: Enrico Mattei and the negotiations for oil deals of 1957', 〈Nuova Rivista Storica〉, Vol.94. No.2, https://www.researchgate.net/publication/298482191_At_the_origin_of_the_energy_policy_of_ENI_in_Iran_Enrico_Mattei_and_the_negotiations_for_oil_deals_of_1957

32) 우리의 국부유출 논란 비슷하게 산유국에 너무 많은 이익을 준 것이 아니냐며 일본 국내 정치에서 논란이 되기도 했다. Oh, Seong-ik, 〈Overseas Energy Investment of Korea and Japan(한일 해외 에너지 투자)〉, (Palgrave Macmillan, 싱가포르, 2023), p.51 참조.

33) 노르웨이 석유산업 홈페이지, 'The Petroleum Tax System' https://www.norskpetroleum.no/en/economy/petroleum-tax/ 영국의 경우에도 현재는 중단되었지만 2015년까지 Petroleum Revenue Tax(PRT)라는 명칭의 특별석유세를 부과했다. 다만, 영국은 매출과 비용의 정확한 산정을 통한 세금부과를 위해 광구별로 회사를 별도로 설립토록 하는 ring-fencing을 적용했다. 영국 정부 홈페이지, 'Petroleum Revenue Tax' https://www.gov.uk/guidance/oil-gas-and-mining-petroleum-revenue-tax

34) 석유의 기본 단위로 쓰이는 배럴(bbl)은 19세기 석유개발 초기에 와인통이나 위스키통을 사용한 데서 유래한다. 당시 미국 석유시장의 90%를 지배하던 록펠러의 스탠다드 오일사가 통상 40갤런이었던 와인통과 달리, 42 갤런(US Gallon)의 'Standard Blue Barrel(줄여서 bbl)'로 배럴을 표준화한다. 이것은 생산지에서 정유공장으로 운송과정에서 증발하거나 새는 양을 2갤런으로 보고 정한 것이었다. 1배럴 = 42갤런 = 약 159리터이다. Morgan Downey, 《Oil 101》, (Wooden Table Press, 2009) 참조.

35) 성조환 '대륙붕 해저광물자원 개발정책의 문제점과 개선방안: 해저광물자원개발법을 중심으로', 〈한독사회과학논총〉, 12-1호, (2002년) p. 58

36) 아람코 연간보고서 2023, p.132

37) 김민중, '이 법 때문에…'대왕고래' 석유채굴 땐 88% 해외 내줄 수도〈중앙일보〉(2024년 6월 19일자), 신채연, '동해 잭팟 나도 88% 해외로…안덕근 "수익 분배 조정 검토"', 〈SBS BIZ〉(2024년 6월 21일자)

38) 해저광물자원개발법 시행령 개정안 (2024년 10월 4일 입법예고), 개정안 내용은 수익발생에 대한 분배를 중점으로 하고 있다. 조광료는 누적매출/누적비용<1.25까지는 매출의 1%로 하고, 누적매출/누적비용>3이 되면 33%를 내도록 한다. 이와 함께, 특별한 이익이 발생한 경우(직전 5년 평균유가보다 20% 높고, 두바이유가 85달러 이상일 때) 33%를 납부토록 하고 있는데, 이것은 횡재세에 해당하는 것으로 보인다. 이외에 서명, 발견, 생산 시 계약에 의해 보너스를 받을 수 있는 근거조항을 만들었다.

39) 'What is the windfall tax on oil and gas companies and how much do they pay?', 〈BBC〉(2024년 3월 7일자)

40) 이 기준은 2022년 말까지의 20년 평균을 기준으로 만들어졌다. 이 기준은 2024년 4월 1일부터 조정되며, 그 이후에는 매년 전년도 12월 소비물가지수(CPI) 수치에 따라 조정된다. https://www.gov.uk/government/publications/energy-profits-levy-energy-security-investment-mechanism-legislation 참조.

41) https://www.gov.uk/government/publications/electricity-generator-levy

42) 윤상직, 《국제석유개발계약의 이해》, (세경사, 서울, 2010), p. 96

43) Don Hubert, 'GOVERNMENT REVENUES FROM CORAL FLNG(코랄 FLNG의 정부수익)', 'Oxfarm(2019년 8월)

44) 이상무, '최대치 140억 배럴의 '절반'이었다…동해석유가스전 '최적 회수 기대량' 보름 지나 공개', 〈한국일보〉(2024년 6월 19일자)

45) 기세일 외 8인, '동해-1 가스전 개발과 CCS 활용전망', 〈한국자원공학학회〉, Vol. 59, NO.5, (2022년)

46) 김광호, '나이지리아 유전개발 합의', 〈경향신문〉(2006년 3월 10일자)

47) Vassiliou, M. S, 《Historical dictionary of the petroleum industry(석유산업 역사 사전)》, (Rowman &amp, Lanham, 2018), p.394

48) Vassiliou, M. S, 《Historical dictionary of the petroleum industry(석유산업 역사 사전)》, (Rowman &amp, Lanham, 2018), p.395

49) N. Nosjean 외 4명, 'Geological probability of success assessment for amplitude-driven Prospects:A Nile Delta case study(진폭 기반 유망구조에 대한 지질학적 성공 확률 평가: 나일강 삼각주 사례 연구)', 〈Journal of Petroleum Science and Engineering〉, 2021(202)

50) 2024년 8월 20일의 국회 동해석유시추 정책토론회에서 서울대 에너지자원공학과 최종근 교수는 CO_2 20%는 '5개 중 하나 성공 아님'이라고 발표자료에 적시했다.

51) 김지성, '"울릉분지, 금세기 최대 가이아나와 유사"…7일 기자회견', 〈SBS 뉴스〉(2024년 6월 5일자)

52) 스타브록 광구의 기업 파트너관계의 미래는 불확실한 면이 있다. 2024년 6월 기준, 쉐브론(Chevron)이 광구 지분 30%를 보유한 헤스(Hess)를 인수하는 과정이, 헤스의 광구 지분에 대한 선취권(preemption right)을 주장하는 광구 파트너인 엑슨모빌과 CNOOC의 중재 신청으로 인해 지연되고 있다.

53) 'Liza Prospect Development, Stabroek Block(스타브록 광구의 리자 유망구조 개발', 〈Offshore

Technology〉(2020년 4월 9일자), https://www.offshore-technology.com/projects/liza-prospect-development-stabroek-block/?cf-view

54) 'Guyana project overview(가이아나 프로젝트 개요)', 엑슨모빌 홈페이지, https://corporate.exxonmobil.com/locations/guyana/guyana-project-overview#DiscoveriesintheStabroekBlock

55) Chris P. Hudson, 'ExxonMobil Liza Project in Guyana(엑슨모빌의 가이아나 리자 프로젝트)', 유튜브 https://www.youtube.com/watch?v=5RcYL8H_JTE, 크리스마스 트리(Christmas Tree)는, 생산 중인 유전의 최상부에 밸브, 제어장치, 측정장치, 파이프 연결부 등을 복잡하게 조립해 연결한 장치로서 석유와 가스의 유동을 제어한다. 바다에서는 밸브 등 장치를 상자 속에 장착한 습성 트리를 쓴다. John A. Orban III, 《땅속의 검은 황금(Money in the Ground)》, (구미서관, 서울, 2008년) 참조.

56) 'Guyana becomes key contributor to global crude oil supply growth(가이아나가 세계 석유공급에 중요한 기여자가 되다)', 미국 에너지정보청 홈페이지(2024년 5월 21일자), https://www.eia.gov/todayinenergy/detail.php?id=62103

57) 'SENTENCE ARBITRALE(GUYANA c. VENEZUELA) 가이아나와 베네수엘라 간 중재판결 결과', 국제사법재판소(ICJ), (2023년 12월 1일), https://icj-cij.org/sites/default/files/case-related/171/171-20231201-ord-01-00-en.pdf

58) 세계적 공급증대에서 높은 유가를 유지하기 위해 OPEC, 특히 사우디아라비아가 스윙 프로듀서로서 수출물량의 막대한 손실을 감수하면서 생산을 감축해야 했는데, 이것은 지속가능한 시스템이 아니었다. 사우디아라비아는 1980년에서 1986년 사이에 일산 1,000만 배럴에서 300만 배럴로 생산을 줄여야 했는데, 석유수출수입을 그만큼 희생해야 했다.

59) 휘발유(gasoline)의 명칭은 쉽게 증발하고 기체(gas)로 날아가는 데서 비롯되었다. 미국 자동차왕 헨리 포드의 자동차 초기 모델은 원래 옥수수에서 추출한 에탄올을 연료로 디자인되었다. 그러다가 텍사스의 스핀드탑 등 대형유전의 발견으로 대량의 싼 석유를 자동차(특히 모델 T)의 연료로 사용하게 되었다. 경유(diesel)는 루돌프 디젤(디젤엔진을 발명한 독일의 엔지니어)의 이름을 딴 것인데, 디젤의 초기 엔진은 지금의 바이오디젤(에테르화된 식물성 기름)을 연료로 생각하고 있었다. 이것은 초기 석유생산이 등불용 정도의 수요를 충족할 만큼 생산한 데서 기인한다.

60) 2024년 11월 기준 OPEC의 회원국은 총 12개다. 석유수출국기구(OPEC)는 1960년 9월 이라크 바그다드에서 이란, 이라크, 쿠웨이트, 사우디아라비아, 베네수엘라 등 5개국이 협정을 체결하면서 창설됐다. 이후 리비아(1962년), UAE(1967년), 알제리(1969년), 나이지리아(1971년), 가봉(1975년), 적도기니(2017년), 콩고(2018년) 등이 이 국가들과 합류했다. https://www.opec.org/opec_web/en/about_us/25.htm 참조.

61) 미국이 석유가스를 초과생산하는 수출국이 되면서, 미국 외교정책의 운신의 폭이 커졌고 중동 석유가스 확보를 위한 미국의 중동친화적인 정책이 더 이상 필요가 없어진 점을 우려하는 시각도 있다. 자세한 내용은 이복재 《되살아나는 석유위기 공포》, (초이스북, 서울, 2021) 참조.

62) Energy Institute, 〈Statistical Review of World Energy〉, 2024년 73호, p.20

63) https://kr.investing.com/commodities/crude-oil-historical-data

64) 2003년 주요 산유국인 이라크에 대한 미국의 공격이 대표적 사례인데, 이라크의 연평균 석유생산량이 2002년 일산 210만 배럴에서 2003년 130만 배럴 수준으로 급감했다. 2011년 리비아도 내전으로 인해 2010년 일산 170만 배럴에 이르던 연평균 석유생산량이 2011년에 일산 50만 배럴 이하로 급감했다. 또한 OPEC 회원국 중 하나인 나이지리아는 유전시설에 대한 테러리스트들의 공격이 석유생산 및 수송 시설의 파괴로 이어져 석유공급의 차질이 발생했다.

65) 전략비축유는 지정학적 리스크, 전쟁, 자연재해 등 예상치 못한 이벤트로 석유 공급이 중단될 경우에 대비해 각국이 국가적인 차원에서 쌓아두는 재고로 미국은 1975년부터 비축을 시작했으며 2020년 약 6.4억 배럴을 보유하고 있다. 휘발유 등 석유제품은 보관의 어려움이 있어, 석유를 주로 보관한다.

66) 김희진, 〈국제유가 결정요인에 대한 연구〉, 연세대학교 석사학위 논문, 2021, p.41

67) 중동산 석유는 이란을 제외하고는 수입자가 직접 운송해가는 구조임에도 수송가격을 가격요소로 포함하고 있다. 이것은 중동에서의 수송가격이 아니라, 중동이 아닌 다른 국가(대체로 중동보다 먼 나라)에서 수입할 경우의 수송가격을 의미하고, 이것이 중동이 지정학적 위치에서 온 협상력에 기반한 아시아 프리미엄의 근거로 한다는 의견도 있다.

68) S&P Global, 'Platts Dubai/Oman benchmarks', 〈Commodity Insight〉, 2023년 10월, https://www.spglobal.com/commodityinsights/PlattsContent/_assets/_files/en/our-methodology/methodology-specifications/dubai_oman_benchmarks_faq.pdf

69) Yoshiki Ogawa, 'Asian Premium of Crude Oil and Importance on Development of Oil Market in Northeast Asia(석유의 아시아 프리미엄과 동북아 석유시장 발전의 중요성)', 2003년 9월 6일 동북아 석유부문 협력방안 국제워크숍 발표자료

70) Yoshiki Ogawa, 'Asian Premium of Crude Oil and Importance on Development of Oil Market in Northeast Asia(석유의 아시아 프리미엄과 동북아 석유시장 발전의 중요성)'

71) 'Saudi Cuts Asian Premium after India Taps Russian Oil(인도가 러시아석유를 수입하자, 사우디가 아시아 프리미엄을 줄이다', 〈Hellenic Shipping News〉(2023년 9월 23일자), https://www.hellenicshippingnews.com/saudi-cuts-asian-premium-after-india-taps-russian-oil/

72) 남승모, '[취재파일] 깎아줬다는데…2,000원 넘은 휘발유, 도대체 세금이 얼마?', 〈SBS뉴스〉(2022년 3월 13일)

73) 석유공사 오피넷은 OECD 국가만을 대상으로 한 국가 비교표만을 갖고 있어, 산유국, 비산유국을 모두 보여주는 《Oil 101》의 2009년 1월 데이터 사용.

74) 2024년 9월 10일 세계지식포럼 '유전과 바다: 한국 산유국의 꿈' 세션에서 유가 전문가 Michael Lynch의 발언 정리.

75) Luca Longo, 'The LNG breakthrough: towards Liquefied Natural Gas(LNG의 돌파구: 액화천연가스를 향해)', 에니(ENI)홈페이지(2024년 3월 1일), https://www.eni.com/en-IT/media/stories/liquefied-natural-gas.html

76) Ryan Lizza, 'As the World Burns(세계가 불탈 때)', 〈New Yorker〉(2010년 10월 3일), https://www.

newyorker.com/magazine/2010/10/11/as-the-world-burns

77) 김정수, 'EU, 그린 택소노미에 '원자력·천연가스 포함' 확정', 〈한겨레신문〉(2022년 7월 7일자)

78) 《Historical dictionary of the petroleum industry(석유산업 역사 사전)》, p.304

79) 〈Shell LNG Report 2024〉, 미국의 LNG 수출패턴은 파나마 운하의 한계(수량 부족에 따른 수송 기간 지체와 예측 어려움)로 인해 먼 항로를 이용하고 있다. Elida Moreno and Valentine Hilaire Panama, 'Canal in talks with US LNG producers to increase transit(파나마운하당국이 통행을 증가시키기 위해 미국 LNG 생산기업들과 대화 중', 〈Reuters〉(2024년 5월 10일자), https://www.reuters.com/business/energy/panama-canal-talks-with-us-lng-producers-increase-transit-2024-05-10/

80) 노남진, '2024년 상반기 세계 천연가스 시장 동향(IEA)', 〈세계 에너지시장 인사이트〉 제24-16호 (2024.8.12.)

81) 〈Shell LNG Report 2024〉

82) 산업자원부, 〈제15차 장기천연가스 수급계획 2023-2036〉, 수급관리수요는 기준수요에 GDP, 기온, 기저발전 이용률, 수소발전 등 변동성을 고려한 전망치로서, 천연가스 인프라 확충 및 필요 시 장기 도입계약 등에 활용한다.

83) 장기천연가스 수급계획 2023-2036에 따르면, 호주·미국 등 상대적으로 열량이 낮은 LNG의 수입이 증가할 것으로 보이는 바, 열량이 높은 LPG를 섞을 수 있도록 LPG 열량조절설비 운영을 확대할 계획이다. 저열량의 의미는 쉽게 말해, 도시가스로 라면 끓이는 시간이 예전에 비해 몇 초 내지 몇십 초 더 필요해진다는 뜻이다. 이와 관련해, 한국석유공사가 보유한 LPG를 약간 섞어 도입 천연가스의 열량을 올릴 수 있다는 의견도 있다.

84) 한국가스공사 경제경영연구소, 〈가스 산업 인사이트〉 V3. (2024년 9월)

85) 한국가스공사가 관리하는 LNG 배관망은 천연가스 도입기지(인천, 평택, 통영, 삼척, 제주에 위치)로부터 각 지역의 도시가스사 또는 발전소까지 연결되어 있으며 총 길이는 5,190㎞에 이른다. 일반적으로 배관의 지름이 30인치인 것부터 20인치인 것까지 사용된다. 배관을 통과하는 가스의 압력은 8.5㎏/㎠에서 70㎏/㎠인데, 이는 물을 수직 상공으로 85~700m 높이까지 위로 올릴 수 있는 힘을 의미한다. 이와 함께, 천연가스 공급중단 등과 같은 사태에 대비해 역방향으로도 공급할 수 있도록 환상망의 형태로 배관망을 구성해 천연가스를 안정적으로 공급하고 있다. 한국가스공사 홈페이지, 'KOGAS 배관망'

86) EIA 홈페이지, 'Natural gas explained', https://www.eia.gov/energyexplained/natural-gas/

87) 친환경적 특성에도 불구하고 CNG가 개인차량에 잘 없는 이유는 차량가격이 일반차량에 비해 더 비싸고 가스실린더가 가솔린탱크보다 더 많은 공간을 차지하며, CNG 충전소를 찾기가 쉽지 않기 때문이다.

1) 이 용어는 1940년대 중반부터 1970년대까지 '이란을 위한 컨소시엄'을 결성해 밀접한 관계를 갖고 미국 밖의 세계 석유 산업을 지배한 7개 석유 회사를 지칭한다(미국 내에서는 반독점법으로 인해 담합 유사행위는 불가했다). 이 그룹은 스탠더드 오일 뉴저지(Standard Oil of New Jersey)와 스탠더드 오일 뉴욕(Standard Oil Company, 현재의 엑슨모빌), 스탠더드 오일 캘리포니아(Standard Oil of California), 걸프오일(Gulf Oil) 및 텍사코(Texaco)(현재 Chevron), 로얄 더치 쉘(Royal Dutch Shell), 그리고 Anglo-Persian Oil Company(현재의 BP)로 구성되었다.

2) '석유 수요 급감한다는데…美 석유 공룡들 '정반대 행보'', 〈연합뉴스〉(2023년 10월 26일자), Benoit Morenne, 'Exxon, Chevron Invest in the West as Global Conflicts Increase(국제적인 분쟁이 증가하자 엑슨과 쉐브론은 서구에 투자한다)', 〈Wall Street Journal〉(2023년 10월 25일자), https://www.wsj.com/business/energy-oil/exxon-chevron-look-to-the-west-in-an-increasingly-uncertain-world-6bc2ea38

3) 〈포브스〉 선정 글로벌 2000은 매출(sales), 순익(profits), 자산(assets)과 시장가치(market value)를 종합평가해 순위를 매긴 것이다. 2024년 기준으로 1위는 제이피모건체이스(JP Morgan Chase), 2위는 버크셔헤서웨이(Berkshire Hathaway), 3위는 사우디아람코(Saudi Aramco)이다.

4) 'Why ExxonMobil is Paying $60bn for Pioneer', 〈이코노미스트〉(2023년 10월 11일자), https://www.economist.com/business/2023/10/11/why-exxonmobil-is-paying-60bn-for-pioneer, 엑슨모빌 연간보고서에 따르면 2023년 10월 11일, 엑슨모빌은 ExxonMobil 보통주를 인수하는 대가로 독립 석유가스 기업인 Pioneer Natural Resources Company(Pioneer)와 합병 계약을 발표했다. 엑슨모빌 주식의 10월 5일 종가, 파이오니어 주당 2.3234의 고정 비율, 파이오니어의 미결제 순부채를 기준으로 한 거래의 내재기업가치는 약 650억 달러였다. 이번 거래와 관련해 발행할 수 있는 주식 수는 약 5억 4600만 주가 될 것으로 예상된다. 이 거래는 규제 승인에 따라 2024년 2분기에 종결될 것으로 예상된다. Pioneer는 서부 텍사스의 미들랜드 분지(Midland Basin)에서 85만 에이커 이상의 광구를 보유하고 있으며, 이는 총 23억 boe(2022년 말 기준) 이상의 확인 매장량(proved reserve)과 2023년 9월 30일 직전 3개월 기준 일산 70만 boe 이상으로 구성되어 있다.

5) 엑슨 연간보고서에 따르면, 엑슨의 해양광구의 면적은 전 세계에 걸쳐 약 1,850만 에이커(74,866㎢)로서 7광구 전체면적 (82,577㎢)에 육박한다.

6) 기세일 외 8인, 〈동해-1 가스전 개발과 CCS 활용전망〉

7) 〈엑슨모빌 연간보고서 2023〉

8) 〈GS CALTEX 통합재무보고서 2022-2023〉 p.11, 《Overseas Energy Investment of Korea and Japan》 p.94

9) Mark Thompson, 'ConocoPhillips is buying Marathon Oil in $22.5 billion deal(코노코필립스가 225억 달러에 마라톤오일을 인수한다)', 〈CNN〉(2024년 5월 29일자), https://edition.cnn.com/2024/05/29/investing/conocophillips-marathon-takeover/index.html

10) James Brooks, 'ConocoPhillips buys most remaining Chevron oil holdings on North Slope(코노코필립스는 노스 슬로프에 있는 대부분의 쉐브론의 자산을 매입한다)', 〈Alaska Beacon〉(2024년 10월 3일자)

11) 오현우, 'SK E&S, 가스전·부유식 생산공장 동시 확보…"年수천억 이익 낼 것"', 〈한국경제〉(2024년 9월 9일자), 참고로, 코노코필립스의 지분은 호주 석유가스기업인 산토스가 2019년에 전량 매입했다.

12) BP는 한국에 6개의 해상풍력 관련 사무실을 설치하고 있다. West Ocean Wind(55% 지분), BP Korea(100%), Onyx Insight Korea(100%), Chunghaejin Offshore Wind Power(55%), Ilchool Offshore Wind Power(55%), YiSunSin Offshore Wind(55%).

13) America Hernandez, 'French Senate urges government to buy 'golden share' in Total Energies(프랑스 상원은 토탈 에너지의 황금주를 사라고 요구했다)', 〈Reuters〉(2024년 6월 19일자), https://www.reuters.com/world/europe/french-senate-urges-government-buy-golden-share-totalenergies-2024-06-19/

14) ENI 홈페이지, 'Governance: Major Shareholders(지배구조: 주요 주주)'

15) 조르(Zohr) 유전은 이집트의 해양유전으로 포드사이드(육상거점)에서 북쪽으로 200㎞떨어진 쇼루크(Shorouk) 광구에 있다. 탐사 발견(2015년 8월)과 생산 시작(2017년 12월) 후 2019년 8월 가스생산 1일 2.7Bcf에 도달했다.

16) 쥬바이르 사업은 2009년 6월에 진행된 이라크 유가스전 1차 입찰에서 한국가스공사가 ENI(32.81%), 미국 옥시덴탈(Occidental)(23.44%), 이라크 국영회사인 미산 오일 컴퍼니(Missan Oil Company)(25%)와 컨소시엄을 구성하고 입찰에 참여해 쥬바이르 생산유전(이라크 남부 바스라 남서쪽 900㎢ 면적)을 낙찰받은 것이었다.

17) 'Supermajordämmerung(슈퍼메이저들의 황혼)', 〈Economist〉(2013년 8월 3일자)

18) 2%의 지분만이 주식시장에 공개된 상태에서 이 주가를 기준으로 아람코의 시가총액을 산정한 것을 'illusion'으로 보는 시각도 있다. Javier Blas, 'Saudi Aramco's $2 Trillion Valuation Is an Illusion(사우디 아람코 시가 총액이 2조 달러라는 것은 허상이다)', 〈Bloomberg〉(2023년 5월 30일자) 참조, https://www.bloomberg.com/opinion/articles/2023-05-30/saudi-aramco-s-2-trillion-valuation-is-an-illusion

19) 아람코의 연간보고서는 두 가지의 매장량을 설명하고 있다. 하나는 아람코의 조광계약(40년+20년 연장 가능)에 근거해 만든 수치로 2022년 말 기준 2,558억 boe, 2023년 말 기준 2,512억 boe이다. 다른 하나는 아람코가 작업하는 사우디아라비아의 광구의 매장량으로서 이는 2022년 3,384억 boe, 2023년 3,408억 boe이다. 이는 아람코는 조광계약의 제한기간이 사실상 없다는 것에 근거한다.

20) 〈아람코 연간보고서 2023〉, p.87. 참고로, 아카스 유전의 운영권자였던 한국가스공사의 지분정리는 2023년 3월에 이라크 내각의 승인을 득했다.

21) 최인수, '이라크 '아카스사업' 손 떼는 가스공사…1억 1500만 달러 회수', 〈에너지신문〉(2023년 6월 29일자), Nishant Ugal, 'Saudi Aramco in talks to develop major Middle East gas field(사우디 아람코는 중동의 중요 가스전 개발에 대해 논의하고 있다', 〈Upsteam online〉(2023년 5월 26일자), https://www.upstreamonline.com/field-development/saudi-aramco-in-talks-to-develop-major-middle-east-

gas-field/2-1-1456799

22) 이란국영석유회사(NIOC)와 1976년 합작설립했다가 1991년에 아람코가 35%의 지분을 인수해 공동운영했으나, 2007년 한진에 쌍용지분이 이전되었고, 2015년 한진이 갖고 있던 28.4%의 지분을 전량 아람코에 매각함으로써 아람코가 S-OIL의 최대주주가 되었다.

23) 아람코 한국 지사 홈페이지

24) Statista 홈페이지, 'Gazprom's shareholder structure as of December 31, 2023(2023년 말 기준 가스프롬의 주주 구조', (2024년 6월), https://www.statista.com/statistics/273267/shareholder-structure-of-gazprom/

25) 법무법인 지평 홈페이지, '러시아 가스산업 및 석유산업의 이해' (2008년 11월 10일자), https://www.jipyong.com/kr/board/news_view.php?seq=7108&page=164&value=&type=&nownum=1465

26) Gazprom Annual Report 2021, Gazprom in figures 2019-2023

27) '이라크 '아카스사업' 손 떼는 가스공사…1억 1,500만 달러 회수'

28) 송의달, '1,000억 달러 규모… "자원외교 사상 최대 성과"', 〈조선일보〉(2008년 9월 30일자), 송승온, '동북아 LNG 허브 구축… '러시아 PNG' 도입이 관건', 〈에너지플랫폼뉴스〉(2020년 2월 12일)

29) 'Iraq's highest court strikes down INOC(이라크 최고법원은 INOC를 기각하다)', 〈Iraq Oil Report〉(2022년 9월 22일자)

30) 'Iraq's North Oil Company plans 50,000 bpd production boost(이라크 북부석유회사는 일산 5만 배럴을 증가시킬 계획이다)', 〈Iran Oil Gas Network〉(2024년 8월 17일자)

31) 리스타드 에너지 자료와 'After restructuring, South Oil Company is renamed(구조조정 후 남부석유회사는 이름이 바뀌었다', 〈Iraq Oil Report〉(2017년 4월 5일자)

32) https://www.emis.com/php/company-profile/IQ/Basra_Oil_Company__%D8%B4%D8%B1%D9%83%D8%A9_%D9%86%D9%81%D8%B7_%D8%A7%D9%84%D8%A8%D8%B5%D8%B1%D8%A9__en_3907561.html

33) 생산량 데이터는 노르웨이 소재 에너지컨설팅기업인 리스타드 에너지 자료, 루마일라유전 운영사 홈페이지, https://rumaila.iq/english/about-us/our-partners/ , Aref Mohammed, 'Basra Oil Company head expects Qatar to take 20~25% stake in TotalEnergies' Iraq project(바스라석유회사 대표는 카타르가 토탈의 이라크 프로젝트에서 20~25 %의 지분을 차지할 것으로 예상한다)', 〈Reuters〉(2023년 2월 2일자)

34) SOMO 홈페이지, https://www.somooil.gov.iq/about/duties

35) 〈OPEC Statistical bulletin 2024〉, https://asb.opec.org/ASB_Charts.html?chapter=2202

36) 'Treasury Sanctions Key Actors in Iran's Oil Sector for Supporting Islamic Revolutionary Guard Corps-Qods Force(재무부는 이슬람 혁명수비대를 지원한 데 대해, 이란 석유부문의 중요 행위자를 재제한다)', 미국 재무부 보도자료(2020년 10월 26일자), https://home.treasury.gov/news/press-releases/sm1165

37) 'FT: Iran oil exports hit six-year high(이란의 석유 수출이 6년래 최대치이다)', Shana Energy Information, 〈Network〉(2024년 4월 19일자), https://en.shana.ir/news/640117/FT-Iran-oil-exports-hit-six-year-high

38) 애드녹 홈페이지에 따르면, UAE지역에서 1937년에 지질조사가 처음 있었다고 한다.

39) 'UAE president forms new Abu Dhabi Supreme Council(UAE 대통령은 새로운 아부다비 최고위원회를 구성한다)', 〈Reuters〉(2020년 12월 28일자), https://www.reuters.com/article/emirates-economy-regulations-idAFL8N2J70BD/

40) 'ADNOC to Acquire 10% Equity Stake in Major LNG Development in Mozambique(애드녹은 모잠비크의 주요 LNG개발사업의 지분 10%를 획득했다', ADNOC 보도자료(2024년 5월 22일자), https://www.adnoc.ae/en/news-and-media/press-releases/2023/adnoc-to-acquire-10-equity-stake-in-major-lng-development-in-mozambique

41) 쿠웨이트 국왕(샤이크 무바라크)이 영국 정부 추천 기업만 받겠다고 약속해 걸프가 진입하는 것을 막자, 쿠웨이트 유전 진입을 위해 런던에 본사를 둔 합작사를 설립하게 된 것이다.

42) 물리탐사에 근거한 추정치로, 우리 정부의 기준으로는 탐사자원량에 해당한다. https://www.kuna.net.kw/ArticleDetails.aspx?id=3164957&language=en

43) 신문기사를 통해, SK그룹이 쿠웨이트와 갖는 특별한 관계가 언급되기도 한다. 그 연원은 한국의 국영정유기업인 유공이 1962년에 설립되고 한국 정부가 최초로 도입한 원유가 쿠웨이트산이었다. 당시 유공의 지배주주인 걸프가 지분을 갖고 있는 쿠웨이트의 석유개발회사 KOC가 수출한 석유로 보인다. SK그룹은 1980년에 유공을 인수한다.

44) 미국의 벡텔(Bechtel)과 프랑스의 테크닙 지오프로덕션(Technip Geoproduction)이 사업을 감독했다.

45) Qatar Energy 홈페이지 'Governance', https://www.qatarenergy.qa/en/WhoWeAre/Governance/Pages/default.aspx

46) 'QatarEnergy: Investors Update Presentation(2023년 12월)'

47) 아람코의 연간보고서는 두 가지의 매장량을 설명하고 있다. 하나는 아람코의 조광계약(40년+20년 연장 가능)에 근거해 만든 수치로 2022년 말 기준 2,558억 boe, 2023년 말 2,512억 boe이다. 다른 하나는 아람코가 작업하는 사우디아라비아의 광구의 매장량으로서 이는 2022년 3,384억 boe, 2023년 3,408억 boe이다. 이는 아람코는 조광계약의 제한기간이 사실상 없다는 것에 근거한다.

48) https://manage.rudaw.net/english/middleeast/iraq/030120241

49) https://www.globaldata.com/company-profile/abu-dhabi-national-oil-co/

50) Statistical Review of World Energy 2024에 따르면 2023년 중국의 석유 수요는 1,692.9만 배럴/일이고, 생산은 419.8만 배럴/일이다.

51) CNPC는 2012년에 모잠비크 Area-4 해상유전에 70% 지분을 가진 ENI East Africa의 28.57%의 지분을 획득함으로써 간접적으로 모잠비크의 대형가스전에 대한 권리를 확보했다.

52) 미얀마-중국 파이프라인은 원유수송로의 중심인 말라카해협에 대한 의존도를 낮추기 위한 비상 시 생명선(emergency lifeline)으로서, 중국 에너지안보정책의 일환이었다.

53) 2004년 7월, 페트로차이나(PetroChina)는 남중국해 탐사 및 개발과 관련해 중국 국토자원부로부터 최초의 해양 탐사·개발 허가를 받았다.

54) 'East China Sea Gas Development On Track(동중국해 가스개발 정상추진)', CNOOC 보도자료(2004년 9월 29일자), 춘샤오 유전의 개발이 일중 중간선 중국 측 수역에서 이루어졌지만, 중간선과 매우 가까워 일본 측 대륙붕의 석유가스가 빨려가고 있을 수 있다는 점에서 일본이 강력히 반발하고 일중 간 동중국해 해양분쟁이 격화되기 시작했다.

55) 새로운 전략에 따라 한국석유공사(KNOC)는 캐나다 하베스트에너지와 독점 협상을 벌여 39억 달러를 들여 회사를 사들였다.

56) 개방 초기 외국 기업들의 중국 진출이 본격화되면서, CNOOC는 중국에 진출하는 외국 기업들과의 커뮤니케이션을 전담하는 역할도 맡게 되었다. 외국 기업과 투자자들이 단일 기업과의 협상을 요구한 점도 CNOOC의 설립에 기여했다.

57) 중국 정부는 동중국해 석유가스탐사를 1970년대부터 진행해왔다고 주장한다. 'China's Oil and Gas Exploration in the East China Sea Is Rightful and Legitimate(동중국해에서 중국의 석유가스 탐사는 정당하고 합법적이다)', 중국 외교부 보도자료(2015년 7월 24일자) 참조, https://www.fmprc.gov.cn/eng/gjhdq_665435/2675_665437/2721_663446/2723_663450/202406/t20240607_11408932.html

58) 2023년 6월 기준 시추플랫폼이 17개까지 늘어났다.

59) '중국, 석유·가스부문 시장기능 확대를 위한 '국가석유가스관망공사' 정식 설립', 〈세계에너지시장 인사이트〉, 19-45호(2019년 12월)

60) PipeChina 홈페이지에서는 다음과 같이 취지를 언급한다. '…국가관망그룹의 설립은 시진핑(習近平) 총서기가 직접 계획하고 배치하고 승인했으며 당 중앙의 간절한 희망에 놓여 있었다. 국가관망그룹(National Pipe Network Group) 설립 이래 우리는 사명을 명심하고 책임을 강화하며 시진핑(習近平) 총서기의 "4대혁명 1협력"의 신에너지 안보 전략을 완전히 관철하고 국가 전략에 복무하고 인민의 요구에 복무하며 산업 발전에 복무하는 것을 기반으로 새로운 발전 개념을 단호히 관철했다….'

61) PetroChina가 PipeChina의 최대주주인 것이 CNPC 또는 PetroChina에 편향될지도 모른다는 우려가 제기된다. 2024년 기준 PipeChina의 회장은 PetroChina 부회장 출신인 장웨이(張偉)이다, https://www.pipechina.com.cn/gywm/jtgc.html

62) 2024년 4월 기준, 중국에서 총 28개의 LNG 터미널이 운영되고 있으며, 그중 12개가 중국 남부지역에 있는데, 이는 광동성이 최대 수요처인 것과 관련이 있다. 2024년 건설이 진행 중인 6개의 터미널이 완공되면 중국의 LNG 수입량은 분기당 1,000만 톤을 넘을 것으로 예상되고 있다. https://www.mysteel.net/news/5052560-new-terminals-to-lift-south-chinas-lng-supply-in-2024

63) Chen, Nai-ruenn and Walter Galenson. (2011), 〈The Chinese economy under Maoism〉, (New Brunswick: Aldine Transaction), p. 76.

64) 1950년대 한국의 유일한 석유제품 공급사였던 한국석유저장회사(Korea Oil Storage Corporation, KOSCO)는 미국 국제개발처(USAID)의 자금을 통해 미국 정부의 통제를 받아왔다. 박정희 대통령 시절 경제 정책을 만들었던 오원철 수석에 따르면, 당시 한국의 정책입안자들은 미국 정부가 석유공급 감축을 위협함으로써 한국 정부의 의사결정에 영향을 미치고 있다고 생각했다. 《Overseas Energy Investment of Korea and Japan》, p.90

65) 한국에서는 석유회사 하면 정유사로 오해하는 경우가 많다. 이는 석유가 생산되지 않는 상태에서 소비지 정제주의를 기반으로 대기업과 함께 정유업이 세계적 수준으로 성장한 반면, 석유개발부문은 상대적으로 부진한 데 따른 것이다.

66) 자세한 내용은 《Overseas Energy Investment of Korea and Japan》 Ch.3. The Establishment of PEDCO in the 1970s(1970년대 한국석유개발공사의 설립).

67) 공기업정보공개사이트인 알리오 통계에 따르면, 2023년 기준 석유공사의 자산은 18.2조원, 부채는 19.5조원이다.

68) 정상필, '정권 치적 욕심에 무너진 석유공사, 자원개발 방치[진단 : 원유 빈국 대한민국, 자원 개발 포기했나?', 〈에너지플랫폼뉴스〉(2021년 8월 2일자)

69) 2024년 9월 10일, 세계지식포럼 '한국 산유국의 꿈' 세션에서 리스타드 업스트림 헤드 얼링슨의 발표 내용 참조.

70) 한국가스공사 통합재무보고서, 2023년

71) 유재준, 'LNG 도입 연계사업으로 배당금 1조 8,000억 원, 가스요금 인하재원으로 활용, 국민편익 증대에 크게 기여', 〈가스신문〉(2024년 1월 3일자)

72) 동해유전개발사업에 외국 회사가 참여할 경우, 석유공사가 100% 지분이었던 동해가스전 사업과 방향성이 다를 수 있다. 액화와 재기화에 따른 에너지 소모를 줄일 수 있다는 장점에도 불구하고 국내직도입 의무를 부과할 수 있을지 확인이 필요하고, 국내로 도입한다고 하더라도 이윤을 극대화하고자 하는 해외기업이 가스공사에 출발지가격(FOB)보다는 JKM에 연동한 도착지가격(CIF)로 하려고 할 가능성이 있을 것이다.

73) 아마쿠다리(이른바 낙하산 인사)와 함께, 황금주는 경제산업성(METI)에 특정 사안에 대한 거부권을 부여하고 있지만, 황금주 주된 목적은 인펙스(INPEX)와 중요한 유전자산을 외국 기업의 적대적 인수로부터 보호하는 것이다. INPEX가 국영기업 같은 느낌이 들지만, 전형적인 국영기업과 구별되는 점은 일본감사원(BAJ)과 같은 정부 기관은 INPEX의 경영진을 점검하지 않는다는 것이다.

74) 일본석유공단(JNOC)의 막대한 부채가 문제가 되어 고이즈미 총리 시절 공공부문 개혁의 첫 대상이 되었다. JNOC이 갖고 있던 우량 석유기업의 지분을 모아 핵심기업(중핵기업)으로서 INPEX를 만들고, 민간기업의 석유개발지원 기능은 JOGMEC(일본석유가스광물지원기구)를 만들어 역할을 하도록 했다. INPEX는 당초 국영기업으로 구상되었으나, 정치상황으로 인해 상법에 의한 주식회사로 설립하게 되었다.

75) INPEX가 2016년 시마네현에서 북서쪽으로 약 130㎞, 야마구치현에서 북쪽으로 약 140㎞ 떨어진 수심 약 210m에서 탐사시추를 벌였는데, 해저 아래 2,900m 깊이까지 시추되어 깊지 않은 부분에서 얇은 가스 리저브가 발견되었으며 더 깊은 부분에서 일부 가스 징후가 발견되었다. 또한 강한 가스 징후가 확인되어 가장 깊은 영역에 고압가스 기둥이 있음을 시사했다고 한다. 경제산업성 산하 에너지자원청에 따르면, 시마네현과 야마구치현 연안에 최대 약 3,000만 톤의 천연가스가 매장되어 있을 수 있다고 해 1990년 니가타현 이와후네 앞바다에서 생산이

있었던 이래 30년 만의 해상가스전의 신규개발로 기대를 모았다. 하지만 2022년 5월 5일~8월 26일까지 일본 시마네현과 야마구치현 앞바다에서 탐사시추작업이 있은 후, 2022년 9월에 인펙스는 상업성 없음을 발표했다.

76) 2024년 9월 10일 세계지식포럼 '유전과 바다: 한국 산유국의 꿈' 세션에서, 노르웨이에 본부를 둔 에너지컨설팅기업 리스타드(Rystad Energy)의 얼링슨(Espen Erlingsen) 업스트림 헤드는 동해유전의 예상 규모로 보았을 때, 한국과 일본의 경계를 넘을 수도 있다고 언급한 바 있다.

77) 《Overseas Energy Investment of Korea and Japan》, p.88.

78) 2024년 10월 2일 국회 대왕고래 정책토론회 발표집 자료

79) 2024년 9월 10일 세계지식포럼 '유전과 바다: 한국 산유국의 꿈' 세션 발표자료

80) 리스타드 링크드인

81) 'OECD's Working Party on Urban Policy', 〈The Blue Economy in the Metropolitan Region of Rio de Janeiro, Brazil(브라질 리우데자네이루로 메트로폴리탄 지역의 블루 이코노미)〉, OECD Regional Development Papers(2024년 10월 16일)

82) 2024년 2월 말 기준, 브라질 연방정부가 50.26%, 이사회가 2.17%의 보통주를 보유하고 있고, BNDES(브라질 개발은행)와 BNDESPar(브라질 개발은행 산하 자회사)가 각각 2.41%, 16.07%의 우선주를 갖고 있다.

83) SK에너지가 2007년에 미국 석유회사인 Devon의 BMC-8광구에 40%의 지분으로 생산을 시작했는데, 브라질에서 해외기업이 브라질 국영석유기업인 Petrobras와 합작하지 않은 최초 사례였다. 2011년 SK는 탐사광구인 BMC-30, BMC-32 광구와 함께 지분 전량을 머스크에 24억 달러에 매각했는데, 7억 5,000만 달러 투자(한국 정부지원 성공불 융자 7,700만 달러 포함)되었던 광구의 매각에 대해 산업부는 정부 성공불 융자의 성공 사례로 자주개발률 제고가 기대된다고 밝힌 바 있다.

84) 2010년 브라질은 '프리솔트법(Pre-Salt Law)'을 도입해 프리솔트 유전에서는 조광 계약이 아닌 생산 공유 계약(PSA)을 사용하도록 규정했다.

85) 투피(Petronas 65%, 쉘25%, 페트로갈 10%), 사피노아(Petrobras 45%, 쉘 30%, 렙솔Sinopec 25%), 론카도르(Petrobras 75%, 에퀴노르 25%), 타르타루가 베르데(Petrobras 50%, Petronas 50%), 세계 최대 심해유전인 부지오스(Petrobras 88.99%, CNOOC 7.34%, CNODC 3.67%) 등이 있다. https://petrobras.com.br/en/pre-sal#5000m

86) Petrobras는 2016년부터 2011년 인도한 드릴십 DS-5와 관련해 삼성중공업과 법적분쟁이 지속되었는데, 2024년 8월에 페트로브라스 아메리카가 미국 항소법원에 삼성중공업을 상대로 제기한 손배소송이 기각되었다.

87) 필립스는 1967년부터 북해에서 시추작업을 진행했는데, 1969년 12월 24일(크리스마스 이브)에 15번째 시추에서 Ekofisk 유전이 발견되었다.

88) Norwegian Petroleum 홈페이지, 'Government's Revenue(정부의 수입)', https://www.norskpetroleum.no/en/economy/governments-revenues/#taxes

89) 강희종, '호주 최대 석유회사도 "韓 가망 없다" 철수···정부 "유망성 평가는 처음"', 〈아시아경제〉(2024년 6월 6일자)

90) SLB는 사우디아라비아의 육상 및 해상가스 및 석유굴착시추회사인 Arabian Drilling Company(ADC)에 34%의 지분을 투자하고 있다.

91) 유재준,'최대 이슈로 떠오른 해외자원개발 전략', 〈가스신문〉(2008년 9월 23일자)

92) 김필준, '세계 1위 시추기업 "리스크 상당"…석유공사, 보고서 받고도 '비공개'', 〈JTBC〉(2024년 10월 3일자), '슐럼버거 용역보고서는 리스크가 상당하다고 결론을 내린 게 아님', 한국석유공사 설명자료(2024년 10월 4일자), 이슬기, '슐럼버거, '동해심해가스전' 암석·가스성분 기록·분석한다', 〈연합뉴스〉(2024년 10월 20일자)

93) 이슬기, '슐럼버거, '동해심해가스전' 암석·가스성분 기록·분석한다', 〈연합뉴스〉(2024년 10월 20일자)

3부

1) Nermina Kulovic, 'Offshore deepwater oil production one of cheapest sources of new supply as costs reach new low, Rystad says(해양심해석유생산은 비용이 새로운 최저치에 도달함에 따라 가장 저렴한 신규 공급원 중 하나라고 에너지컨설팅회사 리스타드(Rystad)는 말한다)', 〈Offshore Energy〉(2020년 10월 22일자)

2) 미국 에너지정보청(EIA) 홈페이지, 'Oil and petroleum products explained(석유와 석유제품 설명)', https://www.eia.gov/energyexplained/oil-and-petroleum-products/offshore-oil-and-gas-in-depth.php

3) Coastalreview 홈페이지, 'A Very Brief History of Offshore Drilling(간단한 해양시추의 역사)', https://coastalreview.org/2015/06/a-very-brief-history-of-offshore-drilling/

4) 《Historical dictionary of the petroleum industry(석유산업 역사 사전)》, p. 325

5) Rystad Energy 관계자

6) 《Oil 101》, p.116

7) 'Oil & gas field profile: Poleng Conventional Gas Field, Indonesia(석유가스전 소개: 인도네시아 폴랭 전통가스전)', 〈Offshore Technology〉

8) 'Inpex's $34bn Ichthys LNG project due to open in late-2016(인펙스는 340억 달러 규모의 익티스 LNG 프로젝트를 2016년 말에 시작할 예정이다)', 〈Offshore Technology〉(2015년 5월 20일자), https://www.offshore-technology.com/news/newsinpexs-34bn-ichthys-lng-project-track-open-late-2016-4582632/?cf-view

9) 모잠비크 LNG 홈페이지, 'Project Description(프로젝트 해설)', https://www.mozambiquelng.co.mz/

wp-content/uploads/2024/01/chapter_4-_lng_final_eia_sept_2014_eng.pdf

10) 페트로브라스가 산토스 분지(해안퇴적분지)에서 2006년 10월에 발견한 투피(Tupi) 유전을 2010년에 개명한 것으로, 룰라가 오징어라는 뜻도 있고, 브라질 대통령 룰라(재임기 2003~2010년)의 이름이기도 하다. 페트로브라스가 영국의 BG그룹, 포르투갈의 에네르기아와 파트너십으로 발견했는데, 매장량은 80억 배럴에 이르는 대형유전으로 2009년 생산을 시작했다.

11) 'Oil & gas field profile: Liza Phase 1 Conventional Oil Field, Guyana(석유가스 소개: 가이아나 리자 1단계 전통석유전)', 〈Offshore Technology〉(2024년 2월 19일자), https://www.offshore-technology.com/marketdata/oil-gas-field-profile-liza-phase-1-conventional-oil-field-guyana/?cf-view

12) 프랑스 석유회사인 토탈(Total)은 2020년에 덴마크 시추업체인 머스크 드릴링(Maersk Drilling) 소유의 7세대 시추선 머스크 보이저(Maersk Voyager)호를 이용해 앙골라 블록48에 있는 세계에서 가장 깊은 해양유정을 시추했다. 'Total to Drill Deepest Ever Offshore Well Using Maersk Rig(토탈은 머스크의 시추선을 써서 가장 깊은 심해유정을 시추할 계획이다)', 〈Offshore Engineer〉(2020년 1월 14일), https://www.oedigital.com/news/474583-total-to-drill-deepest-ever-offshore-well-using-maersk-rig

13) 《Oil 101》, p.115

14) 스윙 프로듀서(swing producer)는 '시장 수요의 변동에 부응하기 위해 원유 생산량을 변경하는 회사 또는 국가'를 말한다. 석유시장에서 스윙 프로듀서의 역할을 하기 위해서는, 자체 생산량을 조절해 유가를 관리할 수 있을 만큼 엄청난 여유 용량을 가져야 하고, 시장을 안정시키기 위해 석유 판매로 인한 단기적 수익을 기꺼이 희생할 수 있어야 한다. 강승연, 〈A study on the role of Saudi Arabia as a swing producer(스윙 프로듀서인 사우디아라비아의 역할에 대한 연구)〉, 서울대학교 석사학위 논문(2012년) 참조.

15) HSE Smart Solutions 홈페이지, 'Understanding Offshore Oil and Gas Fields(해양석유가스전의 이해)', https://hsesmartsolutions.com/understanding-offshore-oil-and-gas-fields/

16) 예전 사회 교과서에서 대륙붕을 수심 200m까지의 해저라고 한 것은 1958년 UN 제네바 대륙붕협약 제1조에 따른 것이다. 1958년 대륙붕협약에서는 '해안에 인접하지만 영해 너머에 해저 및 해저토로서, 수심 200미터 또는 그 이상으로서 천연자원의 채취가 가능한 곳까지, 또는 섬의 해안에 인접한 유사한 해저 및 해저토'라고 규정했다. 당시의 기술 수준을 반영한 결과로 볼 수 있다.

17) Denis Babusiaux 외 2인, 《Oil and gas exploration and production(석유가스 탐사와 생산)》, (Paris, Editions Technip, 2004년), p. 121

18) 《Oil and gas exploration and production (석유가스 탐사와 생산)》, pp. 116~117

19) 《Oil and gas exploration and production (석유가스 탐사와 생산)》, p. 93

20) 2024년 10월 2일, 국회 대왕고래 프로젝트 정책토론회 자료집

21) 한국석유공사, 《석유산업의 이해》(울산, 한국석유공사, 2014년)

22) 《석유산업의 이해》

23) 《Overseas Energy Investment of Korea and Japan》, p.178

24) '석유개발의 시작, 탐사과정' 석유공사 공식블로그(오일드림)

25) https://www.youtube.com/watch?v=sf2uv83GuxU

26) https://www.pagi.co.id/bbs/board.php?bo_table=business&wr_id=36868

27) 〈YTN 사이언스〉, '[산유국의 꿈] 2부 가자! 에너지 강국으로', https://youtu.be/xdxVle8JVxA?si=tjI5I_ckFo6xc0vY

28) 《Histry dictionary of the petroleum industry(석유산업역사 사전)》, pp. 148~150, 하나의 생산정에서 여러 갈래로 시추파이프를 연결하는 multilateral well은 최근의 혁신 같지만, 1955년 소련의 바쉬키리아(Bashkiria) 유전에서 처음 활용됐다고 한다.

29) '생산을 위한 필수단계, 석유개발과정', 석유공사 공식블로그(오일드림)

30) 육상생산정의 상부에는 생산정을 열고 닫는 수도꼭지 같은 것이 있는데, 이것을 습성 트리라고 한다. 수중에서는 밸브 등의 장치들을 상자 속에 넣는 습성 트리를 사용한다.

31) 공익사업을 위한 토지 등의 취득 및 보상에 관한 법률(토지보상법) 별표에서 「해저광물 개발법」에 따라 해저조광권자가 실시하는 해저광물탐사 또는 채취'를 사업인정을 받아야 하는 사업의 하나로 적시하고 있다.

32) https://www.knoc.co.kr/sub03/sub03_1_4_1.jsp

33) '석유개발과정, 석유의 생산과 정제단계', 석유공사 공식블로그(오일드림)

34) 시추선은 멕시코만에서 앙골라 근해로 이동하는 데 20일이 걸리는 반면, 반잠수식 시추선은 견인해야 하며 70일이 걸린다. 시추선 건조 비용은 반잠수정보다 훨씬 높아서 시추선 소유자는 더 높은 일당 용선료를 청구하고, 시추작업 간 유휴 시간을 줄인다.

35) https://blog.samsungshi.com/29

36) semi-submersible이라는 용어는 1961년에 쉘의 엔지니어인 브루스 콜립(Bruce Collip)이 선박(vessel)이라고 하면 해상노조의 영향권에 들어갈 것을 우려해, 미국 해안경비대에 면허를 신청하면서 선박(vessel)이라 불리는 것을 회피하기 위해 고안되었다고 한다. 《Oil 101》, p.120

37) 석유공사 두성호가 반잠수식으로 건조된 이유는 국내 대륙붕에서의 탐사와 시추에 적합하고, 세계에서의 활동 가능성도 고려한 것이다. 자세한 내용은 한국석유개발공사, 《한국석유개발공사 15년사》(한국석유개발사, 서울, 1994년), pp.719~720

38) Seadrill이 상위 10개 회사 목록에 포함되지 않은 것은 Seadrill은 원래 보유하고 있던 시추선을 다른 회사에서 관리하고 있기 때문이다. 2023년 말 기준, 시드릴은 19척의 해양시추선을 소유하고 있다. Seadrill의 시추선 Capella는 Vantage Drilling에서 관리하고 있는데, Capella의 운영권은 용선이 완료되는 2024년에 Seadrill로 이양된다. Cinnamon Edralin, 'Top 10 offshore drillers catch the wave of rising demand(상위 10위권의 시추선 회사들은 증가하는 수요의 파도를 타려고 한다)', 〈offshore magazine〉(2024년 6월 11일자), https://www.offshore-mag.com/rigs/article/55034335/westwood-global-energy-group-top-

10-offshore-rig-contractors-reduce-fleet-size-by-one-unit

39) 동해유전을 시추탐사할 시추선 웨스트 카펠라와 유사한 구조인 일본의 지구심부탐사선 지큐의 설명을 활용했다. https://www.jamstec.go.jp/chikyu/e/about/drilling/drilling.html

40) 드릴링머드는 드릴 파이프의 내부를 통해 드릴 비트를 아래로 펌핑해 드릴 암석의 마찰로부터 드릴 비트를 냉각하고 시추공을 청소하며 시추공 벽에 보호 덮개를 만들어 시추공 벽(시멘트)의 붕괴를 방지한다. 라이저 드릴링에서 드릴링머드의 비중(밀도)을 잘 조정해야 한다. 라이저 드릴링은 시추선에 회수되는 드릴링머드에서 절단된 암석 파편을 분리해 청소 및 재사용되는 특수 화학 물질의 혼합물이 필요하다.

41) 2013년 말 기준으로, 벌어들인 돈(매출)이 건조비용(542억 원)의 13배인 6,929억 원에 이른다. 여기서 운영비를 뺀 이익이 2,013억 원이다. 송봉근, 김상진, '파면 나온다 … 세계 최고 '기름코' 두성호', 〈중앙일보〉(2014년 6월 27일자)

42) 《Oil 101》, p.117

43) 폭풍 기간에 파도 높이는 통상 7m, 가끔 15m에 이른다. 인공위성 사진을 분석한 MazWave의 연구에 따르면, 천 년에 한 번 있을 것이라 생각했던 30m(100피트) 높이의 파도도 이전보다는 많아져 조사기간 3주 동안 10회가 발견되었다고 한다. 《Oil 101》, p.101, p.118

44) 《Historical dictionary of the petroleum industry(석유산업 역사 사전)》, p. 136

45) 한국이 고의와 과실만 따지는 것과 달리, 영미법은 범죄는 고의범(intent), 과실범(negligence), 그리고 무모범(recklessness)로 분류되는데, 무모범은 고의와 과실의 중간영역에 있는 제3의 범죄성립의 주관적 요건이라고 한다. 김종구, '미국형법성 recklessness 개념에 관한 고찰', 〈형사법의 신동향〉, vol.45, No.1. (2014년) 참조.

46) 최종근, 《해양시추공학》, p.42, p.116

47) 박춘호, 'Oil under Troubled Waters: The Northeast Asia Sea-Bed Controversy(험한 바다 아래 석유: 동북아시아 해저자원 논쟁)', 〈Harvard International Law Journal〉 Vol.14, No.2 (1973년)

48) 호치스테인은 국무부에서 미국의 에너지경제외교를 담당해왔다. 미국 바이든 행정부의 핵심 경제안보브레인(에너지에 대해 조언하는 몇 안 되는 가까운 조언자 중 한 명)으로서 에너지 및 투자담당 선임보좌관을 지냈다. 민간 에너지회사 근무 경험으로 석유가스 산업에 대한 이해가 깊고, 2014년에 이스라엘 - 요르단 간 천연가스 수출계약(50억 달러 규모), 2021~2022년 이스라엘 - 레바논 해양경계분쟁 합의 도출 등 민감하고 중요한 에너지 이슈에서 핵심 역할을 했다. 2024년 기준 세계인프라투자 파트너십(Partnership for Global Infrastructure and Investment)을 총괄하고 있다.

49) 한국석유공사 홈페이지, 'Donghae-1, Donghae-2 Gas Field(동해-1, 동해-2 가스전)'

50) 〈동해 -1 가스전 개발과 CCS 활용전망〉, pp. 500~501

1) 시추 깊이, 시추 수심의 측정 기준은 작업이 이루어지는 갑판부이다.

2) 프레드릭센 회장은 164억 달러 재산의 세계 127위의 부자이다(포브스 2024년 10월 기준). 1944년생으로 입지
전적인 노르웨이 출신의 선박기업 경영인으로 키프로스 국적을 갖고 런던에 거주하고 있다. 존 프레드릭센은 세
계 최대의 유조선 선단과 시추업체인 시드릴 등을 보유하고 있다. 그는 1960년대 베이루트에서 처음으로 석유 거
래에 뛰어들었고, 1970년대에 처음으로 유조선을 구입했으며, 1980년대에는 이란의 석유를 운송했다. 시드릴
은 2018년 파산에서 벗어났는데 그의 가장 큰 회사는 현재 Mowi로 명명된 Marine Harvest로, 경쟁자들을 제
치고 세계에서 가장 큰 양식업자가 되었다. 그는 한국 조선소의 품질에 신뢰를 표해 조선업계에서는 좋아하지만,
2004년 그의 소유로 알려진 선박회사 골라 LNG가 현대상선 지분을 매수하고, 대한해운 지분을 잇달아 매집하는
등 한국 선사를 긴장하게 한 인물이기도 하다. https://www.forbes.com/profile/john-fredriksen/

3) 'Seadrill plans to take over management of acquired rigs(시드릴은 획득한 시추선의 운영을 넘겨받을
계획이다)', 〈OER International〉(2023년 4월 6일자), https://ocean-energyresources.com/2023/04/06/
seadrill-plans-to-take-over-management-of-acquired-rigs/Nermina Kulovic, 'Esgian Rig
Analytics Market Roundup (Week 5)(에스지안 시추선 시장 분석(제5주차)', 〈Esgian〉(2024년 2월 2일자),
https://esgian.com/2024/02/02/esgian-rig-analytics-market-roundup-week-5-2/

4) 시드릴 홈페이지, 'FLEET STAUS REPORT', 2024년 8월 15일

5) 삼성중공업은 시추선 건조 초기인 1996년부터 2003년까지는 발주처의 설계에 따라 6척을 건조하는 작업만 했으
나, 2004년부터는 설계부터 기자재 공급, 선박 건조, 인도까지 일괄 턴키로 수행했다. 2004년부터 2012년까지
시추선 58척(척당 6~7억 달러)을 건조해, 이를 계기로 삼성중공업은 순익 1조 클럽에 가입할 수 있게 될 정도로 시
추선사업이 회사 경영에 이바지했다고 한다.

6) https://www.balticshipping.com/vessel/imo/9372523

7) 아프라막스(Average Freight Rate Assessment Maximum, AFRA MAX)에서 아프라(AFRA)는 쉘이 선
적계약조건을 표준화하기 위해 만든 유조선요금 시스템을 말한다. 아프라막스(AFRAMAX)는 선주들이 선박을
운항할 때 운임, 선가 등을 고려했을 때 최대의 이윤을 창출할 수 있는 이상적이고 경제적인 사이즈라는 의미이다.
통상 9만 5천 톤급 선박을 지칭하며 8만~11만 톤까지 포함하는데, 단거리 중거리 석유수송에 최적화되어 있다. 이
것보다 약간 작은 것이 파나마운하를 통과하는 크기의 파나막스, 아프라막스보다 조금 큰 것이 수에즈운하를 통과
할 수 있는 수에즈막스이다. https://blog.samsungshi.com/387, 삼성중공업 블로그:티스토리.

8) 삼성중공업 블로그 '[배이야기] 드릴십은 어떻게 시추를 하는 걸까?'

9) 'Seadrill confirms contract for West Capella(시드릴은 웨스트 카펠라의 계약을 확인했다)', 〈Offshore
Magazine〉(2007년 9월 11일자), https://www.offshore-mag.com/vessels/article/16797387/seadrill-
confirms-contract-for-west-capella Sept. 11, 2007 'West Capella begins Nigeria operations(웨
스트 카펠라는 나이지리아 작업을 시작한다)', 〈Offshore Magazine〉(2009년 3월 19일자), https://www.
offshore-mag.com/vessels/article/16786653/west-capella-begins-nigeria-operations

10) Melisa Čavčić, 'New gas discovery deemed as 'major development' for Southeast Asia(새로운 가스 발견은 동남아시아에서 주요한 발전일 것으로 보인다)', 〈Offshore Energy〉(2023년 12월 19일자), https://www.offshore-energy.biz/new-gas-discovery-deemed-as-major-development-for-southeast-asia/Melisa Čavčić, 'Another offshore gas discovery pops up in Southeast Asia(동남아에서 해상가스전 추가 발견)', 〈Offshore Energy〉(2024년 5월 13일자), https://www.offshore-energy.biz/another-offshore-gas-discovery-pops-up-in-southeast-asia/

11) 프랑스 기업인 Total은 사이프러스 해양 광구 11에 지분 50%(operator), 블록7에 50%(operator), 블록2에 20%, 블록3에 30%, 블록8에 40%, 블록9에 20% 지분이 있다. Block6에도 50% 지분이 있는데, 이탈리아 기업인 ENI도 50%를 갖고 있다. 2024년 4월에 BLOCK6의 CRONOS-2 평가정을 잘 마쳤다고 알려져 있다. 'Cyprus: Total Energies Announces Positive Appraisal of the Cronos Gas Discovery in Block 6(키프로스: 토탈에너지는 6광구 크로노스의 가스 발견에 대해 긍정적 평가를 발표했다)', Total Energy 보도자료(2024년 4월 15일자), https://totalenergies.com/media/news/press-releases/cyprus-totalenergies-announces-positive-appraisal-cronos-gas-discovery

12) 'Cyprus drilling, now started, prompts flurry of diplomatic, military activity(이제 시작된 키프로스의 드릴링이 외교적, 군사적 활동의 소용돌이를 촉발한다)', 〈Energy Press〉(2017년 7월 17일자), https://energypress.eu/cyprus-drilling-now-underway-prompts-heightened-diplomatic-military-activity/Nick Roumpis, 'Onesiphoros West-1 wildcat off Cyprus deemed non-commercial(키프로스 인근 오네시포로스 웨스트-1 탐사정은 상업성이 있지 않은 것 같다.)', 〈Upstrem online〉(2017년 9월 14일자), https://www.upstreamonline.com/weekly/onesiphoros-west-1-wildcat-off-cyprus-deemed-non-commercial/2-1-165332

13) 동 사안과 관련한 미국 측 설명은 Lauren Chatmas, 'U.S. Navy Maintains Persistent Presence Near West Capella(미국 해군은 웨스트 카펠라 인근에서 지속적인 작전을 유지할 것이다)', 미국 해군 보도자료(2020년 5월 12일자), https://www.c7f.navy.mil/Media/News/Display/Article/2184969/us-navy-maintains-persistent-presence-near-west-capella/, 또 다른 설명은 Euan Graham, 'U.S. Naval Standoff With China Fails to Reassure Regional Allies(미국 해군의 중국과의 대치는 지역 동맹국들을 안심시키지 못해)', 〈Foreign Policy〉(2020년 5월 4일자), https://foreignpolicy.com/2020/05/04/malaysia-south-china-sea-us-navy-drillship-standoff/

14) 부산 다목적 부두 주식회사는 삼양마린그룹이 운영하고 있다.

15) 배의 앞뒤 불균형일 경우 수심을 좀 더 확보해야 하므로, 앞뒤 균형을 고려한 작업이 요구된다.

16) 공유수면(共有水面)이란 1. 바다 2. 바닷가 3. 하천·호소(湖沼)·구거(溝渠), 그 밖에 공공용으로 사용되는 수면 또는 수류(水流)로서 국유인 것을 말한다.

17) 정부의 시추 관련 확보 예산은 120억 원이고, 2025년도 정부예산안에 약 506억 원이 반영되어 있다. 나머지 비용은 한국석유공사의 재원 마련으로 해결하는 것으로 보인다.

18) 같은 시기, 유사한 사양의 6세대 드릴십 West Gemini(2010년 건조, 10,000ft 수심 가능)은 2024년 11월부터 2025년 5월까지 일당 용선료 404,800달러이고, 7세대 드릴십 Sonangol Quenguela1(2019년 건조,

12,000ft 수심 가능)은 2024년 5월부터 2025년 6월까지 용선료가 일당 310,500달러이다. 고정비용이 큰 자산을 짧은 기간 임대함에 따라 단위기간당 상대적으로 높은 용선료가 책정된 것으로 보인다. 유사하게 높은 일당이 책정된 계약으로는 아스가르드(트랜스오션, 하루 50만 5,000달러), 딥워터 아틀라스(트랜스오션, 하루 50만 5,000달러), 웨스트 카펠라(시드릴, 하루 54만 5,000달러), 딥씨 애버딘(오드피엘 시추, 하루 50만 4,000달러) 등이 있다. 시드릴 홈페이지, 'Fleet report' (2024년 5월 14일자), https://s203.q4cdn.com/237508583/files/SDRL-Fleet-Status-Report.pdf' Offshore spending driving global upstream capex, 해양에서의 지출이 세계적 업스트림 자본지출을 주도한다)', 〈Offshore Magazine〉(2024년 6월 5일자), https://www.offshore-mag.com/special-reports/article/55056163/report-offshore-spending-driving-global-upstream-capex

19) 'Seadrill Announces Two New Drillship Commitments(시드릴은 2건의 시추선 계약을 발표했다)', 시드릴 보도자료(2024년 5월 7일자), https://ir.seadrill.com/news/news-details/2024/Seadrill-Announces-Two-New-Drillship-Commitments/default.aspx

20) 최종태, "대왕고래' 호재, 포항지역 부동산 상승효과 크다', 〈경상매일신문〉(2024년 11월 3일자)

21) 한국가스공사 〈사업보고서 2023〉

22) GS에너지 〈사업보고서 2023〉

23) 포스코인터내셔널, '자원개발 진행사항 공시(자율공시)'(2024년 3월 22일), 정예린, '포스코인터, 中 국영 COOEC와 미얀마 슈웨 가스전 4단계 개발 계약', 〈더구루〉(2024년 7월 25일자)

24) POSCO International 〈(정정)사업보고서〉 (2023년 3월 29일)

25) 〈S-Oil 사업보고서〉 (2024년 3월 20일)

26) 〈SK에너지 사업보고서〉 (2024년 3월 20일)

27) 〈GS-Caltex 사업보고서〉 (2024년 4월 1일)

28) 〈HD현대오일뱅크 사업보고서 2023〉, 참고로 멕시코산 석유의 수입은 수입선 다변화 차원이다.

29) 4대 정유사 이외에 한국석유공사(알뜰주유소) 404개 소, 도로공사 190개 소, 농협 687개 소가 있다(2023년 11월 말 기준).

30) 〈HD현대중공업 사업보고서〉 (2024년 3월 18일)

31) 〈HD현대중공업 사업보고서〉 (2024년 3월 18일)

32) 'The World's Largest Shipyard Is Helping the U.S. Catch Up to China's Navy(세계 최대 조선소가 미국이 중국 해군을 따라잡는 데에 도움을 주고 있다)', 〈Wall Street Journal〉(2024년 9월 19일자)

33) 삼성중공업 〈IR Presentation 자료(2024년 3월)〉

34) 윤예원, 권오은, '한화오션, 부산에 신규 거점 추진… 인력 유출 단속', 〈조선비즈〉(2024년 10월 23일자)

35) 포스코의 민영화 초기인 2006년에 해외주주 소유가 60%를 넘어 아르첼로 미탈이 적대적 M&A를 시도하기도 했다.

36) API 강재란, 미국석유학회 API(American Petroleum Institute) 규격에 맞는 강재이다. 파이프라인용 API 강재는 석유, 천연가스 등 에너지원을 운반하는 파이프를 만드는 데 사용되는 강재를 말하며, API 규격으로 단일화되어 전 세계적으로 통용된다. 열연과 후판으로 생산되며, 소재의 항복강도에 따라 강종은 API-X65, X70, X80 등으로 구분된다. 강관사들은 API 강재를 공급받아 가공(강재를 돌돌 말아 용접하는 조관 공정 등)을 거쳐 파이프를 생산한다. '세계의 자원이 움직이는 길에도 포스코가 있다', 〈포스코뉴스룸〉(2020년 3월 30일)

37) 현대제철 제출 '특수관계인에 대한 출자(2023년 10월 25일)', 현대스틸파이프 제출 '대규모기업집단현황공시[연1회 공시 및 1/4분기용(개별회사)](2024년 5월 30일)'

38) 현대 스틸파이프 홈페이지 '인증현황' https://www.hyundai-steelpipe.com/kr/certificate

39) https://www.dongkuksteel.com/ko/product/certification_system

40) API 인증내용은 https://www.seahsteel.co.kr/application/oil-gas.asp

41) 세아제강 사업보고서(2024년 3월 6일)

42) 세아제강 최대주주등소유주식변동신고서(2024년 8월 22일)

43) 휴스틸 사업보고서(2024년 3월 20일)

44) 넥스틸 사업보고서(2024년 3월 21일)

45) 최아영, ''대왕고래' 참여 소식에 주가 껑충…넥스틸, 21%대 강세', 〈매일경제〉(10월 21일자)

부록

1) 도널드 트럼프, 《Crippled America: How to Make America Great Again (불구가 된 미국: 미국을 다시 위대하게 만드는 방법)》, (이레미디어, 2016), p.57

2) https://www.donaldjtrump.com/agenda47

3) 키스톤 XL 파이프라인은 2,000㎞ 길이의 미국 - 캐나다 석유수송 파이프라인으로, 미국내에서는 네브라스카주 하디스티에서 사우스다코타주 몬테나를 거쳐 멕시코만까지 연결하는 파이프라인 프로젝트이다. 2008년에 4단계(하디스티에서 스틸시티까지 구간공사가 승인이 이루어졌는데, 오바마 행정부에서 2015년에 중단시켰던 것을 트럼프1기 행정부에서 재개시켰고, 바이든 행정부에서 2021년 6월에 종결선언을 했다.

4) https://www.bbc.com/news/articles/c93qjdjwnxko

5) https://www.politico.com/news/2024/11/14/doug-burgum-interior-secretary-trump-00188590, 참고로, 더그 버검 내정자는 2024년 10월에 노스다코타주 무역투자유치단과 함께 한국을 방문한 바 있다.

6) https://www.betteringhumanlives.org/about/leadership/chriswright/

7) April Rubin, 'What to know about Doug Burgum, Trump's Interior secretary pick(트럼프의 내무 장관 지명자인 더그 버검에 대해 알아야 할 것들)' 〈Axios〉(2024년 11월 15일자), https://www.axios.com/2024/11/15/doug-burgum-trump-interior-department-secretary

8) Rachel Frazin, 'What to know about Doug Burgum, Trump's pick to lead Interior Department and as energy czar(트럼프가 내무부장관과 에너지차르로 지명한 더그 버검에 대해 알아야 할 것들)', 〈The Hill〉(2024년 11월 15일자), https://thehill.com/policy/energy-environment/4992955-burgum-interior-department-nomination-trump/

9) 미국석유협회(API), 'API's 5 Point Policy Roadmap to Secure American Energy Leadership and Help Reduce Inflation, Presented to the 47th President of the United States and the 119th Congress(미국의 에너지 리더십 확보 및 인플레이션 감소를 위한 API의 5가지 정책 로드맵: 제47대 미국 대통령과 제119대 의회에 제출)', https://www.api.org/-/media/Files/misc/2024/11/API-Five-Point-Policy-Roadmap_.pdf

10) Warren P. Strobel, Benoit Faucon and Lara Seligman,'Trump to Renew 'Maximum Pressure' Campaign Against Iran(트럼프, 이란에 대한 '최대 압박' 캠페인 재개)', 〈Wall Street Journal〉(2024년 11월 8일자), https://www.wsj.com/world/middle-east/trump-to-renew-maximum-pressure-campaign-against-iran-f0db5fd5

11) Michael Lynch,'Will Trump Bail Out OPEC+(트럼프는 OPEC+를 구제할 것인가)', 〈Forbes〉(2024년 11월 11일자), https://www.forbes.com/sites/michaellynch/2024/11/11/will-trump-bail-out-opec/

12) Bernard L. McNamee, 'DEPARTMENT OF ENERGY AND RELATED COMMISSIONS(에너지부와 관련 위원회)', Project 2025 https://static.project2025.org/2025_MandateForLeadership_CHAPTER-12.pdf

13) 위원회 조직은 기존 부처 중심의 정책형성과정을 우회하고 규제를 넘어서기 위해 설치된다. 한국에서도 이명박 대통령이 대통령직속 미래전략위원회 조직을 활용한 사례가 있다. 오성익, 《Overseas Energy Investment of Korea and Japan(한국과 일본의 해외에너지투자)》, pp.153~154

14) 민주당 정부 시절 FERC는 파이프라인 승인 여부를 결정할 때 파이프라인을 통해 운송될 천연 가스 사용으로 인한 업스트림 및 다운스트림의 기후변화가스(GHG) 배출량을 FERC의 공익사업 결정에서 고려하는 요소로 할 것을 제안한 적이 있다. 이것은 파이프라인 건설을 크게 제약할 가능성이 높다.

15) William Perry Pendley, 'DEPARTMENT OF THE INTERIOR(내무부)', Project 2025, https://static.project2025.org/2025_MandateForLeadership_CHAPTER-16.pdf

국내도서

김동조, 《회상 30년, 한일회담》 (중앙일보사, 서울, 1986년)

김영희, 《이 사람아, 공부해: 유민 홍진기 이야기》 (민음사, 서울, 2011년)

대한석유협회, 《석유의 이모저모》 (대한석유협회, 서울, 1987년)

대한석유협회, 《석유의 이해》 (대한석유협회, 서울, 1989년)

류권홍, 《국제 석유가스 개발과 거래계약》 (한국학술정보, 파주, 2011년)

윤상직, 《국제석유개발계약의 이해》 (세경사, 서울, 2010년)

이복재 《되살아나는 석유위기 공포》 (초이스북, 서울, 2021년)

이복재, 《석유개발시장에서 국영석유회사의 역할》 (에너지경제연구원, 의왕, 1997년)

이준범, 《누구나 이해하는 에너지 특강》 (청미디어, 서울, 2024년)

지철근, 《수산부국의 야망》 (한국수산신문사, 서울, 1992년)

지철근, 《평화선》(범우사, 서울, 1979년)

지철근, 《한일어업분쟁사》 (한국수산신문사, 서울, 1989년)

최종근, 《해양시추공학》 (씨아이알, 서울, 2011년)

최지현 외 3인, 《대륙붕 공동개발협정 사례 검토 연구》 (한국해양수산개발원, 부산, 2017년)

한국석유개발공사, 《한국석유개발공사15년사》 (한국석유개발공사, 서울, 1994년)

한국석유공사, 《석유산업의 이해》 (울산, 한국석유공사, 2014년)

해외도서(번역서 포함)

Andrews-Speed, C. P. and Roland Dannreuther, 《China, oil and global politics(중국, 석유와 국제 정치)》, (Routledge, Abingdon, 2011년)

Babusiaux, Denis 외 2인, 《Oil and Gas Exploration and Production(석유와 가스 탐사와 생산)》 (Editions Technip, Paris, 2004년)

Chen, Nai-ruenn and Walter Galenson, 《The Chinese economy under Maoism: The Early Years, 1949~1969(마오이즘하 중국경제, 초기 1949~1969)》, (Taylor and Francis, New Brunswick, 2011년)

Colombano, Alfonso and Alberto Colombano, 《Oil & gas company analysis: upstream, midstream & downstream(석유가스기업 분석: 상류, 중류, 하류)》, (CreateSpace, US, 2015년)

Conaway, Charles F., 《The petroleum industry》, (PennWell Pub. Co., Tulsa, 1999년)

Downey, Morgan, 《Oil 101(석유의 정석)》, (Wooden Table Press, La Vergne, 2009년)

Inkpen, Andrew and Michael H. Moffett, 《The Global Oil & Gas Industry: Management, Strategy and Finance(세계 석유와 가스산업: 운영, 전략과 금융)》, (PennWell, Tulsa, 2011년)

Haag, Jim, 《The acquisition & divestiture of petroleum property a guide to the strategies, processes and tactics used by successful companies(유전투자의 이해: 유전투자에 성공한 기업의 전술, 전략 및 프로세스 가이드)》, (구미서관, 서울, 2013년), (정웅재, 이석민 번역)

Hamm, Harold, 《Game Changer: Our Fifty-Year Mission to Secure America's Energy Independence (게임체인저: 헤롤드 햄, 50년의 석유탐사 여정과 시장을 바꾼 기술)》, (토트, 서울 2024년) (장진영 번역)

Hirata, Takeo, 《世界資源エネルギ-入門 :主要国の基本戦略と未来地図(세계 에너지 전쟁 지도)》, (지식노마드, 서울, 2024년) (양하은 번역)

Hyne, Norman J., 《Nontechnical guide to petroleum geology, exploration, drilling, and production (쉽게 풀어쓴 석유 지질학, 탐사, 시추, 생산 가이드북)》, (Penn Well Corp., Tulsa, 2001년)

Kambara, Tatsu and Christopher Howe, 《China and the global energy crisis》, (Edward Elgar, Cheltenhem, 2007년)

Kong, Bo, 《China's international petroleum policy(중국의 국제석유정책)》, (Praeger Security International, Santa Barbara, 2010년)

Marcel, Valérie, 《Oil titans :national oil companies in the Middle East(떠오르는 국영석유기업)》, (에버홀딩스, 서울, 2010년) (신승미 번역)

Oh, Seong-ik. 《Overseas Energy Investment of Korea and Japan(한일 해외 에너지 투자)》, (Palgrave

Macmillan, 싱가포르, 2023년)

Orban, John, 《땅속의 검은 황금(Money in the Ground)》, (구미서관, 서울, 2008년) (이철우 외 7인 번역)

Paik, Keun-wook, 《Sino-Russian oil and gas cooperation(중국 - 러시아 석유가스 협력)》, (Oxford University Press for the Oxford Institute for Energy Studies, Oxford, 2012년)

Park, Choon-ho, 《East Asia and the law of the sea(동아시아와 해양법)》, (Seoul National University Press, Seoul, 1983년)

Raymond, Martin and William L. Leffler, 《Oil and gas production in nontechnical language(쉽게 풀어 쓴 석유가스개발)》, (씨아알, 서울 2013년) (성원모 외 3인 번역)

Tusiani, Michael D. and Gordon Shearer, 《LNG》 (시그마프레스, 서울, 2017년) (김재민, 박진표 번역)

Trump, Donald, 《불구가 된 미국(Crippled America)》, (이레미디어, 고양, 2016년) (김태훈 번역)

Vassiliou, M. S., 《Historical dictionary of the petroleum industry(석유산업 역사 사전)》, (Rowman &amp, Lanham, 2018년)

Yergin, Daniel, 《The prize(황금의 샘)》, (A Touchstone Book, New York, 1992년)

Yergin, Daniel, 《The Quest(2030 에너지전쟁)》, (올, 서울, 2013년) (이경남 번역)

Yu, Kaho, 《China's Energy Security in the Twenty-First Century: The Role of Global Governance and Climate Change(21세기 중국의 에너지 안보: 글로벌 거버넌스의 역할과 기후변화)》, (Hong Kong University Press, Hong Kong, 2023년)

Zhang, Jin, 《Catch-up and competitiveness in China : the case of large firms in the oil industry(중국에서 따라잡기와 경쟁: 석유산업에서 대형기업들의 사례)》, (Routledge Curzon, London, 2004년)

국내논문

강민승, 〈Deepwater Horizon 사고 사례 분석을 통한 심해시추선 사고의 인적요인에 관한 연구〉, 한국해양대학교대학원 석사 논문 (2018년)

강승연, 〈A study on the role of Saudi Arabia as a swing producer(스윙 프로듀서인 사우디아라비아의 역할에 대한 연구)〉, 서울대학교 석사학위 논문 (2012년)

기세일 외 8인, '동해-1 가스전 개발과 CCS 활용전망', 〈한국자원공학회〉, Vol. 59, NO.5, (2022년)

김자영, '한-일 대륙붕공동개발협정에 관한 연구', 《2016 국제법연구센터 정책연구용역》, (외교부 국립외교원, 2016년)

김종구, '미국형법성 recklessness 개념에 관한 고찰', 〈형사법의 신동향〉, vol.45, No.1 (2014년)

김희진, 〈국제유가 결정요인에 대한 연구〉, 연세대학교 석사학위 논문 (2021년)

노남진, '2024년 상반기 세계 천연가스 시장 동향(IEA)', 〈세계 에너지시장 인사이트〉 제24-16호 (2024.8.12.)

산업자원부, 〈제15차 장기천연가스 수급계획 2023-2036〉 (2023년)

모리스 카즈오, '이라인과 일본선 나포', 〈동북아시아 연구〉, No. 28 (2017년)

박진희, 〈제1공화국의 대일정책과 한일회담 연구〉, 이화여자대학교 박사학위 논문 (2005년)

박진희, '국제관계의 변동과 한국의 진로; 한국의 대일(對日)정책과 제1차~제3차 한일회담', 〈사림〉 No.25

박창건, '한일대륙붕협정의 외교사적 고찰과 미해결 과제: 동아시아 해양거버넌스의 구축을 향하여', 〈현대정치연구〉 Vol.12, No.1 (2019년)

양재영, 〈평화선에 관한 역사적·법적 연구〉, 한국해양대학교 석사학위 논문 (2019년)

오정환, 〈원유가스 탐사개발권의 취득에 관한 법적 연구: farm-out 거래를 중심으로〉, 한양대학교 박사학위 논문 (2011년)

지식경제부, 지구시스템공학회, 〈광업권 등록 및 관리기준 합리화에 대한 연구합리화에 대한 연구〉 과제보고서, (2009년)

정인섭, '1952년 평화선 선언과 해양법의 발전', 〈서울국제법연구〉, Vol. 13, No.2

최지현, '한일 대륙붕 공동개발에 정부 적극 나서야 : 동티모르 호주 조정 사건의 시사점', 〈KMI정책동향〉, V.89

한국가스공사 경제경영연구소, 〈가스 산업 인사이트〉 V3. (2024년 9월)

해외논문

Bucarelli, M, 'At the origin of the energy policy of ENI in Iran: Enrico Mattei and the negotiations for oil deals of 1957(이란에서 ENI의 에너지 정책의 기원: 엔리코 마테이와 1957년 석유 협상)', 〈Nuova Rivista Storica〉 Vol. 94, No.2, 2010년

稲本 守(이나모토 마모루) 외 2인, '海底鉱物資源開発をめぐる国際法と国内法:その現状と今後の課題(해저광물자원개발 관련 국제법과 국내법: 현황과 향후과제)', 〈Journal of Tokyo University of Marine Science and Technology〉, Vol. 16(2020)

Margolies, Daniel., 'Jurisdiction in Offshore Submerged Lands and the Significance of the Truman Proclamation in Postwar U.S. Foreign Policy(해저하충토 관할권과 전후 미국 외교정책에서 트루먼 선언의 중요성)', 〈Diplomatic History〉, Vol. 44, No.3

Nosjean, N. 외 4명, 'Geological probability of success assessment for amplitude-driven Prospects:A

Nile Delta case study(진폭 기반 유망구조에 대한 지질학적 성공 확률 평가: 나일강 삼각주 사례 연구)', 〈Journal of Petroleum Science and Engineering〉 2021(202)

小田滋(오다 시게루), '日韓大陸棚協定の締結(한일대륙붕협정의 체결)', 〈ジュリスト(쥬리스트)〉 No.559, 1974년

Oh, Seong-ik, 'Ticking Timebomb in the East China Sea', 〈National Interest〉 2023년 12월호

Park, Choon-ho Park, 'Oil under Troubled Waters: The Northeast Asia Sea-Bed Controversy(험한 바다 아래 석유: 동북아시아 해저자원 논쟁', 〈Harvard International Law Journal〉, Vol. 14. No.2

Scheiber, Harry N.'Origins of the Abstention Doctrine in Ocean Law: Japanese-U.S. Relations and the Pacific Fisheries, 1937~1958 (해양법에서 기권원칙의 기원: 미일관계와 태평양 어업, 1937~1958년)' 〉 Ecology Law Quarterly〉, Vol.16, No.1

성조환, '대륙붕 해저광물자원 개발정책의 문제점과 개선방안: 해저광물자원개발법을 중심으로', 〈한독사회과학논총〉 12-1호 (2002년)

Watt, Donald Cameron,'First steps in the enclosure of the oceans. The origins of Truman's proclamation on the resources of the continental shelf, 28 September 1945(해양의 경계설정의 첫 발자국, 1945년 9월 28일 대륙붕 자원에 대한 트루먼 선언의 기원)', 〈Marine Policy〉, Vol.3, No.3 (1979년)

감사의 글

이 책이 나오기까지 도움을 주신 분들에게 감사의 말을 전하고 싶다. 우선, 책을 출판할 수 있는 기회를 준 매경출판에 감사드리며, 특히 나의 초안에 객관적 코멘트를 주면서 세상과 밀착된 글이 되도록 애써준 담당 편집자에게 감사드린다. 그리고 중국-러시아 에너지 전문가인 백근욱 박사님은 에너지 지정학의 최신 동향을 국제전화와 대화로 말씀해주셨다. 한국석유공사 전략기획실장을 역임한 이준범 박사님은 이 분야에 대한 통찰과 디테일을 공유해주셨다. 이와 함께 리스타드 에너지(Rystad Energy Consulting)의 석유가스개발부문 헤드인 에스펜 얼링슨(Espen Erlingsen)은 한국 대륙붕 자원개발에 대한 객관적 의견과 데이터 확보에 도움을 주었고, 미국 유가 전문가인 마이클 린치(Michael Lynch)는 이메일을 통해 나의 궁금증에 대해 조언을 주었다. 이와 함께, 삼성중공업 조선시추기본설계팀장을 역임한 고두영 전 상무님은 웨스트 카펠라의 건조과정부터 시추선 운영에 대한 디테일들을 알려주셨고, 에너지컨설팅기업인 C2S의 최승신 대표는 미처 파악하지 못한 세계 에너지시장의 최신 흐름을 공유해주었다. 나의 벗 〈매일경제〉 이진명 부장은 항상 응원해주고 책 출간을 위해 마음써주었다. 더불어, 작고하신 故 박춘호 재판관님과 故 오원철 경제수석님은 생전에 귀중한 지혜의 말씀을 주셨는데, 이에 대해 깊은 감사를 드린다.

마지막으로 나의 가족에게 감사의 말을 전하고 싶다. 한평생을 농사와 물질로 성실하게 살아오신 나의 부모님은 그 모습 그대로 나의 모범이셨다. 처가의 어른들은 그분들이 보시는 시각을 공유해주시고 격려해주셨다. 학업에 바쁜 아들에게 많은 시간을 같이 못해 미안한 마음이다. 누구보다도 감사한 것은 아내다. 아내는 직장과 가정을 챙기며 바쁜 하루하루를 살면서도 가족을 위해 기도한다. 아내가 초안을 꼼꼼히 읽고 코멘트를 준 덕분에 마치 용역보고서 같던 초안이 그나마 교양서의 모습에 가까워진 것은 부인할 수 없다. 감사의 마음을 전한다.

2024년을 마무리하며

오성익

처음 공부하는 석유·가스 산업

초판 1쇄 2024년 12월 13일

지은이 오성익
펴낸이 허연
편집장 유승현

편집1팀 김민보 장아름 장현송
편집2팀 정혜재 이예슬
마케팅 한동우 박소라 구민지
경영지원 김민화 김정희 오나리
디자인 김보현 한사랑

펴낸곳 매경출판㈜
등록 2003년 4월 24일(No. 2-3759)
주소 (04557) 서울시 중구 충무로 2(필동1가) 매일경제 별관 2층 매경출판㈜
홈페이지 www.mkpublish.com **스마트스토어** smartstore.naver.com/mkpublish
페이스북 @maekyungpublishing **인스타그램** @mkpublishing
전화 02)2000-2630(기획편집) 02)2000-2646(마케팅) 02)2000-2606(구입 문의)
팩스 02)2000-2609 **이메일** publish@mkpublish.co.kr
인쇄·제본 ㈜M-print 031)8071-0961
ISBN 979-11-6484-737-2(03320)